古代歷史文化 研究輯刊

二六編

王明蓀 主編

第 19 冊

粵北歷史文化研究（上）

曾國富 著

國家圖書館出版品預行編目資料

粵北歷史文化研究（上）／曾國富 著 -- 初版 -- 新北市：花
木蘭文化事業有限公司，2021〔民110〕

目 2+178 面；19×26 公分

（古代歷史文化研究輯刊 二六編；第 19 冊）

ISBN 978-986-518-602-9（精裝）

1. 歷史 2. 廣東省

618   110011829

ISBN-978-986-518-602-9

9 789865 186029

古代歷史文化研究輯刊
二六編 第十九冊   ISBN：978-986-518-602-9

粵北歷史文化研究（上）

作　　　者　曾國富
主　　　編　王明蓀
總　編　輯　杜潔祥
副總編輯　楊嘉樂
編　　　輯　許郁翎、張雅淋、潘玟靜　美術編輯　陳逸婷
出　　　版　花木蘭文化事業有限公司
發　行　人　高小娟
聯絡地址　235 新北市中和區中安街七二號十三樓
　　　　　　電話：02-2923-1455 ／傳真：02-2923-1452
網　　　址　http://www.huamulan.tw 信箱 service@huamulans.com
印　　　刷　普羅文化出版廣告事業
初　　　版　2021 年 9 月
全書字數　461904 字
定　　　價　二六編 32 冊（精裝）台幣 88,000 元

粵北歷史文化研究（上）

曾國富　著

作者簡介

曾國富，1962 年 9 月生，廣東湛江人。1984 年畢業於中山大學歷史系，歷史學學士。1986 年 9 月至 1988 年 2 月，在江西大學（今南昌大學）歷史系中國古代史助教班進修壹年半。1996 年 12 月被評聘為歷史學副教授。在湛江師範學院（今嶺南師範學院）從事《中國古代史》、《史學概論》、《中國教育史》、《廣東地方史》等課程的教學和中國古代史（五代十國段）、廣東地方史的研究。在《中國史研究》等國內學術刊物發表史學論文百餘篇。

提　　要

　　韶州府是明清時期廣東境內「十府一州」之一，管轄曲江、乳源、樂昌、仁化、英德、翁源等六縣。粵北地方山秀石奇，人性勁直尚節概，即使平民百姓也可激勵以義。歷史上，中州不少著名人物因故而被貶逐至粵北，對粵北歷史文化有重要影響。明清時期，連州地方官對於作亂的瑤族大都採取剿撫兼施，以撫為主的對策。該州地處五嶺山區，貧窮落後，因而在古代成為封建王朝貶謫、流放朝廷官員的理想之地。南雄，簡稱「雄」，古稱「雄州」，也稱「南雄州」，府轄保昌、始興二縣。清遠縣不僅風光秀麗，而且地方富庶，商業繁盛，有著悠久的歷史文化。

　　地方志是歷史文化的重要組成部分之一。明清時期粵北地方志的纂修呈現若干特點：（一）府、州、縣地方官對於方志修纂的高度重視；（二）地方士紳的積極參與；（三）追求實事求是的纂志原則；（四）力求記述內容之詳盡豐富；（五）注重深入鄉村，實地調查訪問；（六）經歷艱難曲折。明清時期粵北地區方志修纂的歷史意義：（一）方志是統治者瞭解地方情況以決定施政方針策略的一個重要途徑；（二）方志肩負著為朝廷編修國史或「一統志」提供資料的使命；（三）能對社會起教化作用。

　　唐代，廣東歷史上出現了一位佛教界著名人物——惠能。惠能少年時期以打柴為生，生活艱苦，目不識丁。後北上蘄州黃梅縣（今屬湖北）東山（禪）寺拜師學法，受到該寺禪宗五祖宏忍的賞識，得授《金剛經》及禪宗初祖達摩所傳木棉袈裟。於是，一個目不識丁的樵夫神奇地成了佛教一個教派的領袖——禪宗六祖。惠能的代表作是《壇經》（又名《六祖壇經》）。這是唯一以「經」冠名的中國佛學著作，後被譯成日文、英文等多種外文版本，流傳到世界各地。可以說，自惠能之後，才有了真正的中國佛教。故惠能又被稱為中國佛教的開創者。

　　自東晉南朝以來，隨著封建統治向我國南方轉移，佛教也隨之傳入廣東；加之粵北地屬山區，人民生活貧困，又是「四戰之地」，戰亂頻仍，為佛教的發展創造了合適的條件。粵北地區佛教建築的興建，最早開始於東晉，歷經南朝、隋、唐以迄明、清，代有續建，以至名山秀水多為寺庵佔據。縱觀古代粵北地區佛教寺院的興建及維持，可以看出有以下幾個顯著特點：（一）從地方民眾與佛教的關係看，地方官紳士民努力為寺院之發展、僧侶之生活排憂解難；（二）從寺院本身的發展及布局來看，粵北寺院大多歷史悠久，地處偏僻，風光旖旎，景色優雅迷人；（三）高僧大德輩出，治學而兼濟世；（四）統治者重視寺院主持人的選拔。

目

次

前言：粵北歷史文化概說

　　「粵北」有廣義和狹義兩種概念。廣義概念包括今廣東省的韶關、河源、梅州、清遠、雲浮五個地級市；狹義概念則僅指今韶關、清遠兩市，河源、梅州歸「粵東」，雲浮歸「粵西」。本書取狹義概念。

　　粵北，在過去的地方志中有時候也被稱為「粵東」。例如，清朝奉天府丞呂文縷在給曾任翰林院檢討的粵北藉官員的李某所寫的墓誌中，開篇即說：「余曾於粵東先達中仰慕曲江（張九齡）之風度與忠襄公（余靖）之節操。二公者史稱一代偉人而皆出自韶郡，故粵東人文之藪韶（州）稱最焉」。（《同治韶州府志》卷 26，《古蹟略‧冢墓‧翁源縣》，第 553 頁）

　　粵北地處粵、贛、湘、桂四省（區）的結合部，東北面越過大庾嶺是江西省的贛州地區，北面與湖南郴州市和永州市接壤，西面是廣西壯族自治區的賀州市。因此，粵北漢語方言十分複雜，除了廣泛分布的客家話外，尚有歸屬未明的「粵北土話」（《中國語言地圖集》稱為「韶州土話」）及粵語、閩南方言等。

一、韶州府

　　韶州府是明清時期廣東境內「十府一州」之一。明洪武元年（1368）改元代韶州路置，治曲江縣（今廣東韶關市），屬廣東省。管轄曲江縣、乳源縣、樂昌縣、仁化縣、英德縣、翁源縣。韶州府轄境相當今廣東省韶關市及曲江、仁化、樂昌、英德、翁源、乳源等縣地。明代設，於 1912 年廢。

1. 沿革

「韶州」之得名，據方志記載，早在原始社會末期，虞帝（舜）曾南巡至今廣東曲江縣東，那裡有座大磐石，虞帝在大磐石上演奏《韶》樂，故將此石命名為「韶石」。其後又將粵北所設之州命名為「韶州」。

「州」作為地方行政單位名稱最早大約開始於我國奴隸社會。據說夏朝之時已設置九州進行治理，所謂「芒芒（茫茫）禹跡，畫為九州」。但是，在學術界，夏朝是否一個真實存在的朝代是有爭議的。到西漢中期，漢武帝為了加強中央集權，設置了「州」作為監察機構，非行政機構；到了東漢中後期，隨著局勢走向動盪，州逐漸演變成為行政機構，這樣，秦漢以來的郡、縣兩級制，演變成了州、郡、縣三級制。韶州的前身是「始興縣」。志載：始興縣，春秋時為百越之地。戰國屬楚。秦併天下，統一嶺南，在嶺南設南海、桂林、象郡三郡。南海郡治所在番禺縣（今廣州市）。今韶州之地即在南海郡治下。秦末漢初，趙佗割據統治嶺南，建立了南越國，歷時近百年。韶州之地即在南越國版圖之內。西漢元鼎六年（前 111 年）滅南越國後復為南海郡；粵北部分地域屬豫章郡，隸揚州。吳國永安六年（263），分南野之地置始興縣，治所在今廣東始興縣西北。時過兩年，吳甘露元年（265），升始興縣為郡，治所在曲江縣（今廣東韶關市東南蓮花嶺下）。南朝初年宋朝泰豫元年（472）改為廣興郡。南朝齊朝復名始興郡。南朝末期梁朝時，分始興地置安遠縣；陳朝時，始興縣及安遠縣皆升格為郡，俱隸屬於東衡州。隋平陳，廢諸郡，以州、縣治民，改安遠郡為大庾縣，隸廣州總督府。始興縣移治今廣東始興縣。唐朝武德四年（621）置番州，治所在曲江縣（今廣東韶關市西武水西岸）；同年改番州為東衡州。貞觀元年（627），改東衡州為韶州。天寶元年（742），又改韶州置始興郡。乾元元年（758）復改為韶州。元朝至元十五年（1278）改稱「韶州路」。明朝洪武元年（1368），改韶州路為韶州府，治所在曲江縣（今廣東韶關市）。清朝嘉慶十二年（1807），更府為州。

2. 民族

韶州主要的少數民族民族是瑤族和壯族。瑤族，古代韶州所屬六縣中，曲江、樂昌、乳源、英德四縣均有之。

一種被稱為「板瑤」，戴板於首，以油蠟黏其上而束髮，月整一次，夜則以高物庋（擱置）首而臥，採山為生者也。

一種被稱作「民瑤」，頭不戴板，或耕山（梯田），或耕田（平田）。耕山者不輸賦稅，耕田者與編戶齊民無異。女飾耳環，婦則屏（除去）之。

瑤人跣足無褲，繫重（雙重）裙；男子亦穿耳飾環；男婦通著彩繡花邊，首裹花帕。婚姻不嫌同姓。腰插刀弩，敢搏虎狼，食多野獸。以粟米釀酒。七月十五日祀其祖，小男女穿花衣，歌舞為侑。人多手巧，或編織竹藤器物入市以易鹽米。統攝其族者有「瑤總」。瑤總歲時間或拜見太守或縣令一次。明清時期雖陸續編入戶籍，但與漢民畢竟存在較大隔閡，所謂「非我族類，其心必異」，常常與宜章莽山、陽山鵝子峒諸瑤互相煽引而作亂，非設方略以羈縻之則不易治理也。器用尚質樸，有竹鑗（似鍋，三足），截大竹以當鼎，食物熟而竹（鑗）不爇（燒壞）。有銃鼓，狀如腰鼓，腔倍之，上銳下侈（大），以皮鞔（蒙鼓）植，於地坐拊（以手掌拍打）之。有編架弩，無箭槽，編架而射。

明人王臨亨《粵劍篇》卷二載：瑤民「食一山盡，復往一山，與北虜（北方少數民族）之逐水草駐牧者相類。」瑤族和壯族的手工業主要是為狩獵和戰爭服務，有刀、弩、箭、槍等工具、武器製造業。還有為自身生活與貿易所需的紡織業。這是瑤族和壯族最有特色的手工業部門。例如瑤族製作的錦相當精緻，達到很高的水平。《廣東新語》卷七載：八排瑤領袖「皆刺五色花絨……衣用布，或青或紅，堆花疊草，名（曰）瑤錦。」交易的方法有二：一是瑤民或壯民下山販賣，名曰「出山貿易」；另一種方式是漢人載貨入山，販賣魚鹽等物，並收取瑤人、壯人的「山貨」，如酒、蜂蜜、獸皮等，名曰「通山」。隨著社會發展與人口增長，居住生活於深山野林之中的瑤人和壯人為求生計，紛紛遷移出山，在平坦之地居住，懇田種植，與當地漢人有了衝突，也有了交往，並逐步納入到封建統治體系之中。「總之，明代瑤族社會有了明顯變化。在河谷丘陵地的瑤區，一些有權勢的瑤族土官，成了封建剝削者，他們佔有大量土地與財富，與明朝統治者、漢族剝削者相勾結，對內壓迫瑤族人民；瑤民有的成了自耕農；大批淪為佃農。封建生產關係有了進一步發展。」（方志欽、蔣祖緣主編：《廣東通史·古代下冊》，廣東高等教育出版社，2007 年，第 362 頁）

3. 氣候

韶州壤接江（西）、楚（湖南），內鄰廣（州）、惠（州），氣候與粵東、粵西濱海之地不同，無嶺外（北）之嚴寒，和分風露；無海南之酷暑，亦少見北

方之冰雪。瓜蔬花實早於嶺北而遲於粵西。秋冬宜寒而反熱，春夏宜熱而反寒。山多陰霾，晝濕夜涼。六邑之中惟曲江山川夷曠，風氣稍平；樂昌、仁化次之；翁源、乳源、英德又次之。

　　樂昌縣地連郴（湖南郴州）、桂（廣西桂林），脈接衡（山）、湘（江）。山多陰霾，故一日之間氣候變化明顯，一歲之內寒暑不定。七八月間嵐瘴為瘧。仁化縣地連南楚（湖南南部），界接江西，峰巒疊嶂。溪流湍急，每歲寒暖靡定。晴則隆冬亦暖，雨多則盛夏生寒。即一二日間陰晴不齊，炎涼頓異。故調攝不可不慎。四季冷暖不均，隆冬亦見霜雪。桃李正月即花，夏猶不可棄棉。諺云：「不食黃茅粽，寒衣不入籠」。翁源縣則地土高燥，水泉清冽。無甚蒸炎酷熱之氣，但萬山環繞，四時氣候不齊。晝則常暖，夜則常冷。春夏多寒，秋冬多暖。生物常早，桃李冬華。或栽龍眼、荔枝，則難植易衰，結實味酸，以地近湘贛，雜有寒氣故也。冬季雨雪成冰，間歲或遇，然不常見。

4. 風俗

　　韶州之地，習尚簡樸，不事紛華。俗重稼穡。士多樸實無華。可進於道者蓋有張九齡、余靖之遺風焉。

　　曲江縣山水秀麗，衣冠不乏。沃野滿望，故人樂農耕而厭商賈。喪溺浮屠（家遇喪事延請僧侶為逝者做法超度），病憑巫覡（請男覡女巫為病人驅鬼治病）。婚冠過早，即使縉紳之家猶然。

　　樂昌縣人性勁直，尚氣節，田廣人稀。故耕樵足以自給。疾病信醫不信巫，與廣州諸郡不同。

　　仁化縣俗尚真率，士樸民淳。土壤沃饒。故耕織有餘，囂訟鮮作（少見），犴狴（監獄）常空。弊在病不信醫，迷信祈禳，舉喪大辦宴席。

　　乳源縣商少農多，習尚樸魯。民無告訐之風。山谷瑤族、壯族之民逡巡懼法，往來貿易，賦役以時。蓋知安生而樂業矣。

　　翁源縣在昔地廣人稀，俗重稼穡，少商賈，習尚簡樸；嗣後戶口日增，逐末（經商）者多，風氣漸趨華靡。田一歲再熟，粒米有餘。直到明代中期，翁源縣依然是人口稀少，民風「鄙樸」，社會秩序相對安寧。明弘治丁巳（1497）奉朝命持節巡行至翁源縣的官員袁慶祥在《遊詹公廟紀》的文章中說：「弘治丁巳蠟（十二月）既望（十五日），（予）持節至韶（州）之翁源。邑（縣）介群山之中，觀風者（朝廷官員）罕至，然民俗鄙樸，訟事簡少……」（《同治韶州府志》卷19，《建置略‧壇廟‧翁源‧明袁慶祥遊詹公廟紀》，第402頁）然而也

有不同看法。有人說翁源縣是邑中人多負氣好訟：山出斷腸草，愚昧夫婦常因小忿輒採服輕生，家屬乘機圖賴鬧事，敲詐勒索。明朝崇禎年間（1628～1644），知縣朱景運請示朝廷批准，同意服毒自盡者官府不予追究，此風有所收斂。英德縣富家樂商販，貧者重農耕。土俗淳樸，頗知詩書。科目代不乏人。郡屬各縣歲時鄉俗大略相同，不具述。

（一）曲江縣

1. 沿革

曲江縣，夏、商、周時屬揚州之域。春秋時屬越國。戰國時屬楚國。秦統一天下，在嶺南設置三郡，曲江地屬南海郡。秦末漢初，南越王趙佗割據統治嶺南，曲江地屬之。漢武帝滅南越國重新統一全國，於今粵北、湘南置桂陽郡（治今湖南郴州市），曲江屬之。三國時嶺南屬吳國。甘露元年（265），吳國分桂陽郡南部置始興郡，治曲江。晉因之，以始興郡隸屬廣州，析曲江縣地置始興縣。南朝宋朝泰豫元年（472），改始興郡為廣興郡，仍治曲江，屬湘州。南朝齊朝時恢復始興郡名，仍治曲江不變；又析曲江縣地置仁化縣。南朝梁朝承聖年間（552～555）於郡治置東衡州。梁武帝又分曲江地置梁化縣，後又分梁化縣地置平石縣，俱為今樂昌縣地，屬始興郡。陳朝天嘉元年（560）復置東衡州。隋朝開皇九年（589）平陳朝統一全國，廢始興郡，改東衡州為韶州。開皇十一年（591）廢韶州，以其地併入廣州。次年移廣州治所至曲江。開皇十六年（596），廢湞陽縣入曲江。大業（605～617）初，以曲江縣隸屬南海郡，屬揚州。唐初武德四年（621）置番州，治曲江，分縣地置臨瀧、良化二縣。不久改番州為東衡州。貞觀元年（627）改東衡州為韶州。八年（634）廢臨瀧、良化二縣入曲江。天寶（742～756）初恢復郡名曰始興。乾元（758～760）初恢復州名曰韶州，俱治曲江，屬嶺南道。垂拱四年（688），析曲江復置仁化縣。五代時期，曲江在南漢國治下。北宋仍為韶州始興郡，治曲江，屬廣南東道。宣和三年（1121），以岑水場析廉平、福建兩鄉及翁源太平鄉置建福縣。南宋初省建福縣。乾道二年（1166）又析崇信鄉及樂昌依化鄉置乳源縣。元置韶州路總管府，治曲江。明洪武（1368～1398）初改為韶州府，治曲江，屬廣東布政使司。清朝因之，屬廣東省。

曲江縣地處粵北中部，北江上游，自古為五嶺南北經濟文化交流之樞紐，湘、粵、贛交通之咽喉。曲江又是13萬年前人類祖先「馬壩人」繁衍生息之地，又是「石峽文化」的發祥地，華夏民族古老文化的搖籃之一。

2. 風俗

古代曲江縣為韶州府治所在，地接郴（湖南）、桂（廣西），山連韶右，「峒蠻（瑤族、壯族）」雜處，其風俗好尚、語音與韶州其他各縣大致相類。民性樸直，習尚儉約，不事紛華，鮮事詩書，不謂商賈，男女專務耕織，男或不冠（不行冠禮），女或不履（不穿鞋子）。餽遺以檳榔為主，婚姻以茶鹽為禮。喪葬歌唱作樂，名曰「娛屍」。行道無乞人。俗重稼穡（農業生產）。山澤無禁耕樵（開墾，打柴，割草）。普通人家紡織可以自給。山谷之民多有老死不見官府者。然土多磽瘠，終歲勤勞僅足衣食而已。市井（城鄉）貿易，自日用飲食之外，珍奇之貨不售焉。村落客至，相款用油茶，下茶物皆油煎。商（行商）不富，賈（坐商）不巨，工不良，技不巧。歲時不事遊宴。士多樸實愨厚，不喜浮華，可與進取於道者多，蓋有張九齡、余靖之遺風焉。地方志記載古代曲江縣的風俗謂：「曲江山水秀麗，衣冠不乏。沃野滿望，故人樂農而厭商，喪溺浮屠（親人去世請僧侶大作佛事，為死者超度），病憑巫覡（生病請女巫男覡做儀式驅鬼神而不信醫，不服藥）。婚冠過早，即縉紳之家猶然。」（《同治韶州府志》卷 11《輿地略·風俗》，第 224～225 頁）

3. 寓賢

歷史上，不少著名人物因故而被貶逐至嶺南。其中，據方志記載，被貶謫至曲江的名賢，宋代有朱翌和呂祖儉；元代有義不出仕的張景仁。

朱翌，安慶（今安徽安慶）人，甫冠（十九、二十歲）入太學三舍（宋代太學分外舍、內舍和上舍，學生可按一定的年限和條件依次而升。見《宋史·選舉志三》）。登科，歷官至中書舍人。南宋時秦檜執政，推行和議投降路線，對於不黨附者極力排斥打擊以至誅戮。朱翌沒有看風駛舵，趨炎附勢，投靠秦檜，被秦檜的爪牙攻擊為黨附故相趙鼎，因而被貶逐到曲江十四年。朱翌最初寓居在延祥寺，後於城西南隅得王氏廢圃築室閒居，寫作了不少詩文，「名山勝境，題詠殆遍」。

呂祖儉，宋代著名理學家呂祖謙之弟，婺州（今浙江金華縣）人，是個情性率真之人。曾從其兄呂祖謙學習，後出仕監明州倉。兄呂祖謙去世時，呂祖儉堅持守制，辭官回鄉。適逢「上會」，即地方官進京彙報工作，按當時的制度規定，官員半年不在位即為「違年」，當受處罰。呂祖儉上書朝廷請求批准為兄終喪一年，至於官職、俸祿則不予掛懷。朝廷從之，並將「違年」制度更改為一年，即官員因親人去世「終喪期」後，仍可恢復擔任原職。這一制

度即從呂祖儉開始執行。可見他是一個重情義、禮儀而不重仕途利祿之人。南宋寧宗在位時，呂祖儉以大府丞判台州。當時，右正言李沐上疏論罷右相趙汝愚。呂祖儉為人耿直，獲悉後上書反對，認為趙汝愚忠直任官，不應貶謫，並論朱熹、彭龜年、李祥等官員都不應該罷斥，結果觸犯了權貴韓侂胄，被以「朋黨罔上」的罪名「安置」於韶州曲江。志載：「祖儉在謫所讀書窮理，賣藥自給，未嘗有慍色。」一副隨遇而安，知足常樂的心態。

張景仁，元代寧鄉（今湖南寧鄉縣）人，性敏好學，經、史、子、集無不博覽。元初，因為元朝統治者為蒙古族出身，以騎射取得天下，對於文化教育並不重視，因而影響及於社會風氣，出現「民多廢學」的局面。張景仁出於民族大義，不願出仕元朝，寧願過著隱居的生活。韶州郡守聽說了張景仁的事蹟後，很敬重他，「以禮聘至郡庠（府學）授徒，由是韶（州）人知學。」延祐年間（1314～1320），有朝廷官員讚賞張景仁的才學，下令地方官將其送入朝廷任職，但遭到張景仁的回絕。張景仁「在郡庠三十餘年，門人多所造就。」（以上三人事蹟見《光緒曲江縣志》卷13《官政書·寓賢》，第192頁）

這些人物雖然人數不多，但是，他們都有一個共同的特點，即品格忠直，面對姦佞邪惡或利益誘惑不屈不撓，不為所動，因而，他們的到來，對於曲江當地社會必然造成直接或間接的影響，就像星星之火可以燎原一樣。粵北古代歷史上忠直人物眾多，或許與此有關。

4. 人物

「人物」指出自粵北曲江本地而在歷史上有重要影響的文能治國，武能安邦的文武人才。

（1）侯安都

侯安都（520～563），字成師，韶州曲江（今屬乳源縣）人，南北朝時期陳朝名將。

侯安都是中國南方較早出現的參與朝政的歷史風流人物。在南朝梁武帝太清二年（548），平定了侯景之亂。太平元年（556）又大敗北齊軍。侯安都不但勇猛，而且滿腹韜略。在權力之爭中，侯安都出奇謀，剷除了王僧辯，輔佐陳霸先建立了陳朝。永定三年（559），陳武帝駕崩，侯安都當機立斷扶立陳蒨為帝（即陳文帝），被晉封為司空，後又進爵為清遠郡公。之後又消滅了強敵王琳，文帝又加封安都為侍中、征北大將軍。朝廷還立碑頌揚其功德。後因日漸驕矜自傲，563年被文帝賜死，享年44歲。

侯安都原墓在今韶關乳源縣桂頭鎮江背村，古代桂山下（今乳源桂頭鎮上司廟電站職工宿舍所在地，解放前為曲江縣轄地）建有紀念侯安都的「上司廟」。清《韶州府志》引自宋元豐三年（1080）朝奉郎知白州（今廣西博白）李渤記略：「自衡山南走千里至桂山……山下之廟則司空侯公故家也。公名安都，字成師」。二十世紀八十年代，侯安都墓和上司廟同時被毀，上司廟僅遺留一棵古老的大榕樹。1987年當地農民為紀念侯安都這位歷史名人，在上司廟遺址左側新築起一座墓冢，墓面中間鑲嵌民國八年（1919）督辦粵贛湘邊防軍務總司令兼江西省省長李根源重修侯安都墓時所立的鐫有「陳司空征北將軍侯公安都墓」字樣的墓碑。當地村民同時在遺址建起簡易的廟堂。

（2）張九齡

張九齡（678～740），唐開元年間（713～741）尚書、丞相、詩人。字子壽，一名博物，漢族，韶州曲江（今廣東韶關市）人，九齡七歲能文，長安年間（701～704）擢進士第二，授校書郎；後官至中書侍郎、同中書門下平章事。先天元年（712）十二月，玄宗於東宮舉文學士，九齡名列前茅，授左拾遺；開元四年（716）秋，九齡辭官歸養，開大庾嶺新路，溝通南北陸路交通幹線。開元六年（718）春，九齡被召入京拜左補闕，主持吏部選拔人才；開元七年，改任禮部員外郎；開元八年，遷任司勳員外郎；開元十年，宰相張說薦九齡為中書舍人；開元十三年，張說罷相，九齡因此事改任太常少卿，出任冀州刺史，後改授洪州（今江西南昌）都督，不久又轉授桂州都督，充嶺南按察使。開元十九年（731）三月為秘書少監，集賢院學士，副知院士。開元二十年二月轉為工部侍郎。開元二十一年（733）五月，九齡升任檢校中書侍郎，十二月，授中書侍郎同中書門下平章事（宰相）兼修國史。開元二十二年五月，九齡遷升中書令、集賢院學士、知院事，修國史。開元二十三年三月，九齡進封為始興開國子，食邑四百戶。開元二十四年八月五日千秋節（玄宗生日），九齡送《千秋金鑒錄》作賀儀，勸皇帝勵精圖治。開元二十五年（737），九齡因周子諒觸犯玄宗一事受株連，罷相，貶為荊州長史。開元二十七年，九齡被封為始興開國伯，食邑五百戶。開元二十八年（740）春，九齡歸故鄉掃墓，五月七日於韶關曲江病逝，享年六十三歲，被追封為荊州大都督，諡文獻。

在文學方面，張九齡詩風清淡，有《曲江集》。他是一位有膽識、有遠見的著名政治家、文學家、詩人、名相。一生忠耿盡職，秉公守則，直言敢

諫，選賢任能，不徇私枉法，不趨炎附勢，敢與惡勢力作鬥爭，為「開元之治」作出了積極貢獻。他的五言古詩，以素練質樸的語言，寄託深遠的人生期望，對掃除唐初所沿習的六朝綺靡詩風，貢獻尤大，被譽為「嶺南第一人」。

（3）余靖

余靖（1000～1064），字安道，號武溪，曲江（今廣東韶關）人，是嶺南繼張九齡之後的又一揚名之士，是北宋時期的一位政治家、外交家。

天聖二年（1024），余靖與舅父同科進士，初為虔州贛縣尉，天聖五年（1027）遷宣州司理參軍。天聖八年（1030）六月中書判拔萃科，授將作監丞，知洪州新建縣。景祐元年（1034）到京任秘書監，負責掌管典籍文書，入崇文館主持校勘《史記》、《漢書》、《後漢書》，並寫出了《三史勘誤》四十卷。景祐三年（1036），二月推集賢院校理，同年五月，因向皇帝上疏為被貶為禮部員外郎的范仲淹辯護，與尹洙、歐陽修一同被貶，降職為監筠州酒稅，由是益知名。景祐四年（1037）十二月徙監泰州酒稅。寶元二年（1039）六月徙知英州，以母憂，未赴。慶曆二年（1042）三月遷集賢院校理。慶曆三年（1043），復起任，擢升為諫院右正言，專司向皇帝進諫奏事。余靖正直敢諫，曾多次為建言「輕繇薄賦」整頓戶政，去除貪殘之吏，撫疲困之民事而向皇帝抗聲力爭，以致唾液飛濺至皇帝的「龍顏」上仍意猶未盡。他的建議大多為仁宗所接受，因而與歐陽修、王素、蔡襄，同被譽為朝廷敢於進諫的「四諫」，提出「清、公、勤、明、和、慎」的著名從政六箴。慶曆四年（1044），受命出使契丹。他巧妙地運用外交手段折服了雄據一方的遼主，從而適時的在複雜的宋、遼、夏三角關係中維護了宋朝的利益。慶曆五年（1045）正月為回謝契丹使，五月知吉州。慶曆六年（1046）七月左遷將作少監，分司南京，許居韶州，久之，改光祿少卿。皇祐二年（1050）遷衛尉卿，依前分司，韶州居住。皇祐三年（1051）八月落分司，知虔州，未幾，丁父憂去官（因父親去世而辭官回鄉守孝）。皇祐四年（1052）六月乙亥起復為秘書監，知譚州。後改廣南西路安撫使，知桂州。皇祐五年（1053）二月遷給事中，五月遷工部侍郎。至和元年（1054）二月加集賢院學士。至和二年（1055）六月遷戶部侍郎。嘉祐元年（1056）改知譚州。嘉祐三年（1058）改知青州，知青州期中轉吏部侍郎。嘉祐五年（1060）八月為廣南西路體量安撫使。嘉祐六年（1061）五月授尚書左丞，廣南東路經略安撫使，知廣州。嘉祐八年（1063）明英宗即位，拜

工部尚書。治平元年（1064），余靖回京述職途次南京，偶染風寒，病重不起，卒於江寧府秦淮亭，享年六十五歲。英宗聞訊惻然，輟朝一日，追贈刑部尚書，諡曰「襄」，後人尊稱「忠襄公」。

余靖著有《武溪集》二十卷，見《四庫總目》。北宋大文學家歐陽修撰《襄公余靖道碑》謂：「公為人資重剛勁，而言語恂恂，不見喜怒。自少博學強記，至於歷代史記，雜家小說，陰陽律曆，外鏪浮屠，老子之書，無所不通。」

相傳，以前韶關有紀念古曲江三大名人的建築物，其中有紀念侯安都的「風烈樓」；紀念張九齡的「風度樓」；紀念余靖的「風采樓」。風烈樓和風度樓均在二十世紀六七十年代被毀，現僅存紀念余靖的「風采樓」。

5. 民族

瑤族據說是古代盤瓠氏的後代，故盤姓為「正宗」；另有趙、馮、唐、鄧等姓，是土著或漢人與瑤人結合而瑤化者。前者被稱為「真瑤」；後者被稱為「贗（假）瑤」。瑤族在粵北主要居住於曲江縣的西北境的幽溪、列溪、西山、草場坪、柳坑、水源宮、薯糧坑、大料坑等山峒，茅屋或穴居，間或露處，性獷而悍，不習禮儀，深居溪峒，刀耕火種，腰插刀弩，搏虎狼以為業。巧者製器入市以易鹽米。男子穿耳飾銀環。衣服通體刺繡花邊，首裹花帕，不著屨履，跣足（赤腳）而行。女子無褲，穿雙裙，俱繡花邊，頭戴板髮，亦赤足而行。婚姻不辨（排斥）同姓。食多野獸。以粟米、高粱釀酒。瑤人「釀酒成風，是與當時瑤族社會經濟不發達相關聯的。因無珍肴華服之追求，故把釀酒作為處理當年餘糧的一種重要手段。」（方志欽、蔣祖緣主編：《廣東通史·古代下冊》，廣東高等教育出版社，2007年，第725頁）逢市集之期亦入市貿易，對男子稱「同年哥」，對女子稱「同年嫂」。瑤人喜飲酒，負貨來市，土人多以酒籠絡之。也有攜藥來交易者，治病頗有效。性情較溫和者被當地人稱為「良瑤」，較兇悍者被稱為「悍瑤」。「良瑤」耕田輸賦如編戶，且有延請村師教子弟讀書者；「悍瑤」則慣於夜遊盜竊，甚則劫掠殺人，來去飄忽，土人患之。為了避免瑤人鬧事，地方常常與瑤族首領（稱「瑤長」）相約，每年給瑤人送去酒肉多少，讓瑤長約束瑤人不得鬧事，稱為「和瑤」，則終歲可得平安無事。可見瑤人也講信用。瑤人居住的山下過去一般都設置了「瑤練」以約束、防遏，但是傚果並不顯著。清道光年間（1821～1850），居住生活於大料坑的瑤人作亂，群出為害。經巡道楊殿邦督兵平之，始復平靜。

（二）樂昌縣

1. 沿革

樂昌縣在夏、商、周時期為揚州之地。春秋時屬越國，戰國時屬楚國。秦統一嶺南後屬南海郡。秦末，南海郡尉任囂病危，委任龍川縣令趙佗代職。任囂死後，趙佗即起兵隔絕五嶺通中原的道路。秦亡之際，趙佗武力攻並桂林、象郡，建立南越國，自稱「南越武王」，移檄南安橫浦關、桂陽湟溪關，絕（禁通行）新道，築城二：一在今仁化縣北一百三十里（即今城口）；一在今樂昌縣治西南二里，以壯湟溪。及秦朝滅亡，趙佗自立為「南越（粵）王」。當時，廣東除今連州及樂昌北境屬長沙郡管轄外，都屬南越國地盤。西漢元鼎六年（前 111 年）滅南越國，以曲江、含洭、湞陽三縣屬桂陽郡，樂昌時為曲江縣地。三國吳甘露元年（265），在桂陽南部設始興郡，樂昌屬始興郡曲江縣。南朝宋轄曲江，泰豫元年（465）改始興為廣興。齊仍為始興。南朝梁天監七年（508），今曲江縣西北境置梁化縣，此為樂昌建縣之始。十七年（518）又分梁化縣置平石縣。陳天嘉元年（560）復置東衡州。隋開皇九年（589）改東衡州為韶州，十一年（591）廢韶州入廣州。十二年廢平石縣入梁化縣，開皇十八年（598）改梁化縣為樂昌縣（因縣內有樂石、昌山而得名），屬韶州。唐貞觀元年（627），韶州領縣六，樂昌縣為其中之一。宋開寶五年（958），省仁化縣入樂昌縣，隸韶州始興郡。元設韶州路，樂昌縣屬之。明朝改路為府，韶州府領曲江、樂昌、英德、仁化、乳源、翁源六縣。清因之不改。

南北朝時期和元末明初，中原一帶人口兩次南移，與樂昌本地土著結合，繁衍生息，形成後來以客家人為主體的人口結構。

2. 風水

風水之說是科學還是迷信，至今仍是一個爭論不休，見仁見智的問題。然而，即使在當代，一些著名的政治人物、學者，甚至科學家，對於風水之說卻是深信不疑的。在科學文化落後的古代社會，迷信風水的人更多，尤其是那些有知識又有政治地位的人物，對於風水之說更是執迷。從《民國樂昌縣志》卷十八《寓賢》的記載看，從隋唐五代至宋代，就有幾位達官貴人在任官期間或致仕歸鄉途中，經過粵北樂昌縣時，被當地美好的環境所吸引，認為是風水寶地，因而決定在樂昌落腳安家；或遺囑在自己去世之後埋葬於樂昌。樂昌，即和樂昌盛。從縣名的命名看來，相信或認為此地風水良好，適宜定居之人不在少數。

以下簡述三位古代人物的事蹟。他們都認為樂昌處處有風水寶地。

一位是鄧文進，隋朝南陽人。其祖徙家廣州，素雄於財。文進少年之時即折節讀書，以故士之流徙者競趨其門。文進皆「館穀」之，即供其飲食，以致賓客達到千餘人。文進從中選擇有勇略者使捍禦鄉井。俚峒夷獠聞風慄服，俯首聽命。隋朝大業年間（605～617），鄧文進被朝廷委任為韶州刺史。他根據形勢需要，將郡治遷移到武水之西。隋末，政治敗壞，動亂驟起。宇文化及弒煬帝於江都（今江蘇揚州），造成天下大亂，「盜賊滿天下」。嶺南也受到影響。文進散財集兵以赴難，旬月之間眾至數萬，控制了廣州、韶州等粵中、粵北之地。當時，「賊帥」林士宏據有虔州（今江西贛州）和饒州（今江西波陽），企圖進一步兼併嶺南，卻遭到鄧文進的阻擋。當時在嶺南，鄧文進佔據著粵北，楊世略佔據著粵東，馮盎佔據著粵西，寧長真佔據著廣西。鄧文進以生民為念，與這些勢力密切聯絡，搞好關係，保境安民，「百粵之境得免於兵革者，文進之力也。」不久，林士宏稱帝，遣使授諸帥為偽官，只有鄧文進沒有接受。唐朝建立後，武德五年（622），諸帥次第納款（歸順），鄧文進也深明大義，接受了唐朝的統一，被唐朝拜為「鷹揚將軍」，韶州郡守如故。鄧文進在協助唐朝實現統一的大業中貢獻突出。志載：文進「嚴重有威，吏民所畏。每戰必身先士卒，或奮臂一呼，風雲變色。軍中謠曰：『鄧守一呼，百夫避途』，言其勇也。」鄧文進年老致仕後，「晚（年）居樂昌長徑，歿即葬此。後多著靈響，郡人為立廟祀於樂昌。」

另一位是蕭益，五代十國時期人。先世長沙人，父親蕭覺在馬殷建立的楚國中任職軍諮祭酒，署兵部尚書。蕭益於後唐天成年間（926～930）進士及第，歷官至韶州刺史，「在任六年，政簡刑清，惟以恩德化民。時四方擾亂，韶郡獨寧，人民安居樂業，不知有兵。嘗行部至樂（昌），見河南水仙桂鄉山川秀麗，民風醇厚，欣然樂之。去任後遂卜居焉。（蕭）益為官廉潔，至是幾（乎）無以為家。邑人感德，假以數椽。益布衣周旋，往來鄉里。邑人親炙德輝，愈相化為善。子（蕭）仲華耕且讀，與齊民伍，人幾不知為貴介公子。後數世科第聯綿，為邑（樂昌縣）望族，（蕭）益足徵先德（充分發揚了先人的美德）之厚云。」

還有一位是白璧，北宋時湖廣長沙人。幼聰敏，刻苦力學，為父兄愛重。北宋元豐年間（1078～1085）舉進士第，仕至鬱林（治今廣西貴港市）太守。「鬱林在災（炎）荒萬里外，猺獞雜居，舊隸土官，強梗不馴。（白）璧推誠

禮遇，久之，皆改心易慮，終璧之任不敢叛。曾請當道（上級）建學育才，郡人始漸進文化。以疾解綬（辭官）歸，道經昌（樂昌縣）之黃圃，夜宿斗灣，夢人告以富岡、鳳山之間可為安宅，宜子孫。醒而異之，詢諸鄉人，果有其地。乃相其陰陽，買山掄材，構屋十數楹居之。厥後子孫繁衍，簪笏（出仕）相繼。其筮與夢相符云。」（以上三則事例見《民國樂昌縣志》卷十八《寓賢》，第390頁）

3. 風俗

樂昌縣山秀石奇，人性勁直尚節概，即使平民百姓也可激勵以義。地廣人稀，山澤無禁。故耕樵織紉亦堪自給。安土重遷，習尚簡樸，知恥守法。名門望族各建祠宇設祭田以供祀事。信形家者（風水先生）言。疾病惟醫不信巫，頗得先聖「敬鬼神而遠之」之意。

邑土宜農。一家數口只要勤力合作，家庭即可和睦安康，日見豐給。邑人重農輕商，市場為外縣、外省之人麇集。民眾家無千金，難以將子弟送入中等以上學校讀書，故俊秀青年無從發達，以致有流入卑劣者，令人惋惜。婚姻論閥閱（講究門當戶對），婚禮有古人遺風。在富裕之家，高尚門第，聘金之重，宴席之豐，妝奩之美，無不踵事增華（互相攀比）。寒素之家則不然。有女妙齡，憑媒作合，不論婿之年貌，惟視聘金多少為定，習尚所趨牢不可破。民間多三十未娶之男，無二十未嫁之女。既定家室，各有執業。司廚、種菜、女紅專屬女子；至樵採、佐耕，出市交易諸務，均是女兼男職。勞逸之殊出乎習慣也。

父母新喪，美其衣衾棺木，訃及親戚交遊；又深信形家者言，務求尋得「佳壤」（風水寶地）而後安厝之。如尋得「佳壤」，則興工修築，砌一墳之費或數十金，或數百金，甚至費至千金。出葬之日大會賓客，笙簫前導，道路圍觀。故昔有詠俗詩云：「簫鼓不知哀樂事，衣冠難辨吉凶人。」嘗有誤聽風水先生之言，因擇地而涉訟者；或因「佳壤」難得，或因家道中落，無力安葬，停柩於原野，至歷數世而仍暴露未葬者。日曬雨淋，棺木腐敗，逝者為鬼為厲而不得入土為安，豈不哀哉！

家庭經濟條件較好者，有學田以給子孫之為諸生（考進縣學、府學讀書）者；試於省府（鄉試）有「卷資」；「公車」（進京會試）有路費，餘則諸生均分。仁厚之風最為近古。

俗最重祭。清明及冬至先祭廟，後祭墓。清明祭儀盛，冬至祭儀簡。雖貧無弗祭者。粵俗信鬼，樂昌自然不能例外。鄉村人家有病，覓醫無門，則燎火使老嫗持衣招於門；或延巫逐鬼，咒水書符，夜則角聲嗚嗚，達旦乃止。諺云：「十月禾黃鬼上村」。

百家之村必有淫祠或庵觀。偶然有事輒求籤祈禱以卜吉凶。或遇一頑石即立社（古代指土地神和祭祀土地神的地方）；或老松古柏之下輒指為「土地」，向木石下跪叩頭，祈求保祐，往來者絡繹不絕。

婚姻之家，擇吉日接新郎上門，款以春酒。過元宵備禮送妻子春社歸寧。冬至十二月盛備果品送歸，謂之「回門」。

端午節飲菖蒲雄黃酒以除不祥。食角黍，為龍舟競渡，自朔（初一）至望（十五）競渡最盛。龍舟長至十丈，龍頭、錦身、彩尾，逐流上下，鼓急旗飄，誠為壯觀。中秋節具酒餅糖果為會，謂之「賞月」。小兒以紙糊燈，以火氣沖之，高上雲霄，俗稱「孔明燈」。（《民國樂昌縣志》卷三《地理三·風俗》，第 285～288 頁）

4. 民族

樂昌縣也有瑤族，不知始於何時。居住生活於九峰、西坑者謂之「熟瑤」，與漢人穿著、習俗差異不大，只是女不出嫁，招婿入贅，不限於其族。居西南各鄉山嶺中者謂之「生瑤」。男生則婚，女長方嫁。聘金多者百餘園，少者數十園，亦有酒肉宴樂。有頭目被稱「瑤甲」。瑤甲死前必以方術授其替代者，謂之「渡身」。瑤族事無大小皆由瑤甲決定。族人有疾乞其符水治之。瑤村之中夜不閉戶，路不拾遺，偷盜欺凌殺無赦。男子皆勇健善漁獵，跣足飛行，履險若夷。墾山種植，故稻粱菽粟足以自給。惟入市購鹽常恐不足。性耐寒，冬不衣綿，飲食亦不潔。宴客之時，客若嫌之則不悅。惟其人尚有誠信，一諾千金。常以藥茶材木運入市肆，交易無欺；或與人約，雖疾風驟雨不爽期。若與衝突則以死抗，所謂「喜則人，怒則獸」。（《民國樂昌縣志》卷三《地理三·附猺俗》，第 288～289 頁）

（三）仁化縣

1. 沿革

仁化縣，古揚州地，春秋前期屬楚，後期屬越。秦開嶺南，屬南海郡。漢初趙佗據嶺南，屬南越國。武漢帝元鼎五年（前 112 年），伏波將軍路博德平粵亂，以曲江、滇洽、陽涯三縣屬桂陽郡，隸屬於荊州，仁化縣時為曲江縣

之北境。三國時，仁化縣地屬吳國，黃武五年（226），仁化屬廣州。甘露元年（265），分桂陽、南海兩郡之地置始興郡，仁化屬始興郡。隋朝開皇九年（589）置廣州路總管府，府治在今韶關市，統縣一十六，仁化仍屬曲江縣。唐初武德四年（621），分廣州之曲江、始興、樂昌、翁源置韶州。垂拱四年（688），分曲江縣仁化、光宅、清化、潼陽數鄉置仁化縣，隸韶州。五代時期，仁化屬南漢國。北宋滅南漢，一統天下，開寶五年（972），省仁化縣入樂昌縣。真宗咸平三年（1000）復立仁化縣於光宅鄉，屬廣南東路。元置韶州路總管府，仁化縣屬韶州路。明洪武元年（1368）改「路」為「府」。韶州府領曲江、樂昌、翁源、乳源、仁化、英德六縣。清至民國均因之。

2. 經濟

仁化縣地處南嶺山脈南麓，位於廣東省北部，東與南雄毗鄰，西與樂昌相接，是粵、湘、贛三省交接地，處於交通樞紐地位。秦末漢初，前207年，南越王趙佗在仁化北端築城，為南越北端隘口，築城處至今仍稱為「城口」，可見地理位置之重要。

清朝康熙年間任仁化縣令的李夢鸑曾說：「仁（化）僻處一隅，無富商巨賈往來其間，人惟力耕，不營他業。趁墟貿易，雞豚布穀之外求尺帛寸珠不可得。」可見仁化之民以農業為謀生主要手段，工商業處於沈寂狀態，雖有墟市貿易，也是互通有無，不過「雞豚布穀」之物而已。清代以後，手工業開始得到發展：「今聖天子在上，地不愛寶（物產得到充分利用），仁（化）亦頗產白鉛，然開採聽民自便，上臺（國家有關部門）平價給買以供鼓鑄。」隨著礦冶業的發展，勞動力需求大增，外地的「客民」開始湧進仁化縣，既從事採礦之業，又行偷竊搶劫之事，給仁化縣的社會治安形勢增加了壓力。志載：「道（光）咸（豐）以來嘉（應）、惠（州）、湛江客民開造炭廠燒炭者百十為群，居山谷（間），名為工氓（民工），實為盜藪。鄉閭被害，劫掠時聞。同治四年（1865）（縣令）劉兆霖曾出示禁止，乃（然而）不半載而其勢復張。此仁邑（化）之大害也。」（《民國仁化縣志》卷五《物產》，第515頁）礦冶業的發展同時也打破了仁化縣過去寧靜安謐的社會生活，造成了嚴峻的治安問題。

3. 城防

古話說：「設險守國，城池為重；出政臨民，官署為先。」「我國古代築城，是出於軍事上的防禦需要，以保護城內衙署和居民安全。城外環水，名

曰護城河……城的主體為城牆。城牆之上建雉堞,排列如齒狀,以作掩護之用;建窩鋪,作為士兵藏匿或安身之所;建串樓,以便瞭望居守;有城門,以便出入,可隨時啟閉。」(方志欽、蔣祖緣主編:《廣東通史·古代下冊》,廣東高等教育出版社,2007 年,第 128 頁)仁化縣早在唐代已於縣北三里走馬坪建城防禦。宋開寶年間(968~976)縣省入樂昌而城廢。咸平三年(1000)復置縣,向未有城。明朝成化四年(1468),通判蔡周始築土城。十一年(1475),知縣李準清砌四城門以石。十六年(1480)韶州知府王賓、仁化知縣翁同以磚石修砌,創門樓四座,串樓(串樓是南方多雨地方在城牆上建的連廊,以避烈日風雨的侵襲,最長的串樓可達 1400 間左右,如湖南永州城串樓)二百八十間。二十三年(1487),知縣邱璿砌西門濠城腳八千餘丈。正德十年(1515),知縣李蕚重修北門外子城。嘉靖二十六年(1547)知縣嚴時中重修串樓。萬曆二十一年(1593)知縣司馬暐重修四門城樓,重建串樓。崇禎十四年(1641),知縣楊憲卿增築數尺。清康熙二十三年(1684),署縣事、通判吳琔鳩工修復。乾隆、嘉慶後門樓俱頹壞,西北倒塌數十丈,藩籬盡圮。咸豐六年(1856),署縣事吳裕徽倡修,全城易磚為石,增高共一丈八尺。是為仁化縣明清時期築城防禦之大勢。鞏固的城防使禦敵保平安有所保障。

4. 風俗

仁化縣地連湖南、江西,峰連迭嶂,溪流湍急,嵐瘴之氣或亦有之。每歲寒暖靡定。晴久則隆冬亦暖,雨多則盛夏生寒。即一二日間陰晴不齊,炎涼頓異。故人之調養不可不慎。或飲食失節,起居失宜,觸之則多傷寒作瘧。民務耕稼,服用儉樸,男逸女勞。遇疾病則祈禱鬼神,缺少醫藥。士風願樸,不逐聲華。仁化縣望族譚氏,其先世為虔州(今江西贛州市)人,登宋慶曆年間進士第,官至吏部侍郎,因出鎮湖湘,道經仁化縣,「見其人淳俗美,致仕後即卜居邑之平山裏」。其後裔有以文學司鐸(任教)仁化縣學者,亦有登進士第,為有宋名臣者。仁化縣恩村蒙氏,其先為江西雩都(今江西於都縣)人,宋神宗元豐年間(1078~1085),蒙氏兄弟來到韶州經商,於是安家於曲江縣之清化鄉。後因割清化、潼陽鄉以立仁化縣,故入仁化籍。後「卜居」於清化鄉之恩村。顯然也是看重了此地的風俗淳樸,「風水」良好。清以前仁化之地民人崇尚實學;清之後民風漸趨浮靡。由於工商業落後,因而民眾所需各樣用品多取給於異地「客民」。

（四）乳源瑤族自治縣

1. 沿革

乳源，古曲江地，唐虞（堯、舜）迄周為「荒服」，屬揚州之境。秦屬南海郡。秦末漢初，趙佗割據嶺南，建立南越國，乳源屬南越國。西漢武帝元鼎六年（前111年），伏波將軍路博德率師滅南越國，乳源歸入漢朝版籍，屬桂陽郡曲江縣，隸荊州。東漢末年軍閥割據，天下大亂，吳主孫權據有嶺南，乳源之地屬吳國。吳國黃武五年（226），以合浦為界，以北為廣州，以南為交州。乳源屬曲江縣，隸廣州。甘露元年（265），析桂陽、南海郡地置始興郡，乳源屬之。西晉太康二年（281），將軍王濬率兵滅吳之後，在今乳源地置中宿縣，仍隸曲江郡。西晉永嘉元年（307）置湘州，始興郡屬湘州。東晉咸和三年（328），改始興郡屬荊州。唐武德四年（621），於今粵北置韶州，下隸曲江、樂昌、翁源等縣。垂拱四年（688），分天下為十道，乳源隸嶺南道。南宋乾道三年（1167），分曲江縣西境、樂昌縣南境立乳源縣，因縣北豐崗嶺溶洞產鍾乳，穴中有源泉流而得名。此為乳源為縣之始。元朝延祐六年（1319）置韶州路總管府，乳源縣屬之。明朝洪武元年（1368）改韶州路為韶州府，乳源縣仍屬之。知縣張安仁將縣治從虞塘遷至州頭。清朝因之不改，乳源縣仍屬廣東省韶州府，光緒年間屬南韶東道韶州府。正如《康熙乳源縣志》卷之一《分土志總論》所言：「韶陽（州）之縣有六，各以社稷人民倚共權於司牧（地方官）。乳（源）雖僻壤哉，輿圖亦掌於太史。分土而治，猶建侯（建立諸侯國）之遺意焉。割（乳源獨立為縣）始於宋，從治（縣治遷移）於明，析合因革，古今之變簡矣。」（《康熙乳源縣志》卷一，第467頁）

2. 風俗

乳源縣山高谷深，四時寒暖不均，人多易感成病。三伏時多「嵐瘴」，隆冬或見霜雪，隨亦融化。民風敦樸，俗尚儉素，四鄉之民務稼耕山，農多商少，鮮事技藝。販貨止於花、麻、松、杉，交易以資日用。士習儒雅，文質彬彬，知負氣節，雖貧不少貶抑。戶無爭競，有古遺風。不甚好訟，頻年無大獄。婚姻不論財帛，聘禮以茶果雞豚（小豬）為主。遇喪事親朋畢至，布帛相遺，設奠致祭，七七而止。士庶皆無家廟，歲時便室舉祀。疾病不重醫藥，而信巫禱鬼，炙艾服萸（茱萸）以自療。婦勤紡織，不尚珍綺。賦役急公，人皆安生樂業。前人對於古代乳源縣的觀感是：「俗淳而質，民願（老實、謹慎）而野（質樸），衣不綺縠（有皺紋的紗），食無異膳，競訟者（少），

狂狴（牢獄）時空，此他縣所不及。」（《康熙乳源縣志》卷一《風俗》，第 471
～472 頁）

但也有人認為，乳源縣在清代以前是一個「俗尚強悍」之地。曾任乳源
縣令的張洗易在所纂修的《康熙乳源縣志》卷七《武備志總論》中說：「乳地
僻而席（安寧），平原什之一，山嶺十之九，上（北）鄰楚桂（湖南、廣西），
下（南）接連（山）、陽（山），其地倚阻恃險，俗尚強悍，日相殺而未有已
也。予視事（任縣令）數年，習見之矣。正課不時供（賦稅不按時繳納），有
辜不服法（有罪不願接受懲罰）；以德緩之益生其慢，以威臨之愈肆其凶。向
司土者（過去地方官）積弊因循，莫之能樂（不能使民眾滿意），民至犯上也，
至無等（不分等級輩分）也，尚可以一朝居乎（這種狀況還能忍受下去嗎）！
自茲以往，惡者難與自新，善者亦挾以為非，抱火積薪，何以異此！予惟（我
認為）地方隱憂計（治理地方最有效的辦法）非兵不可。幸上嘉惠（好在得到
朝廷的重視和照顧），遐陬（遠近）得如所請，分營置訊，星羅棋佈而控制之，
庶幾（或許）忧（恐懼，威脅）之以兵，懷之以仁，寬猛並濟，斯土其永奠乎
（這地方才能長久得以和平穩定）！」認為要使乳源縣得以社會安寧，需在
當地駐紮軍隊，以政治的懷柔與軍事的彈壓兩相結合，才能使乳源縣有一個
安定的社會環境，可以一勞永逸。

這是仁者見仁，智者見智，橫看成嶺側成峰，遠近高低各不同，觀察的
角度有別而已，各有其理。

（五）英德

1. 沿革

英德縣素稱嶺南古邑，又稱英州，是廣東省歷史文化名城、旅遊重鎮，
位於南嶺山脈東南部，廣東省中北部，北江中游，珠江三角洲與粵北山區的
結合部。春秋時期，英德之地屬百越地；戰國時期，屬楚地。秦時屬南海郡。
公元前 206 年至公元前 195 年間，漢高祖在英德之地設置湞陽（今英德市英
中、英東地區及翁源縣和新豐、佛岡縣部分地區）、含洭（今英德市英西地
區）2 縣，屬南越國。東漢沿西漢舊制，湞陽、含洭二縣同屬荊州桂陽郡。
三國至西晉，湞陽、含洭二縣俱屬始興郡。南朝宋朝泰始三年（467），將「湞
陽」改名「貞陽」，與含洭縣同屬廣興郡。南朝齊朝時貞陽縣屬始興郡；梁
朝、陳朝時屬衡州；含洭縣於梁朝天監六年（507）置衡州及陽山郡，陳朝
太建十三年（581）改稱「西衡州」。隋朝開皇十年（590）廢西衡州，改名

洭州，含洭縣屬焉。開皇十六年（596）省貞陽縣入曲江縣，不久復屬洭州，後廢洭州改屬南海郡。唐代，湞陽縣初屬洭州；貞觀元年（627）改名「湞陽」，並廢洭州，改屬廣州。五代南漢乾和五年（947）置英州，治所在湞陽縣，即今廣東英德縣。北宋宣和二年（1120），改「湞陽」為「真陽」，升格為郡。南宋慶元元年（1195），改「真陽」為「英德」，並升格為府。元至元十五年（1278），改英德府為英德路總管府，屬江西行省廣東道；至元二十三年（1286）又降為英德州；大德五年（1301）復升為路。至大元年（1308）又降為英德州，屬廣東道。延祐元年（1314），真陽、洸光二縣併入英德州。明代，洪武二年（1369）三月，降英德州為英德縣，屬韶州府。隆慶三年（1569），劃英德縣象岡、甘棠2都（今英德市青塘、白沙二鎮和新豐縣交界的地方）以及河源、翁源二縣一部分地方設長寧縣（今新豐縣）。清因明制，英德縣屬廣東省韶州府。嘉慶十六年（1811 年；一說嘉慶十八年，即 1813 年），從英德縣分出高臺、白石、獨石、逕頭、虎頭、觀音六鄉及清遠縣地置佛岡廳，治所即今廣東佛岡縣石角鎮，轄境相當今佛岡縣地。行政長官稱「同知」，1914 年改設佛岡縣。

2. 關隘

英德縣踞全粵上游，群山連綿，關隘重重，具有重要的軍事戰略地位。秦統一嶺南後在嶺南設置了三個關隘，即橫浦、陽山、湟溪（又作洭浦），英德縣的洭浦關居其一。志載「洭浦關在縣西南四十五里，山谷阻深（群山連綿，通行艱難），實禁防之要地」。蓋入粵之道，無論是出豫章（今江西南昌）下湞水，還是出桂陽（今湖南郴縣）下湟水（今連江），俱必經此關。可見洭浦一關實當兩路衝要。檄（傳令）橫浦關可絕豫章之道；檄陽山關可絕桂陽之道；而檄湟溪關則扼兩路之咽喉，一以便策應，一以備不虞。因此說，此關尤為緊要。據說秦漢之際，趙佗割據嶺南建立南越國，為了阻止北方軍隊的南侵，曾於此設萬人城。南越國之所以能割據嶺南近百年，與此不無關係。漢武帝時發兵統一嶺南，分兵四路入粵，伏波將軍路博德率樓船水師分兵兩路，一路下湟水，一路下湞水（今北江支流滃水），皆當英德縣治之東西。南朝時，陳朝太建二年（570），歐陽紇拒章昭達，出屯洭口；北宋初，南漢派遣將領邵廷涓守洸口（又作洭口，今英德縣西南連江口），而宋師知難撤退。宋將潘美攻拔英州（今英德）而南漢隨之滅亡。明朝大軍雖由海道取粵，而陸仲亨一軍自大庾嶺南下，入韶州，搗英德，趨肇慶，勢如破竹。清初尚可喜、

耿仲明兩藩定粵，由陸路直抵廣州北門，據推測必經英州大源洞、大王嶺。可見英德縣確實是地處五嶺之衝要，就像是廣東一省的咽喉。

山區固易藏疾；而且英德縣與瑤峒相接，故震動常多。向來地廣人稀，恒恃寨（軍事設施）以為固。但是，各守其寨則其勢孤，不如共守其隘，一夫當關，萬夫莫開。因此說：「守於寨者，賊雖去而所喪已多；守於隘者，賊雖來而安堵無恐。」各關隘從附近鄉民中選擇一名勇武者為隘長，隘夫若干名，均從關隘附近村莊村民中選拔，統於隘長，以守其隘。如此，餉不費而兵增，民不勞而守固，法無善於此者。

除了上述主要關隘之外，英德縣還有不少的峽，如滇陽峽、大廟峽、三峽等；還有許多的「坳」（山或丘陵間的較低處，多為穿過山嶺的通道）、「隘」（險要之處）、「徑」（狹窄的道路）等。這些地方通常也是具有重要戰略意義，而且是常常為「盜賊」、「匪類」覬覦之地。能否於這些地方設兵防守，對於地方治亂也至關重要。從方志記載來看，歷代地方政府對於這些關隘的防守都是極重視的。如，「大廟峽，在縣西南五十里，介二峽之間，猶險狹。大廟營，明正德（1506～1521）中置。」「三峽，古謂之荊門，在縣西北，洭水所經，與連州陽山接界，為出桂陽下洭水必由之路，亦連江之第一重門戶也……清遠水師營紮焉。」「趺牛石隘，在縣西南百餘里，為黃寨與清遠連界。明嘉靖（1522～1566）議以趺牛石（隘）為適中之地，因置營於此，增設官兵，倚為重地。」明萬曆年間（1573～1620），大、小羅山發生「賊亂」，就因為此處防守嚴密，使「賊不得過」。再如「虎尾徑坳，在黃寨西南，通清遠，西山猺民出沒道每經此。明初設戍兵，嘉靖中置營。」（《民國英德縣志》卷4《輿地下·扼塞》第243～248頁）總之，處處關隘設兵駐守，大大減輕了「土賊」、「匪人」對英德縣社會、民生造成的危害。

3. 風俗

據縣志所述，英州隸屬韶州，與曲江縣接壤，山明水秀，人物魁傑，為南雄、韶州、連州粵北三州名勝之區。唐宋以來，邑人士咸沐張九齡先哲遺風，以品行文章相錯礪，人文蔚起，冠於他邑。其後，代有盛衰，才有顯晦，但與此前相比則顯得遜色了許多。有人說是「風會」所致，即所謂「三十年河東，三十年河西」，有盛必然有衰也；有人說是地方官對於「輔成裁成之道」未予足夠重視，對地方學校教育的關注及財政投入不足所致。

《英州圖經》有云：古代英德縣「富家樂商販，貧者就農耕」。資產略為雄厚之家，得米則南下廣州買鈔鹽；貧而無以為生者則採山之奇石以為販貨。州之習俗樸而不雜，淳而不漓（澆薄、淺薄）。商不富，賈不巨，工不良，技不巧，歲時不事遊宴。土曠人稀，為農者擇沃土以耕，而於磽确多不用力。縣分東西二鄉，東鄉多平衍，西鄉多石山。水旱均被其患。各鄉民情雖有差異，而其耕田讀書，務本抑末，飭廉隅（激勵廉潔）而敦淳謹則是普遍現象。歲時伏臘（夏冬），冠婚喪祭，樸而不華，儉而不奢。男子無縑帛之衣，婦女鮮（少）炫豔之飾。婚嫁不出閭里，享祀一本古制。民風淳樸，頗知詩書。科目（科舉考試）代不乏人。明初，英德還是地少居人，至成化（1465～1487）年間，民皆自閩（福建）自江右（江西）來入籍，習俗一本故鄉，與粵俗有所差異。山奇石怪，民人習性居剛，私忿健訟，多有動輒服食胡蔓草而輕生者，其家人則藉此鬧事，敲詐勒索對方，以致對簿公堂。民間重男輕女思想嚴重，無論貴賤貧富，生女則多溺斃之。鄉人對此見多不怪。曾有縣學署訓導鄭如松撰《戒溺女》文以曉喻之；又四處奔走籌集經費二千餘兩開設了育嬰堂，收養女嬰，以此補救之。俗雖小變，卒未衰止。

曾在清康熙年間（1662～1722）任英德知縣的田從典在相關文章中說：「英州邑當南北之衝，地瘠而民貧，農氓（民眾）困于役車（賦役），三時（春種、夏耘、秋收）無暇。」（《同治韶州府志》卷18《建置略·書院·英德·田從典書齋碑記》，第376頁）正因為「地瘠而民貧」，因而朝廷的賦稅徭役徵收徵發許多時候就遭遇困難。在古代常常被統治者視為「民風不良」之區，所謂：「英德蕞爾彈丸（之區），軺軒之使（朝廷官員）帆檣絡繹，疲於奔命，賦斂多不時輸，地遙壤隔，至煩（地方官）家至催課，山谷藏垢，間有伏莽（小規模農民起義）」（《同治韶州府志》卷18《建置略·書院·英德·學政左峴建近聖書齋記》，第376頁）

4. 貶謫

據《民國英德縣志》卷四《風俗》的記載，英德縣在古代還有「小法場」之稱，即成為古代封建王朝流放「犯罪」官員的處所。而事實上，在被貶謫至英德縣的古代歷代官員中，真正算得上是犯罪而被貶逐的朝廷官員是少之又少，大多是持不同政見者，或因朝廷派系之爭而失勢者。這些官員或具備豐富學識，或擁有良好品格。他們的到來，對英德縣地方人文教育的發展亦有一定的影響。《民國英德縣志》卷十《列傳·謫臣》篇記錄了自隋至宋被貶謫

至英德的近二十名官員的事蹟。例如，北宋人牛冕，進士出身，知益州（今四川成都），因戌卒作亂，牛冕「委城奔漢州」，因而被削籍流放至英州；韓綱亦為北宋時人，慶曆（1044～1948）中出知光化軍（今湖北光化縣），因為「性苛急，不能撫循士卒」，適遇地方發生「賊亂」，士卒乘機作亂，欲殺韓綱。韓綱「棄城遁，坐除名，編管英州」；鄭俠則是因為反對王安石變法而被貶至英德的，「既至，得僧屋將壓（崩毀）者居之。英（德）人無（論）貧富貴□（賤）皆加敬服，遣子弟從學，為築室以遷（居）。及哲宗即位，得放還。」劉安世亦北宋中期大臣，職任諫議大夫，因為直言進諫而得罪了君主和大臣，亦被貶至英州。亦有南宋時期因為敢於與投降派首腦秦檜作鬥爭而被貶逐至英州的，如洪皓等；也有因為指斥宦官干政而被貶者，如龔茂良。這些被貶謫而流放到英德的官員，時間短者一年半載，長者近十年。他們的到來，受到當地英德民眾的同情和關照，必然對英德地方人文教育、社會風氣、風俗有所影響（如前述鄭俠之例）。可惜地方志大多只記載這些人物何時被貶至英德即止筆，而對於他們在英德地方生活、活動情況不再涉及，使今人難以窺見全貌而已。

（六）翁源縣

「翁源」其名係因山水而得。據明《嘉靖翁源縣志》記載：縣境之東有名山，高聳秀拔，頂有靈池，古名靈池山（今南浦桂竹翁山），池中有泉水八處，謂之八泉，曰：湧泉、溫泉、香泉、甘泉、震泉、龍泉、玉泉、乳泉。泉水四時不涸，昔有二仙翁遊息於此，居民飲其水者多壽。泉水匯而成河。故山名翁山，水名翁水。縣亦以此起名，意為翁水之源也。《同治韶州府志》卷17《建置略·學校·翁源縣》也說：「翁源，廣（東）韶（州）之屬邑，去韶（州）東南九十里，漢湞陽縣地。有翁水之源，故以名縣。」

1. 沿革

翁源縣位於廣東省北部，韶關市東南部，東鄰連平縣，南接新豐縣，西與英德市、曲江區接壤，北與始興縣、江西省毗鄰，素有「粵北南大門」之稱，是抗倭英雄陳璘故鄉，是珠江三角洲通向內地的戰略要地。

據傳說，翁源縣早在原始社會末期已歸入國家版圖。《嘉慶翁源縣新志》卷一《沿革志》謂：「翁源屬韶州府，堯命羲叔宅南交即其地也。舜巡狩至於韶石。」秦朝屬長沙郡之南境，介於百粵。漢為湞陽縣地，屬桂陽郡，隸屬於荊州。三國時桂陽郡屬孫吳政權，仍隸屬於荊州。甘露元年（265），吳國分桂

陽郡之半及南海郡之中宿縣置始興郡，領縣七，湞陽縣屬焉。西晉太康元年（280），以始興郡改屬廣州。這是翁源縣隸屬廣州（東）之始。永嘉元年（307）又改屬湘州。東晉咸和六年（331）仍屬荊州。南朝宋元嘉二十九年（452）復以始興郡屬廣州。三十年，析置樂昌郡，屬廣州；以始興郡改屬湘州。南朝梁朝天監元年（507），從始興郡析置翁源縣，屬清遠郡，隸衡州（另有一說，南朝梁朝承聖末年，廣州刺史蕭渤析置翁源縣，此為翁源置縣之始。見《翁源縣新志》卷一《沿革志》前言及《同治韶州府志》卷二《郡縣沿革志》）。隋開皇九年（589），即始興郡置廣州總管府治所，以翁源屬洭州；旋廢洭州，並屬廣州。大業三年（607），廢州設郡，翁源縣屬南海郡。唐武德四年（621），改南海郡為廣州，析置韶州。次年，復置洭州，以翁源屬焉。貞觀元年（627），廢洭州，又以翁源屬韶州。咸通三年（862），分嶺南道為東、西兩道，翁源屬嶺南東道。五代時期，翁源在南漢國治下。北宋置廣南東路安撫使於廣州，領州二十六，翁源屬韶州。元至元十五年（1278）置韶州路，屬廣東道宣慰司，省翁源縣入曲江縣，以翁源縣治立巡檢司。大德二年（1298）復置英德路，領縣二，翁源為其中之一。至大元年（1308）改英德路為英德州，翁源縣改屬韶州路。延祐六年（1319），翁源又併入曲江縣。明洪武元年（1368）在翁源縣舊治設岑水縣，屬韶州府，隸嶺南道。不久又復稱「翁源」。清朝，翁源縣仍屬韶州府，隸廣東省。以上據《嘉慶翁源縣新志》卷一《沿革》。

2. 人物

古代，翁源縣出現過不少有影響的人物。這裡只略述三位。

（1）邵謁

邵謁　唐代翁源人，生卒之年不詳，大約與著名詩人溫庭筠（約812～870）同時，唐代「嶺南五才子」之一。晚唐時期，邵謁在翁源縣衙任小吏。一日，有客至，縣令指使其鋪床接待，邵謁怠慢，縣令怒而斥之，邵謁不服，奮然拔刀截其髮懸於縣門，並發誓曰：「學苟不成有如此髮！」，之後匆匆離去。邵謁來到羅江水（即今翁江）河心小島上隱居攻讀，苦讀三年，學業大進。累應舉，年三十，猶未得第。於唐咸通七年（866）赴京師長安入國子監。時溫庭筠為主試官，頗憫寒苦，乃榜示邵謁詩30首，廣為譽揚，使之詩名大振，後登進士第。邵謁有詩32首選入《全唐詩》。溫庭筠稱其詩「識略精微，堪裨教化，聲詞激切，曲備風謠，標題命篇，時所難著」。釋褐後赴官，不知所終。著有詩集一卷。明代進士黃佐贊邵謁曰：「五嶺以南，當開元盛時，以詩文鳴

（著名）者，獨（邵）謁與曲江公（張九齡）巍然並存。」後來為何邵謁默默無聞？想必是其詩多抨擊時事，敢為被壓迫者鳴不平，故不得當政者的賞識。如邵謁詩《歲豐》曰：「皇天降豐年，本憂貧士食。貧士無糧疇，安能得稼穡。工傭輸富家，日落長太息。為供豪者糧，設盡匹夫力。天地莫施恩，施恩強者得。」另有《自歎》、《寒女行》等篇，都反映了他的疾世的思想。

（2）梅鼎臣

梅鼎臣（生卒年月不詳），江鎮鋪（今翁源縣新江鎮）人，漢臺侯梅鋗之後裔，北宋天聖二年（1024），梅鼎臣與曲江縣余靖同中進士第，慶曆年間（1041～1048）入仕殿中省為殿中丞。鼎臣為官剛直廉明，為各官欽佩，宋帝嘉許。他認為沒有直言規勸的臣民，則不能真正擁戴皇帝理正朝綱；不堅持正直的言論，則不能成為好部屬。他大力提倡修正不良的舉止，殺治墮落現象，稍有機會，必乘隙進言，以剛正、直言、敢諫聞名於當世。故方志記載：「鼎臣以為不有諫諍非所以嚴奉至尊（不敢批評君主不是忠誠於君主的表現）也，乃修廢舉墜，乘間（尋找適宜時機）而進諫，以直聲聞。」（《同治韶州府志》卷34《列傳·人物·翁源》，第677頁）

（3）陳璘

陳璘（1532～1607），字朝爵，號龍崖，韶州翁源縣人，明代名將、抗倭英雄。

陳璘先於嘉靖末年屢平廣東賊兵。萬曆二十六年（1598），陳璘出征朝鮮，於露梁海戰中痛擊日軍，大敗石曼子（島津義弘），立下援朝第一功。萬曆二十八年（1600），參與播州之役，先擊破楊棟樑軍，後殲滅四牌、七牌賊軍，攻破青龍囤，致使楊應龍自焚。晚年又平定苗民之亂，為邊境治安立下功勳。萬曆三十五年（1607）去世，贈太子太保。陳璘一生主要有三大功績：一是平定兩廣的匪患，為當地的社會穩定、經濟發展，起到了開拓者的作用；二是統領水師抗倭援朝，尤其是露梁大捷一仗，明軍大敗日軍，成為亞洲海戰史上著名戰役之一，讓日本此後二百年不敢覬覦中華；三是平定播州叛亂，促進我國西南地區的經濟發展和社會進步。

陳璘親自指揮的露梁海戰是一場以切斷敵人海上退路為目的的規模巨大的海上殲滅戰，被認為是亞洲海戰史上著名戰役之一。這次海戰給侵朝日軍以重大打擊，對戰後朝鮮和平局面的形成起到了重要作用。經此大捷之後，朝鮮得以復國。

（七）南華寺

南華寺座落在廣東省曲江縣正南 10 公里處的南華山畔。

南華寺初名「寶林寺」，建於南朝梁武帝天監三年（504），唐代改名中興寺、法泉寺。宋開寶三年（970）賜額「南華禪寺」，沿用至今。因禪宗六祖惠能在此弘法，故也稱六祖道場。南華寺最珍貴的文物，就是被僧人稱作鎮山之寶的六祖真身像了。六祖真身像供奉在紅牆綠瓦、古色古香的六祖殿內。從塑像中可以看出這位飽經風霜的高僧多思善辨的才智和自悟得道的超然氣質，表情生動，栩栩如生。據廣東省考古學家徐恒彬、韶關市博物館和南華寺僧人考證和研究，這座六祖造像的確是以六祖惠（也寫作「慧」）能的肉身為基礎，用中國獨特的造像方法——夾紵法塑造而成。這尊中國式的「木乃伊」是由慧能的弟子方辨塑造的。這尊塑像成功的反映出惠能超脫的氣質和高僧的形象，成為流傳萬古的真身像。唐代宗時（762～779）就下詔賜六祖真身像為「國寶，可於本寺如法安置，專令僧眾親承宗旨者，嚴加守護，勿令遺墮」。唐憲宗元和十年（815）又「詔諡大鑒禪師」，安置六祖真身像的塔為「靈照之塔」。北宋初年，塔毀於戰火，六祖真身像為守塔僧保護，一無所損。宋太宗建「太平興國之塔」，安供六祖真身像。元朝政府兩次下聖旨，規定在南華寺內，「使臣不得下榻，不得索取鋪馬、祗應，不得徵收地稅、商稅，不得搶奪寺院所屬土地、河流、人畜、園林、碾磨、店舍」。明成化十三年（1477），改木塔為磚塔，並造六祖殿，安置六祖真身像。因塔內和六祖殿等供奉真身像之處地勢較高，比較乾燥，加上歷代王朝特殊的禮遇和僧人精心的保護，使這尊塑像經歷了一千二百多年的歷史滄桑而保存下來。

每年農曆二月初八（六祖慧能的生誕）和農曆八月初三（慧能忌日）的兩次「南華誕」為南華寺最為重要的寺廟節日，是日，中國各地乃至其他國家前來南華寺禮拜六祖真身的佛教徒以及遊覽觀光的群眾達三、四萬人，其盛況為省內僅有。

二、連州

1. 沿革

連州歷史悠久。夏、商、周三代屬荊州，春秋戰國屬楚，秦屬長沙郡。西漢初年（公元前 206 年）立縣，稱桂陽縣，含今連州、連南、連山三縣之地。桂陽名來由有二說；一說治之西有桂陽山，故名桂陽；二說因桂水發源於大

羅嶺（連州與藍山縣的界山）向北而流，古時稱水北為陽，故名；隸屬吳芮長沙國。長沙馬王堆出土的西漢文帝時綢帛地圖，標明有「桂陽縣治」。武帝元鼎六年（前 111 年），以湘南粵北之地置桂陽郡，連州隸屬之。三國吳時屬始興郡，晉同吳制。南朝宋高祖（420～422）時置小桂郡，治在桂陽。明帝泰始六年（470）析置岡溪縣（地在今連州市西北），並置宋安郡，附郭在桂陽，領桂陽、含匡、陽山、岡溪 4 縣。泰豫元年（472），廢宋安郡，改始興郡為廣興郡，今連州地屬之。南齊復名始興郡，析桂陽縣地置希平縣（隋改名熙平縣，在今連山縣北），並屬始興郡。梁天監七年（508），於含洭置衡州及陽山郡，郡治在含洭。陳朝因之。隋開皇九年（589）平陳，次年置連州，領桂陽、廣澤二縣。大業初年（605），州廢，於本州地置熙平郡，領桂陽、連山、陽山等 9 縣，此為連州轄區最大時期。唐武德四年（621），復置連州。貞觀年間（627～649）屬江南西道。天寶元年（742），改連州為連山郡；乾元元年（758），復名連州，轄境均只有桂陽、連山、陽山三縣，屬湖南道。大曆三年（768）屬廣州。自晚唐光化三年（900）至五代，歸於馬楚。到乾和九年（951），改屬南漢。自此至兩宋，連州、桂陽的州縣名稱及轄境均無移易，而歸屬則幾經變化。兩宋屬廣南東路。元兵下嶺南。初，在連山置安撫司，直隸中書省。至元十七年（1280）廢安撫司，升為連州路總管府，隸湖南道宣撫司。十九年（1282）降為散州。其時連州遷出桂陽縣城，移治於連山，領連山一縣。同時，升桂陽縣為散州，稱為桂陽州，領桂陽及陽山二縣。大德年間（1297～1307），桂陽州、連州一度改隸廣東英德路。明洪武二年（1369）三月，桂陽州省入連州；四月，廢連州入連山縣，改屬韶州府。明洪武三年九月，革連山入陽山，屬廣州府。十三年（1380）十一月，復置連州於桂陽。十四年四月，加領連山、陽山二縣，隸於廣州府。清襲明制，連州仍屬廣州府。從明洪武三年（1370）起，連州成為廣州府所轄 1 州 15 縣中唯一以州連置的地方政權。雍正七年（1729）升為直隸州，直屬廣東布政司，轄境不變。嘉慶二十一年（1816），連山升為綏瑤直隸廳，連州只領陽山一縣。從以上沿革可見，連州從唐大曆三年（768）年到民國元年（1912）一千多年裏有五百多年歸廣州府管轄，故有「小廣州」之稱。歷史上，連州是粵、湘、桂三省的結合部，又是中原往南粵的主要通衢。

2. 地位

連州具有重要的戰略地位。連州的北面古代有一重要關卡——湟溪關，當騎田嶺路，是秦朝統一以後所設置，位於湘粵交界處的古湟水驛道上，由南向北攀援而上，越過氣勢雄偉的南天門，再向北就是湟溪關所在。這是由湖湘入粵之要道，古來是遊宦、商賈、墨客從中原至南粵的必經之處，地勢險要，又是兵家必爭之地。秦末爆發農民起義，天下大亂，南海郡尉趙佗欲割據嶺南為治，知此關之重要，移檄告湟溪關將兵曰：「盜兵且至，急絕道，聚兵自守。」趙佗深明，一夫當關，萬夫莫開，只要把關守住，北方軍隊過不了五嶺，嶺南就可以實行割據統治。

橫浦關、陽山關、湟溪關，當年秦軍修築在五嶺山脈險要處的三個關口，正好卡死了從中原進入嶺南的通道。三個關口在地理布局上形成了一個軍事大三角，可以互相支持；大三角的支點，正是連江下游的湟溪關。湟溪關正好處在西江和連江匯合的地方，它設置的用意非常明顯，那就是為了支持上游的橫浦關和陽山關，如果上游的關口一旦被突破，湟溪關還可以作為第二道防線。趙佗正是憑藉這三個關口和另一道橫跨五嶺山脈的軍事防線，幾乎卡死了所有從嶺北進入嶺南的要道，為後來南越國的建立奠定了堅實的基礎。

康熙二十六年（1687），時任連州知州的安達里在重修《連州志》的序言中說：「余觀夫桂陽三面踞險，一水（古稱「湟溪」，即今連江）瀠環，雖曰五嶺之奧區（腹地），實為三省（湖南、廣西、廣東）之衝要，亦楚（湖南）、粵（廣東）間一都會也。一有警變，連州必當其鋒。」（《同治連州志》卷一《舊志考》，第556頁）宋人樓鑰在《修城記》中也說：連州「介於湖湘溪峒諸境，盜弄其兵（盜賊不時作亂），往往有奔軼吾圉（波及連州）憂。」（《同治連州志》卷十《記‧修城記》，第787頁）以上文字說明了連州處於重要的地理位置上：從交通方面說，它是一個交通樞紐，正如人的咽喉一樣，咽喉出了問題，人的健康、生命也隨之不保；從社會治安方面說，連州遠離政治中心，封建統治力量薄弱，因此又容易成為「盜藪」，「盜賊」出沒，對地方政治、經濟以及民生必然會造成嚴重的衝擊。雍正七年（1729）升連州為直隸州，直屬廣東布政司，也是因為考慮到連州重要的政治地位。

3. 風俗

《同治連州志》卷六《風土志》云：「（連）州地界荊湘（湖南），山連韶石（韶州），故其風俗好尚多與相類：民俗頗惰，鮮（少）事商賈。病少服藥，

多務祈禱。然名門舊族克（能夠）守祭田，每遇蒸嘗（祭祀、族人聚餐），親疏咸會。衣冠典雅彷彿中州。至道絕乞丐，更他郡所不及。」民惰而不勤，信巫不信醫，是為連州古代民俗中之失之弊；而其「衣冠典雅」，「道絕乞丐」，則是其得其利。因此志書說：「我連（州）雖屬遐陬（邊遠地區），秀良不減鄒魯。」

但連州境內，各地民俗又有一些差異。志書說：「（連州）東南欽南之民柔怯（溫和膽小），其俗重遷（不願意遷徙）；三樂、四長之民任俠，其俗易怨；遵合、遷義之民勤苦，其俗嗇施；仁內、論富之民樸鄙（質樸），其俗務嗇（節儉）；猺山、浦上之民恣睢（放縱高傲），其俗近戾（乖張暴戾）。」（《同治連州志》卷六《風土志》，第 716 頁）

4. 民族

連州境內主要的少數民族是瑤族，此外還有壯族等（地方志寫作「猺」、「獞」）。瑤族在明清時期被看作是連州地方治理的一大「患」。康熙年間任連州知州的安達里在志序中說：「獨是猺人一種盤踞深山，素為連（州之）患。恩侈（給予優惠待遇）則驕，威猛則倨（傲慢）。必恩威並濟斯可懷畏（懷柔、威逼）兼收。然豺狼成性，未必其革心向化也，亦惟是羈縻弗絕而已（因此只能實行羈縻政策，千方百計籠絡之）。雖然，此特為連（州）人患耳。」（《同治連州志》卷一《舊志考》，第 556 頁）

明清時期，連州地方官對於作亂的瑤族大都採取剿撫兼施，以撫為主的對策。例如，據《同治連州志》卷二《編年志》的記載：北宋「慶曆三年（1043），湖南猺匪劫掠州縣，詔殿中丞楊畋赴韶、連等州招安之。」（《同治連州志》卷二《編年志》，第 602 頁）北宋時期，林概於康定年間（1040～1041）以大理寺丞出知連州，「時（連）州數被流賊，（林）概選蠻（瑤族）籍土民為兵，柵要衝（在衝要地位設兵駐守防遏），購（收買）猺人使守禦。由是賊不敢犯境。」（《同治連州志》卷五《職官志·名宦》，第 704）

明朝前期至中期，政治相對清明，民族矛盾並不突出，對連州境內時而叛亂的瑤族便以撫為主。

例如，洪武三十一年（1383），「流匪貌阿孫行劫連州，詔廣東官司招撫之。」受此動亂的影響，瑤族也跟著作亂，最終被招撫。志載：「時連州諸洞逃軍貌阿孫等行劫各村，（連州）六鄉之民死徙殆盡。後大木山猺陳猛顏、白雲山猺馬以亮、黃連山猺齊有善等俱就撫。」以「貌阿孫」的名字及其瑤人的

聯動響應來看，引發叛亂的貌阿孫大約也是瑤人而非漢人。「景泰二年（1451）設總兵參將，分捕猺寇。三年，左都御史王翱奏猺老、獞老人等聽其歸峒生理，請勒（派遣、率領）重兵防之。」注云：「時（王）翱總督兩廣軍務，威望素著，猺眾就撫。」天順「六年（1462），大兵征連山，招撫大東山等處猺獞。」注云：「先是，景泰間（1450～1456）猺獞韋廣通等一百二十餘戶於大東山上下坪等處作亂。至是，布政、按察二司調軍征剿，令猺老梁亞二齎（持）榜招撫，俾（使）居其地，自行耕種。成化八年（1472）遂附籍。」（《同治連州志》卷二《編年志》，第 604 頁）萬曆己巳（按：查萬曆無己巳紀年，疑誤；或為萬曆之前的隆慶己巳，即 1569 年）舉人崔世召出知連州，「時適（正遇上）猺為害，世召濟以德威，猺眾帖服。」（《同治連州志》卷五《名宦志》，第 706 頁）

到了明朝後期，隨著政治敗壞，階級矛盾、民族矛盾尖銳，瑤族作亂事件不斷發生，只能取以剿為主的對策。

天啟年間（1621～1627）至崇禎年間（1628～1644），連州、連山、陽山等縣的瑤族人民就不斷起事。如，據《民國連山縣志》卷一《年鑒》及《同治韶州府志》卷二十四《武備略·兵事》的記載：天啟元年九月，「軍僚排瑤倡亂，各排附之，知縣楊崇忠討之，不克」；同年，八排瑤「構亂」；天啟二年，「五排瑤肆劫掠，連山知縣楊崇忠請兵討之」；天啟四年（1624）「八排瑤糾合，將乘東省官員八月入場，順流攻廣州」；天啟七年（1627）「陽山瑤賊謝龍巖叛，知縣李邦才擒斬之」。但是，影響較大的瑤族叛亂則在崇禎年間。如，崇禎八年（1635），「八排瑤寇連山」，殺連山吏目黃中選、廣西參將劉唐衢、連州守備梁陳轉、陽山守備陳邦對、乳源把總許上操、劉國安、陽山巡檢趙應冬等，給官軍以較大的打擊。又如崇禎十三年（1640），「八排瑤賊蘇鳳宇、王斗明劫乳源，冬入英德，次年正月劫洤光，官兵追至鐃鈸嶺，失利，把總林肇芳、哨兵莫延輝死之」。瑤民多年的接連反叛使官軍有如驚弓之鳥，加上明末農民起義的爆發，使明朝的封建統治處於風雨飄搖之中，滅亡已是指日可待。

對比可知，明代對於瑤族的叛亂是撫多徵少，而清代則反其道而行之，是徵多撫少。例如，康熙「三十八年（1699）春正月，剿捕連陽（連山、陽山）八排猺賊」；「四十年（1701）冬十一月，提督殷化行、總兵劉虎率師剿八排猺。副將林芳、把總陳溥均遇害。」這次事件的緣由是，「猺賊」李貴、鄧

二等剽掠連州、陽山等州縣，殷化行遣林芳、陳溥進山，入裏入峒招撫，但「猺賊」抗命，於是，林芳、陳溥同時遇害。總督石琳請益兵進剿，平之。康熙四十一年（1702）春二月，將軍松桂率師征八排猺。明年降之。當時松桂率廣東、廣西、湖廣三省官兵來連州征戰瑤人，生擒「猺賊」首領李貴、鄧二等正法，並誅煽亂者沈立王等六人。瑤人降服。三月班師。其後，清朝廷對地方官製作了一些改革，例如改廣東海防同知為「理猺同知」，於三江城建理猺同知署，將治理重點由海防轉移到防禦瑤族作亂方面來。（《同治連州志》卷二《編年志》，第 602～608 頁）《廣東通史‧古代下冊》指出：「明代治理粵北瑤區重征剿，結果導致八排瑤民反抗鬥爭持續不斷，至清初仍不息。康熙四十二年（1703），兩廣總督石琳奏請建三江城，撥兵駐守，調廣州海防督捕同知劉有成為理瑤同知，『駐紮連州，瑤峒悉平』。該同知負責管理連州、連山、陽山三州縣瑤務。駐連州理瑤同知的設立，顯示清廷治瑤在武力鎮壓的同時，注重『化導』，以保持瑤區的穩定。」（轉引自方志欽、蔣祖緣主編：《廣東通史‧古代下冊》，廣東高等教育出版社，2007 年，第 853～854 頁）

明代應對少數民族剿撫兼施，以撫為主的策略大約與明初朱元璋制定的民族政策有關。明朝建立之初，朱元璋就曾告誡其子孫：周邊少數民族只要不是威脅到王朝的統治，不可興兵侵犯；對大部分少數民族應採取安撫羈縻的政策，以求得社會的和平安寧。故有學者指出：「明初，廣東的山區、沿海和平原，散居著黎、瑤、畬、僮等少數民族。明朝建立後，面臨著恢復生產和穩定其統治的艱巨任務，於是對少數民族實行了一系列以撫為主的統治政策，在少數民族居住的地區設立土官或流官進行管理。」「明朝開國的近百年間，『撫』瑤活動，史書記載不絕。」（方志欽、蔣祖緣主編：《廣東通史‧古代下冊》，廣東高等教育出版社，2007 年，第 95～96 頁、第 103 頁）這一民族政策的制定，影響到地方官的施政，使地方官不敢輕易對少數民族進行大舉的武力征剿。而滿清王朝則不同：統治者出自游牧民族，殺戮是其本性。清朝的統一和統治的維持都是建立在武力征服和民族高壓政策之下的，因而對於不願俯首稱臣的少數民族，也是崇尚武力，以征剿殺戮為主。

粵北與廣西、湖南接壤，也是壯族居住生活的地區之一。元代階級、民族矛盾尖銳，社會動盪。當時廣西的邕、賓、梧、柳、容、融等州，以及左江、右江桂北的南丹等地，陸續有「僮人」、「狼人」移入連山縣開墾與落籍。從連山縣壯族的主要姓氏韋、莫、覃、陸、吳、李等家族的「族譜」、「家乘

考」、「分支簿」的記載來看，他們的先人多數來自廣西。明初至萬曆年間都有廣西的僮人、狼人進入連山縣開墾、屯田、戍守或落籍。《順治陽山縣志》卷一《風俗》記載，廣西狼兵在明朝天順年間（1457～1464）「奉調征剿，就此生聚，俗尚類（接近，相同）宜善鄉。」壯族居住之地有「內峒」與「外峒」之分，其內部則有「主壯」與「客壯」之別。志稱「主壯富」，「客壯貧」。壯族以山間小平原、河谷、臺地的峒沖為居住地，故亦稱「峒民」。峒民在河谷和臺地開墾梯田，以稻作為主。每個村寨產生管理內部事務的村老、寨老，尊稱為「甫老（父老）」，俗稱「理事頭」。粵北壯族社會內部自嘉靖（1522～1556）以來已「編排里甲」，出現了土官、千長、將軍名目的官員，加深了壯族內部的貧富分化。明朝萬曆年間（1573～1620），粵北壯族曾舉行過反抗封建統治的武裝鬥爭。據《連山縣志》卷一記載：萬曆十年（1582），「發兵征剿，撫其遺孽，設巡檢司以管轄之」，總稱「宜善九村」。萬曆十一年，巡檢司衙門正式設立，俗稱永豐司城，作為「縣佐」，即縣的派出機關。連山北區流傳有一首民瑤：「宜善九村，九村開闢自明朝，一半俍民一半瑤。」（轉引自方志欽、蔣祖緣主編：《廣東通史·古代下冊》，廣東高等教育出版社，2007 年，第 366 頁）

4. 貶官

連州地處五嶺山區，貧窮落後，因而在古代成為封建王朝貶謫、流放朝廷官員的理想之地。僅以唐代為例，據《同治連州志》卷二《編年志》的記載，最早被貶謫到連州的唐代官員是「唐貞觀二十二年（648）春二月，流崔仁師於連州」。其後，被「出」、被「貶」、被「謫」、被「徙」、被「流」、被「改」、被「安置」被「編管」到連州來的朝廷官員有：出殿中侍御史王晙為連州刺史；貶刑部尚書王昂為連州刺史，行至萬州卒；貶殿中丞、御史楊護為桂陽縣（今廣東連縣）丞；貶房孺復為連州司馬；貶尚書左丞薛邕為連山縣尉；貶禮部員外郎王仲舒為連州司戶參軍；徙太學生薛約於連州；貶監察御史韓愈為陽山令；貶屯田員外郎劉禹錫為連州刺史；貶翰林學士凌準為連州司馬；貶御史裴休於連山；貶御史中丞韶同為連州司馬；出劉禹錫為連州刺史；流進士劉士服於連州；貶戶部郎中楊敬之為連州刺史；改尚書司封郎、知制誥、翰林學士蔣防為連州刺史；貶崔璜為連州司馬；貶舒州刺史蘇滌為連州刺史；謫盧肇於連州；貶左拾遺崔庚為連州司戶；貶昭義節度使高湜為連州司馬等等。唐以後直至明清，都有不少朝廷官員因故被貶謫至連州者，不一一列舉。詳見《同治連州志》卷二《編年志》。

　　《同治連州志》卷六《流寓志》序云：「連（州）自伏波下湟水而南越版圖始入於漢，厥後名賢踵至，風會（風氣、時尚）日開」。這裡說的「名賢踵至」即指被貶謫至連州的歷代官員。又說：「至謫宦（貶官）騷人（文人）淹留歲月，一觴一詠均足令山川生色，草木增輝。」這些貶官的接踵到來，對於連州地方政治及文化必然產生重要而積極的影響。

　　例如，王晙，唐永徽二年（651）被貶為連州刺史，在任期間「民猺安之」。故志書說：「終唐之世，刺連州為名相者，（王）晙一人而已。」劉禹錫，「永貞元年（805）坐（因……而獲罪）王叔文黨貶連州刺史」，未至而斥為朗州司馬；元和（806～820）又因為作詩被指「詩涉譏刺」而再次被貶至連州。大中丁卯（847），連州人劉幾之始進士登第，志家認為劉幾之的登第與劉禹錫被貶至連州是存在關係的，故曰：「自是連（州）之文物媲美中州，則禹錫振起之力居多！」眾所周知，劉禹錫是唐代著名詩人，本著對文化學術的重視，劉禹錫到連州任職之後，或許在振興教育方面有所作為，有所貢獻，因而對其後人才輩出有積極影響，只惜志書記載簡略，語焉不詳，未能讓人窺見全貌而已。蔣防於唐朝寶曆二年（826）被貶至連州任刺史，「有惠政，嘗疏楞伽峽水，民便之。」湟川三峽即仙女峽、楞伽峽和羊跳峽，位於連州市區南面，是珠江流域北江水系的主要支流，起源於星子紅岩山，流經連州、陽山、英德，在連江口匯入北江。疏濬河道，便利了地方水路交通；另外「有惠政」，對於安定地方，維持民生也有貢獻。明代初期洪武年間（1368～1398），侯禮「坐事（因處理政事失誤）左遷（貶謫）連州判官。會猺賊貌阿孫等劫掠經年，（侯）禮躬抵賊巢，諭以禍福，賊率眾向化。未幾，八排猺廖廣秀復據高良鄉（作亂），（侯）禮再招徠之，悉為編民。秩滿，升本州（連州）知州。九載考績，民詣闕（到朝廷向皇帝請求）留之，復任九載。」侯禮因行政失誤而被貶謫至連州，沒有氣餒，沒有沉淪，而是全身心投入連州地方治理的工作中，在安撫瑤人，穩定地方社會秩序方面貢獻突出，深受當地民眾懷念。在民眾的懇請之下，在連州任官十八年，這在古代歷史上是很罕見的。明代「坐事貶連州」的劉瓛，到連州上任之後，一改過去地方官對法治不重視，造成當地民眾目無法紀的狀況，嚴於執法，改善了地方社會秩序。志載：「時（連州）民溺於姑息，犯（法）者接踵。（劉）瓛至，悉繩以法，不少貸（不姑息放縱），於是遠近相戒無敢犯。」（《同治連州志》卷五《職官志·名宦》，第703～705頁）

除了這些貶官之外，還有一些「流寓」人物的到來。他們在流放地雖不擔任行政職務，但對於地方歷史文化同樣也有積極的影響。如，南宋時期，張浚曾被貶謫至連州。張浚是南宋時期著名的抗戰派人物，出將入相，據說是張九齡的族人：張九齡之弟張九皋曾任劍南節度使，有一子留蜀，張浚即其後人。因此史書記載張浚為「漢州棉竹人」。眾所周知，南宋紹興年間，高宗在位，秦檜當權，奉行順我者昌，逆我者亡，致使朝中大臣大多趨炎附勢，不敢忤逆秦檜。張浚起初猶豫不決，最後在母親的激勵之下，毅然「歷陳政事」，結果得罪了秦檜。秦檜大怒，指使中丞何若論之，結果被貶逐至連州。張浚在連州「為（建）書院於嘉魚坊」，對於地方教育事業的發展有所貢獻。

因此，志書說：「曾侍御曰：連（州）在長沙南境，九州之地指連（州）為極邊，以故土放逐者居之。雖放或非其罪，雖以微罪而其人勳業文章為世所推，故皆謂之『賢』；又或因他事偶至，不緣於（放）逐，而流風餘韻足以繫人深思，則皆謂之『寓』。忠如岳武穆（岳飛），賢如張敬夫（張栻），百世之下聞其風猶欲想見其人，況武穆親提重兵屯境上，敬夫侍其親於顛沛之日且經年於斯耶！」（《同治連州志》卷六《流寓志》，第 712 頁、713 頁）這說明了不論何種原因（多是工作失職、失誤）被貶逐至連州任官的「賢」，還是因故（多是得罪皇帝或權貴）而被流放至或遊歷經過連州者（所謂「寓」），他們對於連州地方歷史文化的發展都有著重要的影響。這種影響或是直接的，立竿見影的；或是間接的，潛移默化的。曾侍御（即曾象乾，連州人，明萬曆年間科舉入仕，官至侍御史，致仕後參與方志修纂）這話說的是很有道理的。

（一）陽山縣

陽山縣地處南嶺山脈南麓，連江中游。戰國時期境內有陽禺國，秦朝末年設陽山關，西漢高祖時置陽山縣，迄今已有 2000 多年的歷史。陽山縣位於廣東省西北部，因秦朝末年在縣境設陽山關而得名。陽山關，在今廣東陽山縣西北騎田嶺口，《史記·南越尉佗傳》載：尉佗檄陽山關曰：盜兵且至，急絕道，聚兵自守。《元和志》謂故關在縣西北四十里茂溪口，當騎田嶺路。西漢時期置陽山縣。803 年，唐代大文豪韓愈被貶任陽山縣令時，曾以「吾州之山水名天下」讚美陽山。

1. 風俗

陽山縣地接郴、桂（湖南、廣西），山連韶右（今韶關市），「峒蠻」（瑤族、壯族）雜處，故其風俗、好尚、語音多與相類。民性樸直，俗尚儉約，鮮

（少）事詩書，不喜商賈。人皆專務耕織。男或不冠（古代男子二十歲左右行加冠禮，以示已經成年），女或不履（不穿鞋子）。民間饋贈多以檳榔，婚姻以茶鹽為禮。喪葬歌唱作樂，名為「娛屍」。生病多不服藥，篤信鬼神，專務祈禱祭祀。富民家鮮（少）千金，行道無乞丐。其民主要有三：一曰「王民」，即接受封建統治者，唯知耕種漁獵，少商賈、屠沽、技藝，遵守王法；二曰「猺民」；三曰「獞民」，即今日瑤族、壯族，深處山峒，腰刀持弩，性獷而悍，不習拜揖，椎髻跣足，不願接受官府統治，被稱作「頑梗難治」。元旦不論貧富皆掃潔舍宇，祭祀先祖，拜謁鄰里。親朋互相宴會。清明時節，男女攜帶宰殺的小豬，肩挑壺酒，入山掃墓。除夕之夜易門神桃符，親族聚飲，謂之團年。婚冠喪祭，禮多簡略。服無文綺，器無雕飾。土瘠民貧，樸陋成習。

古代陽山縣的民俗中也有其弊。《順治陽山縣志》卷一《風俗》云：「然沿習固陋，不重師儒，不修行檢。婦姑誶語（媳婦與婆婆經常吵架），兄弟鬩牆（爭吵鬥毆）。邇乃（近來甚至）效狡詐，工教唆，習淫佚，設圖賴（耍賴要挾，勒索錢財），頑鈍無恥之徒往往而有。」

2. 民族

陽山境內主要生活的民族是瑤族與壯族。

瑤族生活於深岩邃壑之內，豐草密箐之間，並無出產（無甚特產），只以耕懇山田度活。其人耐寒暑，善走險，精藥弩，慣捕獵，重然諾，畏鬼神。部分瑤人亦薄供租稅，頗就羈縻。族無統屬，馴服叛亂無常，好行盜竊搶掠。而陽山之民亦多散居山谷之中，與各瑤村落雞犬之聲相聞，田土錯連。瑤人「頑梗不靈」，畏見官長，一任再三招致總不接受官府招撫。官員進山，瑤人則一再討取「花紅」銀兩。獲得利益時則暫時安寧一段時間，過後又再頻頻滋事生非，甚至公然殺人越貨，偷搶豬牛。由於「愈撫愈橫」，官府有時候也不得不行「剿剿」之策，然後才能換得暫時的安寧。瑤族之人還常常與一些「奸徒」相勾結，窩藏他們，與他們聯合劫掠，對地方治理造成了不少的困擾。

今之壯族，在明清時期的地方志中常常寫作「獞」或「僮」。僮人性質「粗悍」，露頂跣足，花衣短裙，「鳥言夷面」，自耕而食。因多居山中，常被稱作「山人」。僮人據說最早生活於湖南溪峒之中，後逐漸遷徙進入廣西古田縣（今廣西永福縣），佃耕荒田，聚積漸多。隨著人口增長，逐漸出山謀生，與漢人發生衝突。他們佔據鄉落，佃田納租，時相仇殺。地方官常常利用僮人牽制

防範或打擊瑤人，「頗賴其力以捍猺」。其後眾聚勢強，為患則與瑤人無異矣。連州無僮人，唯陽山、連山二縣有之。

3. 治亂

古代，陽山縣動亂較多，有「猺亂」、「蠻亂」、「賊亂」等，還有「土寇」、「流賊」等。

這裡只說「猺亂」。早在北宋慶曆年間（1041～1048），湖南瑤人劫掠州縣。朝廷任命楊畋為湖南路兵馬鈐轄，率軍討之。瑤「賊」聞楊畋率軍至，皆恐，逾嶺南而遁。至粵北，南雄、韶州、連州地方官設法招安之，約瑤人出峒，授田為民，還給其首領授官贈資以籠絡。楊畋對於此策不予苟同。他說，瑤人於湖南作亂七年，所殺掠不可勝記，今使飽資糧據山峒，其勢不久必然復亂。次年春，瑤人果然又再作亂，劫掠陽山縣。楊畋經十五戰，終討平之。

入明以後，由於朝廷主張對少數民族採取以撫為主的政策，使瑤人更加有恃無恐，作亂更加頻繁，為害也更嚴重。洪武（1368～1398）初，瑤人劫掠陽山村落。明太祖命大臣齎榜招撫，事平。至明中期，隨著明朝政治的腐敗，瑤族作亂更加頻繁。如，《民國陽山縣志》卷十五《事紀》載：嘉靖「二十七年戊申（1548），猺劫麻子水。自後屢出劫掠，歲無休息。」對於瑤人的一再作亂劫掠，官府似乎缺乏有效的遏制手段，頂多是委派官員前去招撫，換得暫時的安寧。

入清以後，清朝一改明朝的「羈縻」為主的策略，對於瑤族的作亂多採取軍事打擊的行動。例如，順治九年（1652）「十二月，連州八排猺劫東田、白石等鄉，守備田某討平之。」「康熙三十八年己卯（1699）秋徵連（州）、陽（山）八排猺，平之。」康熙四十七年（1701）「十一月，八排猺賊李貴、鄧二等劫掠連、陽州縣。提督殷化行率兵討之，不克。四十一年壬午（1702）春三月，都統松桂率湖廣、廣東、廣西三省兵討八排猺賊，平之。」及至道光年間（1821～1850），清朝統治更加腐敗，社會矛盾更趨尖銳激化，瑤人作亂與廣大民眾的反抗鬥爭結合在一起，清朝軍隊對於瑤亂的平定就更感吃力，常常是敗多勝少了。（《民國陽山縣志》卷15《事紀》，第324～327頁）

（二）連山壯族瑤族自治縣

1. 沿革

連山縣歷史悠久。秦統一後，在楚國之地設立南郡（治所在今湖北江陵縣）、黔中郡（治所在今湖南常德市）、長沙郡（治所在今湖南長沙市）三郡。

連山縣屬長沙郡南境。兩漢時在今粵北、湖南南部設桂陽郡，領十一縣，隸屬於荊州。三國時期，吳國襲取桂陽郡，分其南部置始興郡，仍隸屬於荊州。連山縣屬始興郡。西晉太康元年（280）以始興郡隸廣州；永熙元年（290）隸屬湘州；咸和三年（328）隸荊州；連山縣皆隨郡改屬。南朝梁天監五年（506），析湘州、廣州之地設衡州，兼置陽山郡，隸屬於衡州；以陽山郡之西北界鍾山下置廣德縣，這是連山設縣之始。隋朝開皇十年（590），改廣德縣為廣澤縣。後避煬帝（楊廣）諱改稱連山縣，隸屬熙平郡。這是縣名為「連山」之始。唐朝分天下為十道，連山隸屬於江南西道。天寶元年（742）改連山屬嶺南道。乾元元年（758）改連山縣屬連州，隸屬於湖南道。大曆三年（768）又改屬廣州，隸嶺南道。五代時期，連山縣隨連州歸入南漢版圖。北宋平南漢，連山縣隸屬廣南東路。南宋紹興六年（1136），連山縣廢為鎮。十八年（1148）在連山縣程山地（今宜善鄉）置程山縣，仍屬連州，隸廣南東路。元朝至元十三年（1276），改程山縣為連山縣，隸湖南道。元貞二年（1296），連山縣改屬英德府，隸廣東道。明洪武二年（1369）二月，省桂陽州，置連州，州治在連山縣；四月，省連州及陽山縣入連山縣，屬韶州府；洪武三年（1370）九月，省連山縣復置陽山縣，改屬廣州府。十三年（1380）十一月復分陽山縣置連山縣。清順治四年（1647），粵省歸附，行政區劃沿襲明朝。因為地廣人稀，又處於重要地理位置，因而連山縣自清雍正開始，在行政措置上與別處迥異：志載：「連山在廣東西北隅，僻處萬山中，境之西北界湖南江華縣、藍山縣，西界廣西賀縣，所屬多猺（瑤）戶。雍正中（1723～1735）設理猺同知駐三江，逕（直接）隸司道（清朝時期隸屬於巡撫的專設機構），而錢糧仍由連山縣徵解（徵收、解送）。嘉慶中（1796～1820）革縣遷同知（撤銷縣編制，改設直隸廳事，稱「連山綏猺直隸廳事」，設「同知」），駐連山，並歸專轄（由巡撫直接管轄），為綏猺廳，沿革始末備詳志中。初則有分民，無分土，而後有域疆者也。」（《民國連山縣志》卷一《舊序》，第 369 頁）民國元年（1912）復改為連山縣。

2. 社會

連山縣地處廣東西北部，與湖南、廣西相鄰，為三省交通要衝，又是瑤族聚居之區，歷來交通不便，城小人少，卻治理不易，常常令到此任職的官員產生失落之感。

　　康熙二十年（1681），知連山縣事的張化鳳在為所修的縣志作序時說：「連（山縣）處天南之末，蕞爾遐陬（狹小而偏僻），在萬山叢簇中，鳥道羊腸（只有小道通行），另闢一境。城市村落，廬居井里，總其編戶不及大縣一鄉也。」（《民國連山縣志》卷一《舊序》，第336頁）

　　康熙二十三年（1684）來任連山知縣的蕭象韶在奉命修纂《連山縣志》的序中說：「……甲子（1684）春，余奉命出宰連山，度（大）庾嶺，歷陵江，過中宿峽（又稱飛來峽，在今廣東清遠市東）、湞陽（在今廣東英德市南）諸峽，皆極幽遐瑰異之觀，迨入湟水三十里許，有高山陡立，中關門戶，則為連（山縣）界之雞鳴關矣。自是而風景迥殊，萬山盤踞，巨石奔騰（巨石呈奔騰之勢），潺潺潤水。更行數十里，山腰平處有人煙歷落，則為連山之縣治。余憑車四顧，見其偏小荒涼，不覺為之戚然。既而思天下無不可為之地，知韓文公（唐代韓愈）之任陽山，張魏公（宋代張浚，封魏國公）之蒞連州，至今人思不置，史書邑志共載以為美談。余雖不（敢）追望前賢，然撫綏殘黎，振興學校，乃吾輩職分，又安（怎麼）可以連山僻地，僅為一時容拙己也（僅僅是在此做幾年官而悲觀失望，自暴自棄呢）！於是自夏徂（至）秋，諸廢漸舉。」（《民國連山縣志》卷一《舊序》，第366頁）蕭象韶初來乍到，看到連山是個小縣，人口稀少而頓生失落之感。

　　康熙二十八年（1689）來任連山縣令的劉允元（順天大興人，歲貢）在三十二年（1695）重修連山縣志的序中也說：「余承乏連邑（我來連山任縣令），今且五年矣，甫蒞之處（剛來的時候），由（京師）里門歷四千餘里，疲極舟陸（來路上水陸兼濟，疲憊至極）。才入雞鳴關，見其數堞城闉（城牆）低蟠山足，寥寥蓬戶，人影或稀略乃見。其名曰縣，實不及一大村落也。」（《民國連山縣志》卷一《舊序》，第367頁）

　　這種狀況直到民國時期仍未明顯改觀。民國初年，浙江籍何一鷥來任連山縣知縣，其友臧益薌隨同到連山縣來謀求一職。後來，他奉何一鷥知縣之命，與鄉紳一同重纂《連山縣志》。他在志序中描述了當初到連山縣來之所見，謂：「老友何松波（何一鷥）宰粵之連山，邀（予）與俱南。予聞連陽（連山、陽山）大好山水，藉此（行）一窮其勝，計亦甚得，因橐筆從之。過羊城（廣州），渡北江……至連山縣城。城大如斗，孤懸半山。署（官署）中人早看山色，暮聽溪聲……」（《民國連山縣志》卷一《舊序》，第336頁）可見即使到了民國時期，連山縣依然是很落後，人煙稀少，政事簡單。

經濟方面，連山縣礦冶業的發展佔有一席之地。清代礦業政策比較寬鬆，廣東礦業遂發展至鼎盛時期，成為本地手工業的支柱。例如，雍正年間（1723～1735），廣東鐵爐不下五六十座，產量為明嘉靖年間（1522～1566）的兩倍。據文獻資料和考古資料的不完全統計，清前期廣東鐵礦分布於 45 州縣，連山縣為其中之一。（方志欽、蔣祖緣主編：《廣東通史·古代下冊》，廣東高等教育出版社，2007 年，第 932 頁）除了冶鐵之外，還有金砂和銀礦的開採。《民國連山縣志》卷八《食貨·礦物》記載，連山縣「芙蓉山、梅峒山、良峒山均有銀礦發現，□代曾經開採。」不過，當時礦冶業也出現了盲目開採的混亂狀況：開山煽鐵，礦徒常常嘯聚山林，暴動鬥毆頻起，嚴重破壞了地方社會秩序。

3. 風俗

連山縣地處絕壑深岩之中，瑤族、壯族錯雜居住，煙瘴蔽空。各民族語言差異大，難與交流，因而文化阻滯；加之溪流淺狹，交通不便，四方賓客、商賈所不至。民人與外界交往少，老於耕牧，衣食自適。故民風淳樸，淡於名利，少爾詐我虞，志競進取者亦不多見。自清朝中期以後，各村寨設立文社、文會，考校道藝，故而經學、詞章頗有可觀，乃至婦女亦嫻吟詠。同治（1862～1874）、光緒（1875～1908）以後厥風漸衰。至今士紳之家猶能詩書繼世，訓後輩以名節、禮儀。婚姻重門第，喪祭盡儀文，與中州同風。編戶齊民之家錢財缺少，無力供子弟入學校者居多數。器用多陶匏（匏瓜，俗叫「瓢葫蘆」，果實比葫蘆大，對半剖開可以用做水瓢），服飾尚樸素。揭杉皮以覆屋，雜芋薯以代糧。男事耕獵，女嫻樵汲。五日一市集，士農百工往往停歇其業以赴墟市。或朋友、親戚串門、相逢，則斗酒只雞，恣飲啖以為歡樂。鄉民多喜吸煙葉，據說吸煙可以防禦瘴癘濕氣，以故吸煙之人不少。連山縣因為山險谷幽，林深菁密，且毗鄰湘、桂，曾為逋逃淵藪。年輕之人受此影響，不免陷溺其性，以至打劫行旅，搶奪財物者亦有之。宜善鄉東南九村離縣城遙遠，風氣尤為刁悍，可謂弱肉強食，良懦受脅，莫敢誰可。宜善鄉是明朝萬曆十一年（1583）瑤族、壯族之亂既平之後，改其地名為宜善鄉，並置巡檢司以彈壓。自民國元年（1912）巡檢司裁撤以後，縣署鞭長莫及，教化更顯困難。故而有識之士認為蟻穴不防墮及大堤，豈止是敗壞地方風俗而已，曾建議於宜善鄉設縣佐以分鎮治理彈壓。

4. 民族

志書有云：「環連皆猺也」，意謂連山縣之地，瑤族之人處處有之。又謂：「猺亦南蠻之一耳，狠如狼，貪如羊，數千年來野性未馴，連山吏民每引為心腹之疾，遜朝（本朝）以竭剿撫之才而疾頑如故。」

據說，連山之地古代並無瑤人居住生活。大約是南宋淳熙年間（1174～1189）連州人廖顥科舉及第，出仕任廣西提刑官，致仕歸鄉時攜帶了十餘瑤族僕人，讓他們散居於連州的油嶺、橫坑之間。其後，瑤人生息繁衍，蔓延連山，計有八大排、五小排、一百三十餘小沖。「排」相當於漢人的「鄉」，「沖」則相當於「村」。在連山縣有五大排、三小排、七十二小沖，人口約六萬餘。其族椎結徒跣（將頭髮結成椎形的髻，赤腳走路），男子穿耳戴環，以五色雞毛飾髻，女子則坦胸戴白墊角巾者，被稱為「排猺」；以三角薄板繫於髻上者被稱為「帶板猺」；髻上帶長笈一枝者被稱為「戴箭猺」。「板猺」、「箭猺」聚居於黃南、龍尾諸沖（山間小塊平地），善良守法；「排猺」則好鬥嗜酒，喜則為人，怒則為獸，自明朝以來曾多次作亂，是為邑人之害。明末崇禎年間（1628～1644）及清初康熙年間（1662～1722）、清末道光年間（1821～1850）、光緒年間（1875～1908）屢煩大兵進討，然後才得綏靖。進入民國以後，瑤族之民則謹守法紀，納稅以時，赴墟不擾，與邑民有齟齬衝突則奔縣求申理，恪遵裁斷。至此，民瑤可謂相安矣。然而，負險族居，自成習俗，與談公益則不顧，招以教育則不就，此種情形並未改變。還有一種瑤人被稱為「過山瑤」者，他們居無定所，視山坡有腴地可耕墾即率妻孥夥伴結茅居住，雖勤耕作，亦濫費用。耕作之餘則結隊遊歷，尋得佳勝之處又遷徙矣。

大致而言，瑤人在連山縣的分布，地方志記載曰：「宜善以東，三江以西，金坑、白芒以南（以）北，周圍四百餘里，崇山峻嶺，絕壑深林中，土牆瓦屋，聚族而居；其戶六千八百三十二，其丁口二萬六千五百七十七；其族類之名分，大曰『排』，小曰『沖』。『排』者派（部落）也；『沖』者種（氏族）也。沖隸於排，猶言某排派之種也。排之大者八，小者七，其沖一百七十三。屬連山者五大排，三小排，一百二十六小沖；屬連縣（今連州市）者三大排，一小排，十三小沖；屬陽山者三小排，三十四小沖。」（《民國連山縣志》卷14《猺種》，第474～475頁）

連山縣境內，除了瑤族之外還有壯族。「壯」字在方志中作「獞」，是貶稱。據說，今壯族是遠古時期的「三苗」族的後裔；也有人說是廣西的「狼

種」。壯族居住生活於連山縣西部邊界諸山峒，風俗情狀起初與瑤族沒有很大的區別，只是女子髻梳蟠龍，貫以大簪，或包白布帕，以青紗繡之，精織細布，被稱為「獞布」。明朝中葉，瑤族作亂，壯族也隨之作亂。天順二年（1458）攻陷程山，四年攻陷梧川，歷成化（1465～1487）、弘治（1488～1505）之朝，時服時叛，卒未能平。至正德元年（1506）朝廷大規模發兵征之，壯族人口大減，趨向衰弱，遁入深山，盤踞荒蕪，不入版圖。其後生聚繁衍，由衰轉盛，招集亡命，又思蠢動。萬曆十年（1582）朝廷又發兵征剿，招撫降服，設巡檢司以管轄之，壯族才逐漸歸化。

5. 兵防

俗話說未雨綢繆，又說防患於未然。連山縣地理位置重要，兵防不可不嚴。《民國連山縣志》卷十《兵防》序言說：「邑（連山縣）邊三省（介於廣東、廣西、湖南三省之間），岡巒環疊，諸猺蟠（盤踞）處，楚（湖南）、桂（廣西）亡命復憑而嘯聚其間，覷我不虞以狡焉思逞（乘我不備而進犯），兵防可一日弛哉！有明一代，邑最多故，兵防當然完密……」

明朝洪武二十八年（1395），始建連州守禦千戶所，隸屬於清遠衛，額設正千戶一員，副千戶二員，百戶十員，鎮撫一員，總旗二十名，小旗一百名，馬步軍一千戶。其中部分兵力駐紮於連山縣，惜方志記載不詳。景泰二年（1451）設總兵參將分捕「猺匪」。天順元年（1457），連山縣增設守備一員，廣東都司都指揮使為之。後易以各衛指揮。明末崇禎十五年（1642），撤守備司，設防瑤參將一員。當時，連山縣設有兩個營，一是清巢營，一是平天營。清巢營設置於崇禎十一年（1638），知縣余懋儼所設，在縣東北豬頭山。志載：「先是，天啟六年（1626）軍僚、馬箭二排猺借批耕為由，糾黨行劫，歷年已久，邑人苦之。至（余）懋儼蒞任，立（清巢）營於二排（軍僚、馬箭）出入之隘（必經之道），隨時伺察，使（猺）不得逞。於是，婪猺遠竄，良猺歸排，伏莽（作亂）肅清。」天平營則設於崇禎十五年（1642），總督沈猶龍建。「先是，軍僚猺排倡亂兩廣，總督何廷樞討之，不克。（軍僚猺）旋又四出劫掠英德、乳源、陽山諸縣，並戕（殺害）守備陳邦對，猖狂無忌。連山知縣朱若迄具疏請剿。朝（廷）命閩、楚、桂、贛、粵五省總兵率師會剿。至則抵軍僚排，毀其巢穴，運排中磚木以建（平天）營於茂古峒，築城建署，招義兵守之。」

關於清代連山縣的兵防設置情況，縣志有簡單而明確的記載，謂：「清初始建連（山）、陽（山）營，以其左哨千總為邑（連山縣）城守。康熙時添設三江協營。邑屬險要，分設汛防者凡十八處；又設綏猺營兵百名，同知領之。道光中（1821～1850）添設猺練兵八十二名。邑中武備稱極盛焉。光緒（1875～1908）之季（末年）綠營裁改，邑防乃少馳矣。」（《民國連山縣志》卷十《兵防》，第439頁）可見清代連山縣的兵防是比較嚴密的。

三、南雄州（府）

1. 沿革

南雄，簡稱「雄」，古稱「雄州」，也稱「南雄州」。南雄州（府），古代揚州之南境。春秋時為百粵地。戰國屬楚。秦為南海郡曲江縣地。秦末漢初，趙佗割據嶺南建立南越國，南雄地屬之。西漢元鼎五年（前112年）平南越國，以曲江縣隸屬於桂陽郡。元封五年（前106年）置十三州刺史，桂陽郡屬荊州。三國鼎立，曹魏得荊州。赤壁之敗以後，荊州入於吳國。吳國黃武五年（226）置廣州，曲江縣屬廣州。永安元年（258），分曲江縣地置始興縣；既而分桂陽、南海二郡置始興郡，統轄曲江、始興等七縣。晉復以始興郡隸屬於荊州。南朝宋改始興郡為廣興郡，齊朝復改為始興郡。梁末建東衡州於始興縣，始興郡屬之。隋朝平陳，廢始興郡，以其地屬廣東總管府。唐武德四年（621）置韶州。光宅元年（684），唐分始興縣置湞昌縣。五代南漢乾和四年（946）割韶州始興、湞昌二縣置雄州。這是「雄州」設置之始。北宋開寶四年（971），宋軍南征，克英州、雄州。宋開寶四年（971），以河北也有一雄州，故加「南」字別之，稱南雄州。元代稱南雄路，隸屬於廣東道宣慰司都元帥府。明洪武元年（1368）革路為府，南雄隸屬於廣東等處承宣布政使司，領湞昌、始興二縣如故。清嘉慶十二年（1807）改為直隸南雄州。民國時改為南雄縣，隸屬廣東。

2. 地位

南雄地當庾嶺交通要道，為南北咽喉，控帶群蠻，襟會百越，故以「雄」名。南雄州城池，舊志記載始建於宋皇祐四年（1052），名為斗城。而早在南漢乾亨四年（920），劉龑已割韶州之湞昌縣置雄州。那麼公元920年至1051年的雄州城在哪裏？舊志無記載。1988年編寫《南雄縣志》，訪得溪塘水東陳氏族譜，譜中有譚大初於明嘉靖四十三年撰的《溪塘水東陳氏地輿記》。該《地

興記》稱：「雄城東七十里，古志名蓮溪。初置雄州，經之營之，度地居民，則於溪塘是卜，此古營建處也。學宮神廟設其制，衙署城池定其規，至今基址猶不朽焉。」這才弄清南漢初置雄州城於溪塘。

唐代粵北全境基本上屬嶺南道管轄（今連陽地區曾一度屬湖南道）。唐王朝在粵北境內分置韶州（唐貞觀年置，治曲江）和連州。韶州轄曲江、仁化、樂昌、始興、湞昌（今南雄）六縣。五代，嶺南為南漢劉氏佔據。南漢在北江流域增設英州（治所在今英德縣城）和雄州（州治在今南雄城）。這樣，加上原有的韶州和連州，粵北共置四州。宋代時粵北屬廣南東路。天聖元年（1023）因避仁宗趙禎諱，改湞昌為保昌。宣和二年（1120）賜保昌為郡。元代改州為路，元初在粵北地區置南、韶、連、英四路，俱屬江西行省廣東道。南雄府位於廣東北部，可謂「枕楚跨粵，為南北咽喉」。

南雄府轄保昌、始興二縣。

（一）保昌縣

保昌本為晉始興縣地。唐光宅元年（684）拆始興縣東北界置湞昌縣，屬韶州。五代南漢乾亨四年（920）在湞昌縣置雄州。北宋天聖初避仁宗諱，改湞昌縣為保昌縣，治今廣東省南雄市。保昌歷為南雄州、南雄路、南雄府治。清嘉慶十一年（1806）省入南雄州。故湞（保）昌縣，即今廣東省南雄市。

（二）始興縣

今為廣東省韶關市轄縣。三國吳永安六年（263）春，析南野縣南鄉地設置始興縣，「始興」一名始此，有 1700 多年歷史。始興縣位於廣東省北部，韶關市東部，地處南嶺山脈南麓，地勢四周高中間低，呈盆地狀，形成了粵北地區面積最大的小平原，自古有「粵北糧倉」之稱。始興是多民族聚居地區，境內有漢、瑤、佘等多個民族。始興是粵北第一古郡，自古著稱為「古之福地」。古人以「此地興旺，周而復始」而命名為「始興」。

1. 沿革

始興，《禹貢》記載屬揚州之域，春秋為百粵地，戰國屬楚。秦併天下，略定嶺南，設南海、桂林、象郡三郡，始興屬南海郡。秦末漢初，趙佗割據嶺南，建立南越國，始興屬之。漢代屬揚州豫章郡南野縣。孫吳時屬廬陵郡。永安六年（263）分南野地置始興縣。是為始興設縣之始。甘露元年（265），以桂陽南部置始興郡，轄始興、斜階二縣。南朝梁朝時於始興地設安遠縣。陳

朝時升安遠縣為安遠郡，與始興郡同屬東衡州。隋朝對地方行政體制進行改革，廢郡，只設州、縣。開皇九年（589），始興縣隸屬於廣州總管府。後又廢州設郡、縣，始興改屬南海郡。唐武德四年（621）置番州（治所在曲江縣），始興屬番州。貞觀元年（627）分廣州曲江等地置韶州，始興縣屬之。五代南漢乾和四年（946）置「雄州」，始興縣屬雄州。北宋開寶四年（971），更名「南雄州」（因為五代後周在顯德六年即959年設雄州，治所在今河北雄縣）。元朝忽必烈至元十五年（1278），改南雄州為南雄路。明朝洪武元年（1368）改南雄路為南雄府。清朝嘉慶十二年（1807），改南雄府為南雄直隸州，隸屬於廣東承宣布政使司，始興縣屬南雄直隸州。是為古代始興縣行政設置沿革之大略。

2. 治安

《始興縣志》卷二《職官略・武職》序云：「南雄五所俱在始興，舊設衛所……興邑（始興縣）山多灘險，路當孔道，所恃以弭盜防奸，衛國固圉者有不重於武職乎！然而官得其人則兵為防守而民安，官不得其人則兵多滋擾而民困，武職所繫亦綦（極）重矣。」（《始興縣志》卷二《職官略・武職》，第24頁）由此可見始興縣地位的重要，亦可知政治清明，官得其人，軍隊就能起到保衛地方安全的作用；否則，兵會成為禍亂的根源。明清時期，方志中不少「兵變」、「兵亂」的記載，職此之由。可見軍隊是一把「雙刃」之刀，有其利也有其弊的。正因為地處關鍵，易受各方影響，因而始興縣在古代歷史上動亂變生時多，和平安寧時少。《始興縣志》卷四《輿地略・形勝》有云：始興縣「蕞爾山陬，介保（即保昌縣，北宋天聖初以湞昌縣改名，治所即今廣東南雄市）、曲（江）兩邑之間，南通翁源，東南接隴南，山崗綿亙，世治則人安耕鑿（農業、手工業），世變則境鄰烽燧，伏莽（盜賊）未靖，萑苻（叛亂）忽起，兵燹之後繼以逃亡，所以敝於流賊者不知幾經蹂躪，幾經招徠矣。」（《始興縣志》卷四《輿地略・形勝》，第62頁）

3. 風俗

《民國始興縣志》卷四《輿地略・風俗》云：

> 始興民性質樸，少於爭訟。男則專力農功而罔事商賈者，有皓首而足跡不履城市者。婦女惟好紡織，居室僅足以蔽風雨，衣服皆樸素而無華餙（飾）。邇來趨向禮儀，風俗丕變。服飾居處，衣冠文物，蔚然可觀，亦庶乎（幾乎）與中州無異焉。……敦倫守分，少

於爭訟，淳風沕穆（深微），雖三代所稱（即使是歷來被人們所稱道的夏、商、周三代）何以加焉！又安用華飾為哉（又何必追求衣著的華麗奢侈呢）！獨是（只是）其土瘠，其風儉，其俗黠獷而喬野（狡猾，粗野，傲慢）。雖不盡然（雖然不是普遍如此），然亦在在多有。

又說：

> 城市之民文而巧，鄉曲之民質而樸。文而巧者患在流於澆漓，質而樸者病其失之喬野，互有得失。而文學科名則因氣運為隆殺（因為運氣的盛衰而有時興旺，有時衰落），正賴守土之仁賢（地方官）因勢利導，隨時轉移，鼓舞漸摩，烏有一定而難易，一成而不變哉（情況是可以改變的，不是一成不變的）！

但是，到了清朝末年，始興縣的社會風俗出現了一些變化：當時人說：

> 始興本來淳樸，凡一切詐偽習悍之習尚未曾染。近年以來衣服飲食漸即奢華，冠婚喪祭動費多金（動輒耗費大量錢財），不特（不僅）城市為然，即（使）遠而鄉曲（鄉村），類皆相率成風，若不節之以儉，將有趨入侈靡之俗，敗壞不可勝言。是所望於轉移風氣者（這就有待於地方官想方設法去移風易俗了）。（《民國始興縣志》卷四《輿地略·風俗》，第69～70頁）

四、清遠縣

清遠縣不僅風光秀麗，而且地方富庶，商業繁盛，有著悠久的歷史文化。民國年間任清遠縣長（知事）的吳鳳聲在為重修《清遠縣志》所作的序中說：「清遠位居北江中游，地為中區大邑，水綠山青，名勝多有。秦時、漢代古蹟猶存，二禺峽峻，豔傳十九洞天；五嶺峰高，奚啻萬人城郭（與萬人修築的城牆有何區別）。衣冠文物之盛史不絕書，物華天寶之區，地多美麗，商賈輻輳，允（誠然，果真）稱富庶名邦。記載流傳，寧無（難道沒有）進化歷史？」（《民國清遠縣志》卷首第1頁）

1. 沿革

清遠在廣州北部。春秋戰國時，清遠地屬百粵。公元前221年秦朝統一中國後，設置行政機構，開發嶺南，清遠地區先後屬南海郡、長沙郡。秦始皇三十三年（前214年）置洌江縣，因北江流經，取江水清洌為名。西漢高祖

年間（前 206～前 195 年）先後置桂陽縣（今連州一帶）、陽山縣、湞陽縣和合洭縣（湞、洭今為英德市境），均屬桂陽郡。元鼎六年（前 111 年），置中宿縣（原清遠縣一帶），屬南海郡。漢元鼎六年（前 111 年）改名中宿縣，因當時海潮溯北江達縣內飛來峽，經一宿（晝夜）即退而取名。三國時，縣隸屬始興郡。南朝梁天監年間（502～519）置清遠郡，「清遠」之名由此而始，轄中宿、威正、恩洽、浮護等五縣；還置陽山郡，轄陽山、桂陽、廣德（後改稱廣澤、連山）等縣。在含洭設衡州，領陽山郡。隋朝開皇十年（590），廢清遠郡及其所屬的中宿等縣，置清遠縣、政賓縣（今清新縣濱江一帶），仍屬於南海郡。同時，廢陽山郡改置連州，把衡州改名為洭州。二十年（600），廢洭州，其屬縣改隸廣州府。唐武德六年（623），政賓縣併入清遠縣，屬廣州府，統於嶺南東道節度使。唐、宋之際，劉隱、劉龑割據統治嶺南，建立南漢國。清遠縣屬興王府廣州刺史，統於清海軍節度使。宋代，清遠縣屬知廣州軍州，統於廣南東路經略安撫使司。元代，清遠縣屬廣州路總管，總於廣州道宣慰使司。明代，清遠縣屬廣州府知府，統於廣東承宣布政使司。清代沿襲不變。

2. 氣候

在氣候方面，令古代清遠人聞之而懼者，一是「颶風」，一是「瘴氣」。

清遠雖不近海，然而也不時有「颶風」的出現，而且造成的損害也很嚴重。地方志記載：清遠「時有颶風。颶者具四方之風（風向飄忽不定）。南人以『颶』為懼，故曰『颶』。俗謂之『風舊』，亦謂之『風牯』。作則拔木飛沙傷稼。廣屬（東）近海之地多，然吾邑（清遠縣）距海遠，颶風尚少，數十年始一見之。」

另外，嶺南在古代常被人們稱為「瘴鄉」，而清遠縣又依山旁水，草茅障翳，炎氣鬱蒸，瘴癘更盛。故志書有云：「自吉河（即湞江）趨板步二百里，盛夏瘴起，行旅死者十八九。」到了清代後期、民國時期，隨著人口的增加，山林的開闢，瘴癘為虐的情況似乎已有所緩解。瘴癘或瘴氣又被稱為「障氣」。《民國清遠縣志》記載說：「障者隔也，煙嵐瘴氣蘊鬱不宣，凝結而障隔，飛鳥不能經過，故稱曰『瘴氣』……昔時青草黃茅（山林）之瘴，舶掉（棹）青凍（海洋）之風，歲所常有。今則山川疏暢，人口稠密。阮（元）《（廣東）通志》已謂中州清淑之氣（清新怡人的氣候）數道相通，瘴煙大豁（大為減輕）；且距海遼遠，颶風亦稀，則古籍之說今不盡然矣。」（《民國清遠縣志》卷 4《輿地》，第 97 頁）

3. 交通

志載：「清遠三水，水圍山匝（環繞），帆檣絡繹，地盡衝要。」又說「清遠上承英德，下連三水，直達會城（省會廣州），為兩粵之孔道，北來之門戶。」「南通全粵，北達庾衡（大庾嶺，在江西境內；衡山，在湖南境內，「庾衡」代指湖南、江西）」。清遠為山區，因為多山，造成了地方交通的不便，也妨礙了地方經濟的發展；但也正因為是山區，有限的幾條交通要道便成為至關重要。這就決定了清遠具有重要的交通地位，是所謂的「咽喉」之地。所以方志有曰：「清遠，滇江衿其前，花尖枕其後，禺峽控其左，回岐峙其右；東北有二帽諸險以為障，西南有溱源威整以為厄，南通全粵，北達庾衡。葉公玉謂幽勝甲於天下。」「清遠地當北江之上游，為南北之孔道，故自蕭梁（南朝宋、齊、梁、陳四朝代，因梁朝君主姓蕭，故稱蕭梁）之世嘗於此設清遠郡城所以厄北江之中樞，鎮南邦之荒服也。」「清遠，萬山大谷，江海迴環，於（形）勢為最險，於途為最沖，分守道駐紮之邑也。」明代粵籍官員龐尚鵬在給朝廷上的奏章中也說到：「清遠本漢中宿縣地，梁時嘗建清遠郡，正當全省西北之要衝，又（是）韶（州）廣（州）二府之衿喉也。」（《民國清遠縣志》卷 4《輿地》，第 97.98 頁）龐尚鵬認為清遠地位極其重要，但又距離廣州和韶州比較遙遠，封建統治力量薄弱，建議以清遠為核心，割附近連州、廣州、肇慶幾個府州的若干縣另立一個清遠府，雖然這一建議最終沒有被採納，但從中也可見清遠地理位置的重要。方志中的這些記載，都說明了清遠縣交通地位、軍事、政治地位的極其重要，關係到國家社會的治亂。

4. 治安

清遠在古代交通不便，人口稀少，社會秩序相對安定、清淨，故有「福地」之稱。但這只是一個方面；另一方面，正因為地處交通衝要，官紳商旅往來不絕，故清遠又成為「盜藪」，打家劫舍之事時有發生，群聚為亂亦為常見。明代粵籍官員龐尚鵬在給朝廷上的《建府治議》中說：

> ……清遠北接連州，西連四會，西北抵懷集，東北抵從化，大羅諸山盤踞其間，延袤千有餘里，溪峒諸猺星羅棋佈，凡一百四十五所（處），通郴（州）、桂（州）、臨賀（今廣西賀州市）、上猶（今江西上猶縣）、安遠（今廣東南雄市西北）諸山寇，而三省（毗鄰廣東的廣西、湖南、江西三省）避役逃罪奸民與百工技藝之人雜處其中，分群聚黨，動輒萬計，素以剽奪為生。始漸擄掠鄉村，後乃攻

劫郡縣。永樂以來屢動鐵鉞（多次征討鎮壓），然彼以吾民為耳目，舉兵時日往往前知，先已鳥舉狼奔（作鳥獸散）矣。官兵入無所得，顧（反而）以殺掠為功。兵甫解甲而逃者已歸，散者復聚，未幾而攻剽四出矣。當事者（地方官）業已奏捷，則置而不敢問。故賊愈肆橫，近年猖獗日甚，迄莫知其所終，則清遠乃盜賊淵藪，所謂要害之地也。（《民國清遠縣志》卷 4《輿地》，第 98 頁）

由於地位重要，因此，駐兵彈壓就成為重要的舉措。明代在各地設置的軍事組織主要是衛所，統屬於十六個都指揮使司（簡稱都司）。廣東都指揮使司是其中之一，治廣州。廣東都司下轄的衛所之中，清遠衛是其一。顧炎武《讀史方輿紀要》卷 101 載：清遠衛「在縣治（城）東，洪武二十二年（1389）建。」《民國清遠縣志》卷四《輿地》記載：「清遠衛在縣治東。立清遠衛於縣城以為都閫（統兵在外的將帥或機構），五衛（左、右、前、後、中）之犄角，且清遠地臨北江之岸，惟其勢西與肇（慶）府，東與惠州（府）壤境相接，控制非遙，上至韶州，下距省會，地亦適中，聲援可及。經（兵）部准設南雄、韶州為左、右千戶所，以隸清遠衛。從此，（清遠）遂為雄藩。」（《民國清遠縣志》卷 4《輿地·關隘》，第 101 頁）

衛之下設所。如「清遠衛中所在濱江白石潭」。所下設巡檢司。巡檢司設於各府州縣關津要害之處，以警奸盜。每司設巡檢或副巡檢 1 人，僉役 50 人。其任務是「專一盤詰往來奸細及販賣私鹽犯人、逃軍逃囚、無引（鹽引，官方發給的販賣鹽的憑證）面生之人。」（《明會典》卷一百一十三，四庫全書本）具體來說，廣東關津巡檢司提督盤詰之事主要有三：一是凡軍民人等往來，但出百里，即驗文引（證件）；二是盤查境內隱藏逃軍，如有縱容，一年內被盤獲十名以上者，提問如律；三是凡軍民無文引及內使來歷不明有藏匿寺觀者，必須擒拿送官。【（明）陳大科、戴耀修，郭棐等纂：《萬曆廣東通志》卷九，明萬曆三十年（1602）刻本】明朝建立之初，對於地方治安就高度重視。其重要措施之一就是於全國各地設置巡檢司以維持治安。廣東置巡檢司始於洪武元年（1368），後遂於省內各處陸續設置。在粵北，洪武二年（1369）即由各「寨」改建巡檢司。例如在清遠縣，方志記載：「明初因宋元舊寨分設橫石巡檢司、濱江巡檢司、回岐巡檢司，湞江巡檢司共四司。」（《民國清遠縣志》卷 4《輿地·關隘》，第 101、102 頁）湞江巡檢司在縣東南，回岐巡檢司在西南；濱江巡檢司在西北；橫石巡檢司在東北。犄角設置，分別駐兵鎮守，以事彈壓。

潖江巡檢司在縣東南一百三十里，即洭口。此處有一重要關隘，即洭浦關。此地山谷深阻，實禁防之要地。秦漢時稱「洭浦關」，唐時稱「康浦關」。洭水與溱水在此匯合，故被稱作「洭口」，亦稱「洸口」。南朝陳朝太建二年（570），將領歐陽紇以州叛，陳將章昭達破之於洭口；北宋乾德二年（964），南漢後主劉鋹派遣將領邵廷琄率軍屯駐於洭口以阻宋師南征。可見此處是一重要戰略要地。其地位之所以重要，是因為「蓋入粵之道，無論出豫章（江西）下滇水，與出桂陽（湖南）下洭水，俱必由此，則洭浦一關實當兩路衝要。檄（傳令）橫浦（關）所以絕豫章之道；檄陽山（關）所以絕桂陽之道；檄湟溪（即洭浦關）則扼兩路之吭（咽喉），一以便策應，一以備不虞（突發事變）：此關尤為吃緊，故其後又置萬人城於此。」（《民國清遠縣志》卷4《輿地·關隘》，第100頁）

5. 民族

《民國清遠縣志》卷四《輿地·民族》記載：「粵東（實指粵北）之地三代（夏、商、周）時全為蠻夷所居。至秦始皇開郡縣，謫徙民，於是始有中原（漢）民族……迨至（東）漢之建安、（西）晉之永嘉，（漢人）南來始眾。加以唐之謫降，宋之南渡，占籍尤多。由是炎黃華裔遂遍殖於南天（嶺南）矣。吾邑當北江之要衝，正南來之孔道，中原入粵，此其中樞，故先民移殖應亦最夥而最先。」（《民國清遠縣志》卷4《輿地·民族》，第109頁）

清遠境內的民族，除漢族外，主要的少數民族是瑤族、壯族和疍家（民）。所謂「俚俗有三：曰蜑戶，以魚鉤為業；又（有）二種蠻，皆舊越人也，一曰猺（瑤），椎結跣足，食盡一山則他徙；二曰獞（壯），露頂（頭）跣足，花衣短裙，鳥言夷面，又謂之山人……今不可辯，皆呼俚人。」（《民國清遠縣志》卷4《輿地·民族》，第111頁）

據說瑤族源自古代傳說的盤古氏，夏、商之時漸為邊患，周朝之時黨眾彌盛，至戰國時期，楚悼王南並蠻越，自此「蠻越」分為兩支：一為「猺」；一為「獞」：「猺乃荊蠻，獞則舊越人也。」兩民族佃耕荒山，時相仇殺。地方官府常常利用這一點使之互相牽制，互相削弱，以達到控制、統治的目的。瑤族和壯族散居於交通不便的山間，推其雄長者為首領，無版籍姓名，封建官府難以羈縻。志載「廣州諸縣並（都有）俚獠，種類繁熾」。明初，清遠縣境內共有瑤山（瑤寨）100餘座。明政府在各地瑤山設置撫瑤土官，如「土縣丞」、「土主簿」等，通過這些撫瑤土官開展「撫瑤」活動。土官之下是瑤官

（瑤首、瑤目、瑤總、瑤甲等），對瑤族進行逐層控制，統治漸趨嚴密。粵北壯族地區同樣也設置土官、土巡檢以協助官府治理。這是土司制度因地制宜的一種變通。瑤族和壯族，「前之火種刀耕止（只）在山谷，今（明代）竟時霸田地，勢侵紳民；加以贛、桂山寇奸民雜處其中，聚群攻劫，故猺獠猖獗，綿歷百年。洪武（1368～1398）時有花茂之剿；嘉靖（1522～1566）時有談（譚？）愷之征：此皆興師數萬，斬級（殺敵）數千者。其後連年鷝剿（征戰），淘汰無餘，縱有孑遺，亦退入連（山）、陽（山）猺排（瑤寨）之內……則其族類已絕跡於吾邑固已久矣。」（《民國清遠縣志》卷4《輿地‧民族》，第112頁）在封建官府的連年征剿之下，「猺獠」即瑤族、壯族或逃入深山，或降服與漢人雜處，逐漸漢化。

瑤、壯兩族之外還有「水蜑」。志載：「清遠縣境江道北接英德，南連三水，多黎、猺、水蜑之患。蜑戶者以舟楫為宅，捕魚裝載以供衣食，以艇為家，故曰『蜑家』，又名『獺家』。秦始皇時使尉（南海郡尉）屠睢統五軍監祿鑿河道，殺西甌王，越人不服，皆入叢薄與魚鳥處，不肯為秦虜。意者（有人認為）蜑即『叢薄』中之遺民耳。」（《民國清遠縣志》卷4《輿地‧民族》，第112頁）

6. 民俗

《民國清遠縣志》卷四上《輿地‧風俗》云：「習俗之成非一日之事，非一人之力，蓋水土使然。水土所關，則人民之性情資質、形色氣習皆因之而別。」清遠山水清秀，古稱福地之居，然土瘠民勞，風俗淳樸，物產豐富，人多資質寬和，不喜誇詐，不尚奢華，蔬食布衣，即使婚嫁愉賓亦少山珍海味。敬重師長，處處皆然。父兄嚴約束，子弟謹厚率循，故外匪無窩，強盜不作。批耕者田租不欠，有業者國課（賦稅）早完，合鄉大約相同，而後崗一帶鄉村更為馴厚。至若械鬥則全屬各村常有之，時有焚村殺人之慘，雖傷斃多命亦不稍悔，此真陋習也。士夫學子溫文爾雅，習詩書而勤禮節；野老農夫也敦樸篤厚，知守法而畏刑憲。城郭繡錯，阡陌相望。頗有鄒魯遺風，弦誦之聲遍於郊野。科第接踵，代不乏人，例如進士王玠、舉人白璿、知縣黎恕等，並祀鄉賢，皆世居於此。因地當北江孔道，故舟多於屋，民常以捕魚為生。江岸為平田，頗為肥沃，種稻種麥，雖耕多斂少，然亦可溫飽，知足常樂。故《圖書集成》引府志云：「清遠地無平原沃野，刀耕火種最為辛勤；無長溪洪河，肩挑背負最為勞苦。」因為民多服田力穡，故人多家居，逾越關津，販賤賣貴者

百無一二。商賈工技皆資別邑。豪猾多武斷鄉曲。小民喜火葬，視他邑為甚。邇來文物漸興，居於山區的瑤族、壯族久樂升平，皆知向化。

五、佛岡廳（縣）

1. 沿革

佛岡廳為古南越地。清初沿襲明制，分別隸屬於廣州的清遠縣及韶州的英德縣。雍正四年（1726），以廣州所屬的清遠及韶州所屬的英德二縣交界處山深林密，易藏奸宄，而二縣受轄地方遼遠，鞭長莫及，經地方官員會勘，得清遠縣吉河鄉牧牛官荒地一段，土名大埔坪，面山背河，地勢平敞，可以建城，擬於二縣之地酌量分割立縣。因費繁不果。雍正九年（1731），乃於清遠之吉河鄉大埔坪添設捕盜同知，駐紮分轄六縣（清遠、英德、從化、花縣、廣寧、長寧）捕務。乾隆七年（1742）撤。嘉慶十六年（1811）十一月，以督撫大臣（總督松筠、蔣攸銛、巡撫韓崶）之請，割英德之吉河、白石等七鄉設佛岡直隸廳，聲明向有舊城基址，應添開西門一座，添設兵房三十一間，余照舊式修復。嘉慶十八年（1813）獲得批准。於是，由清遠、英德兩縣劃地（清遠縣割吉河鄉大埔坪；英德縣割白石、獨石、逕頭、觀音、虎山、高臺六鄉）始建廳治(在吉河鄉大埔坪)，設立廣東布政司佛岡軍民廳（相當於縣級建制），設同知統轄軍民，直隸廣東布政使司，「於是民事軍政燦然並修，生齒物力駸然稱盛」。（《道光佛岡縣直隸軍民廳志·序》，第 1 頁）民國三年（1914）撤廳改縣，始稱佛岡縣。佛岡廳存在了一百餘年。佛岡廳這百年歷史可以從清人龔耿光纂修的《道光佛岡縣直隸軍民廳志》得以窺見。

2. 形勢

佛岡廳固以多山而著名。「其山澗細流匯為溪河，可以溉農田，通一棹（小船）者。雖非巨川大浸，而水利攸關。」因為山多地少，磽确多沙，生產方式落後，影響了生產的發展。《道光佛岡縣直隸軍民廳志》卷二《食貨志第三》云：「佛岡地處深山窮谷，磽确多沙，農皆火種刀耕，勤苦備至，生齒日繁，蓋藏實鮮，有任土作貢之經（賦稅數目），無異產奇珍之物。」又說：「佛岡萬山環峙，沃壤無多，田有歲兩熟者，亦有歲一熟者，大都稍下，平衍曰水田，藝（種植）禾稻；高阜（臺地、山地）磽薄，曰旱田，宜黍稷。地種雜糧，山多林菁，其製可悉數也（生產方式很有限）。」（《道光佛岡縣直隸軍民廳志》卷二《食貨志第三》，第 32 頁、第 33 頁）

3. 城防

雍正九年（1731），委清遠、英德二縣會同各縣分段修築城垣。正西、西北屬清遠；正東、東北、正北屬英德；東南屬長寧；西南屬花縣，分別承修。修築數載未克蔵事。雍正十二年（1734），清遠縣令陳哲始慨然任之，親自督造。城垣長三百六十丈，高一尺六丈，雉堞六百有奇，各高四尺，通用青磚。馬路闊一丈，開東、南、北三門，建城樓三座，外月城三面，每面長十四丈，高如城制。每門內設兵房十間。乾隆元年（1736）九月工竣。這是佛岡廳草創之大略。

嘉慶十八年（1753）十月，設廳之議獲得朝廷批准後，於是大規模修築城牆，完善相關設施，「規模大備，遂屹然為岩疆藩籬矣！」（《道光佛岡縣直隸軍民廳志》卷一《城池》，第 25 頁）

上　篇

明清時期粵北地區府縣志的修纂

　　地方志是歷史的一個重要組成部分。一個國家由若干（眾多）地方組成；一個國家的歷史亦由各地方志「集腋」而成。故道光年間龔耿光在為《道光佛岡縣直隸軍民廳志》所作的「敘」（序）中，開篇即云：「嘗聞作史莫難於志。志者，稽古證今，闕（缺）疑存信，豈徒（不僅）繁稱遠引，揚厲（激揚、勉勵）鋪張之是尚哉！」（清）龔耿光纂修：《道光佛岡縣直隸軍民廳志》，據清道光二十二年（1842）修，咸豐元年（1851）刻本影印，第 1 頁）纂志並不比撰史容易，與此有同感者不乏其人。《民國連山縣志》卷一梁邁在《新序》中，開篇亦云：「著書難矣，作志尤難！非其人則不能信世（取信於世人）而及遠，得其人矣或遲久而弗成。其間不幸罹憂患，遭困厄，因以廢輟，昔人多有之。至於仕宦遷徙，人生離合與夫治亂盛衰之際，倏忽萬變，其足為茲事之阻礙者何可勝道！」（何一鶯修、臧承宣纂、凌錫華增修：《民國連山縣志》，據民國四年（1915）修，十七年（1928）增修鉛印本影印，第 317 頁）方志之修纂，需多人分工合作，歷時較久，其間社會、人事多有變遷，都會掣肘志書的編纂完成。這些都是切合實際之說。

　　借助舊有的方志研究我國的歷史文化，尤其是地方的歷史文化，是當今史學發展的一股新潮流。有學者說：「我們現在提倡要創立社會主義時代新的方志理論，編修新型的方志。但如果對舊志的發展演變和舊志的編纂理論一無所知，新方志理論從何而來？新方志又如何編修？沒有繼承是絕無創新之理，這是經典作家早已指出的。相反，我們對舊方志理論和編纂方法的探索、研究，目的正在於批判地繼承，吸取其有益的東西，為編纂新志、創立社會主義新的方志理論服務。」（倉修良：《方志學通論》，濟南：齊魯書社，1990 年，

《前言》，第 4 頁）然而，流存至今的方志大多是珍藏本，只有在學術研究機構或高校圖書館才可以看到，而且未經後人整理，繁體字，無標點，不分段，不僅字跡漫漶不清，而且不少部分字小如蟻，不借助放大鏡則無法閱讀。正因為方志罕見而難讀，故利用方志資料研究地方歷史文化，在粵北地區而言，可謂成果寥寥無幾。目前僅知己有《歷代粵北州縣修志敘述》一書，北京中國和平出版社 1996 年版，但筆者未見；另有苗儀《粵北古代方志綜述》一文（載《韶關學院學報》2016 年第 3 期），從文獻學的角度論述了古代（南朝以後）粵北地方志的發展演變歷程；以及苗儀、張小琥《南華寺〈曹溪通志〉源流考略》，載《韶關學院學報》2011 年第 11 期。本文擬對明清時期粵北地區方志修纂的歷史作更為深入的探討，錯誤及膚淺都在所難免，還望方家不吝指教。

一、明清時期粵北地區府縣志修纂概況

明清時期的「粵北」，包括韶州府及其所屬的曲江、樂昌、仁化、乳源、翁源、英德等縣，以及連州直隸州及其所屬的連山縣、陽山縣，還有隸屬於廣州府的清遠縣及佛岡縣等。以今天的地理概念而言，則主要是韶關及清遠兩市。

（一）《韶州府志》的修纂

1. 南朝《始興記》

最早的一部粵北地區的方志大約是《始興記》。

《始興記》，南朝宋朝王韶之撰，已佚，見《太平御覽》。《始興記》大約作於南朝改「始興」為「廣興」之前。王韶之，南朝宋朝人，字休泰，家貧好學，始撰《晉安帝陽秋》，及成，時人謂宜居史職，朝廷即除（授任）著佐郎，使續後事。宋少帝時，出為吳郡（治所在今江蘇省蘇州市）太守，後徙（改任）吳興郡（治所在烏程縣，即今浙江吳興縣南下菰城）。《始興記》大約應作於王韶之在地方任職期間或之後。因其書已佚，其所記內容不得詳知。

2. 宋代《曲江縣志》

據記載，宋代的蘇思恭，纂修了《曲江縣志》12 卷，已佚。查閱《中國歷史地名辭典》，曲江縣最早自西漢武帝元鼎六年（公元前 111 年）置縣，治理粵北廣闊地區。隋唐時在粵北置東衡州，唐中後期改為韶州，治所都在曲江縣。明代以後，才置韶州府，下轄曲江、樂昌、乳源、陽山等縣。故李默先

生著《廣東方志要錄》，認為纂修於宋代的《曲江縣志》實為《曲江志》之誤，
並將該書列為韶州府志之一，是合理的意見。

3. 康熙《韶州府志》

據明嘉靖《韶州府志‧序》所記：

南朝《始興記》後，關於韶州地理、風俗、歷史沿革，先後有多部著作出
現，但大多已經失傳。如《韶州舊圖經》，未詳撰人，已佚。《韶州圖經》，亦
未詳撰人，已佚。《輿地紀勝》載郡守楊祐曾為該「圖經」作「跋」。《韶州新
圖經》十二卷，宋趙伯謙撰，見宋志，已佚。據阮元《廣東通志》載，趙伯謙
於南宋紹熙年間（1190～1194）曾知軍州事。《韶州舊志》，元朝王方貴修，已
佚。王方貴，龍溪人，任經歷，重修郡志。《韶州府志》十二卷，明朝方玭修，
已佚。《韶州府志》十卷，明朝嘉靖年間（1522～1566）符錫修，已佚。《韶州
府志》十六卷，清朝康熙年間（1662～1722）馬元修，已佚。但馬元為《韶州
府志》所寫的序文卻保留了下來。原文古奧，頗嫌費解，借助字典譯成通俗
文字大意是：

有作為的君主治國安邦，文化教育事業才會得到振興。所以春秋時期的
「聖人」孔子整理修訂文化典籍，就從傳說中的唐虞時代開始。其中有記言，
亦有記事。而《禹貢》一篇，山川、土田、氣候、物產，指掌畢盡，都詳細記
錄於其中。十五國的民風民俗都反映在《詩經》之中；七十二個國家的史書，
經過整理，薈萃於《春秋》之中；通過《禮記》而可知過去的政治；從《樂
經》而可知過去統治者提倡的美德。《詩經》、《尚書》、《禮記》、《易經》、《春
秋》及《樂經》，「六經」之中，其中五部經典都屬於歷史。經書的體例嚴謹，
史書的內容廣博。歷史可以看作是經書中的地理志，因為其中記錄的都是歷
史時期的地理概況。韶州是廣東行省中的一個「壯郡」（轄縣較多之郡）。元
朝統一中國之初，統治者首先向各地方索取郡縣志，藉以瞭解各地狀況，可
惜很多地方都因為對方志修纂不予重視，多已殘缺不存，無志可以上呈。元
朝統治中國八九十年，元末兵火之餘，典章制度，耆老軼聞，大多已無法考
究。大清統治建立之初，四境之流移未復，習俗未變，守土小臣（地方官）日
理萬機，顧此失彼。個別略有遠見的地方官員於理政之餘，注意地方志的編
修，「辯證是非，別加朱墨」，但還未算取得顯著成績。適逢省上傳下文件，要
求各郡徵集所屬各縣縣志，統一編定之後獻諸京師，以備《大清一統志》的
編修取材，目的是供治國理民的統治者瞭解各地情況，「蓋將晰（瞭解）險易，

察貞淫，一道德（統一道德標準），同風俗，不出九重（朝廷）之內而四目四聰（意謂君主可以不出朝廷之外而明瞭全國形勢），明達無不遍伏（及）」。我想，大清國家之內有嶺南，嶺南之內有韶陽（韶州），韶陽就好像是滄海之一粟，太倉之一米。然而聖天子對於近在京畿之地不輕視，對於遠在天邊之地又不忘懷。韶州雖屬邊徼，地域狹小，而其土地、人民、政事三者，對於國家卻具有重要意義，地方的特產進貢羅列於朝廷之中。因此，如今朝廷要求各省修志上呈，實在是千載一時之盛事。於是，韶州府「乃檄下（所屬）六邑（縣），令刊正故籍，網羅新見，取向（過去）所朱墨未竟者（筆墨未涉及的）匯而次之，為七志，論麗（每篇之後附以議論）以三十九條，述（記事）二十四以例，成十六卷。雖學術譾陋，有愧於浩博，然附列郡之末，當謹嚴尺寸之地（節省篇幅），非僭非濫（不虛美，不圖多），亦其分也（這是符合方志編修要求的）」。古話有說，兵莫強於秦，財莫富於隋，地莫大於元，但是我朝君臣對於兵強財富地大都並不過於重視，因為這些並非達於「文治」的重要因素；反之，重視地方史志之編纂，使得地方官以及民眾懂得怎樣的人物才能算「賢人」；怎樣的人物才值得尊重親近；什麼事情值得高興；什麼利益值得追求，如此，則天下可以達於大治。這是傳說中的「太平盛世」——「三代」（夏、商、周）及唐虞（堯、舜）時代亦無法相比的。這樣才能實現長治久安的政治遠大目標。這些工作（按，指編修方志）就只能寄託於各地方官了……（《同治韶州府志》卷 39《藝文略》，頁 825 頁）

二十年後，康熙丁卯（1687），韶州郡守唐宗堯（鑲黃旗人，監生，康熙二十二年即 1683 年任）主持重修了《韶州府志》，共成十六卷。唐宗堯在《序》中，對此次重修府志的設想及其意義作了簡要的陳述。文字較通俗易懂，全文迻錄如下：

郡邑之有志，猶國之有史也。政事之得失，人才之盛衰，吏治之污隆（良否），戶口之繁耗，輿圖（地域）之廣狹，山川之險易，財賦之盈虛，物產之良惡，氣候時變之災祥，名蹟（地名、古蹟）建制之沿革，武備城郭之堅瑕（牢固或廢馳），鬼神祀典之崇替（盛衰），與夫（以及）一人一物之微，一事一言之末，凡裨（有益於）國計民生者，例皆得書，一則備輶軒（朝廷使者）之採，上慰九重清問之意（讓高高在上的皇帝可以知悉各地情況）；一則集文獻之盛，下垂百代徵考之模。此志之所由來也。孰謂郡邑之志止（只）

為郡邑之書，可以任其瀔漫缺略哉！矧夫（況且）韶之為郡，有虞氏（即舜，傳說原始社會末期賢明的統治者）翠華戾止之邦，袗衣鼓琴之地（按，此喻早在原始社會末期，粵北地區已納入統一國家之版圖），又非他郡邑可得而等倫者也。太和流韻宣為淑氣，郁為人文，綠水青山，榮名尚在，即今過皇岡而憑韶石，不依然清音渢渢乎？以故名流稅駕（止息，居住），代不乏人；賢哲挺生，曩（古）今不絕。士則願（恭謹）而民則醇（淳樸），風則古而俗則正。近而蓉山（芙蓉山）曲水（曲江）之間，遠而六邑（韶州府所隸屬的曲江、仁化、樂昌、乳源、翁源、英德六縣）山川之內，其中政教之堪記者幾何？忠孝節義之堪述者幾何？潛德幽光（值得表彰的美德、優點）之堪導揚而表章（彰）者又幾何？苟職斯土者（假如任職此方的官員）聽其湮沒，一旦聖天子眷茲南服，採厥風謠，將何以報聲教暨訖之盛，而表有虞氏存神過化之遠哉！於是，韶屬六邑奉令唯謹，各縣成書以報（上呈），有遺必錄，無微不彰（沒有可靠證據之事不予記錄），紀綱政教（倫理道德、政治教化）、文物、山川、兵農、錢穀、草木、昆蟲，條分縷晰，燦若列眉（眉目清楚），郡綜其成，復加讎校，六邑之書（六縣之志）遂成一郡之大觀矣。他日者上之執事（以後進呈上級部門），達之九重（再進呈朝廷），亦不失「陳詩納賈」之意。雖宗堯（作者唐宗堯自稱）等職守無狀，政事未必有得而無失，人才未必有盛而無衰，吏治未必有隆而不污（清明而不腐敗），戶口未必有繁而不耗（只有增加而沒有減少），輿圖山川未必整理之得宜，財賦物產未必生遂之有方，災變未必盡弭，建制未必盡復，武備未必盡修，城郭未必盡繕，祀典未必盡舉……然而聖天子方且刻意圖治，上慕唐虞（期望建設成為比傳說中的堯舜時代更加美好的社會），韶陽雖小，昔為虞氏之民，今逢虞代之君，吾知宸衷所及，無遠不屆（皇上日理萬機，全國各地無不考慮周到），或下尺一之詔，御墨飛甘，或揮五弦之琴，仁聲解慍，起尩瘵而登衽席，化促急以進舒長者，端（的確、實在）有賴於此物此志也。」（《同治韶州府志》卷39《藝文略》第825～826頁）

唐宗堯在這篇序文中指出：地方志等同於一國之史，舉凡政事得失、人才盛衰，吏治狀況、戶口多少、幅員廣狹、山川形勢、財賦盈虛、物產如何、氣候災祥、名勝古蹟、制度沿革、武備嚴廢等等，以至一人一物，一事一言，都可以從方志中瞭解得到。這些都是與國計民生密切相關的問題。方志的編修既可以為當代政治家們瞭解各地概況，以便制定正確方針政策以治國安邦，又可以傳之久遠，為後人瞭解地方歷史、人文提供便利。因此，方志的編修實在不容小覷；況且，韶州歷史悠久，人文發達，名流輩出，民風淳樸，值得記述的內容十分豐富，如果作為地方官者不重視方志的修纂，將來上層統治者若要瞭解地方歷史人文狀況，地方官將如何交差？因此，朝廷要求各地要重視編修方志，實在是深有遠見的舉措，地方官理應高度重視，不可等閒視之。

4. 同治《韶州府志》

清額哲克等修，單興詩纂，四十卷，清同治十三年（1874）刻本。

同治十一年（1872）春，林述訓授任分巡南韶連兵備道。韶州郡守額哲克向林述訓提出重修府志的請求。林述訓對此高度重視。他說：「志書為一方掌故，亦長吏（地方官）治民之明鑒也。考韶志先有新舊圖經，久佚不傳。最後為明之符志，亦就殘缺。國朝康熙二十六年（1687），郡守唐君（唐宗堯）躬修刊行，今二百年矣，徵文考獻端賴此編。」這一修志請求獲得了批准。於是，「隨設纂局，延（聘）單藻林（單興詩）山長總其事，而屬（委託）歐孝廉（歐樾華）諸紳勷（同「襄」，幫助、成全）校，七閱月而就緒。」志稿歷時半年多完成後，再請林述訓過目。林述訓對新志作了充分的肯定，謂志書「文省事增，操筆者（地方志編纂者）宜奉為圭臬。」「後之牧斯郡者於此辨形勢，察輿情，興學育才，劭（勸勉）農講武，權輕重以為治，庶免（如此才可以避免）無徵之憾焉。」

過了幾年，光緒元年（1875），布政使銜分巡南韶連道的華祝三在《重修韶州府志序》中指出：「韶（州）為楚粵（湖南、廣東）要衝，屢嬰（遭遇）巨寇，屬邑殘破，維（只有）郡城僅而獲全。烽燧所及，固已多所毀棄，且距前修（舊志）幾（乎）二百年。增新補舊，良不易易（確實不容易）。乃（然而）倡議者勤懇於前，秉筆者慎敏於既（後），不終歲而脫稿，授之手（乎）民，成功速而靡費省。於是，山河之險夷，人事之繁蹟（深奧），舉所宜志（大體上說應該記錄的）莫不燦若列眉（眉目清楚），其裨益於韶（州）豈淺尠（同「鮮」，少）哉！」以上見《同治韶州府志》卷首序。

（二）曲江縣志的修纂

1. 明代《曲江縣志》

據現有記載，最早為曲江縣作志的是宋代的蘇思恭，所撰《曲江縣志》十二卷見宋志，已佚。

明代，潘復敏（浙江新昌人，舉人，崇禎八年即 1635 年任曲江縣令）又主持纂修《曲江縣志》，亦已佚。此志修纂於明末崇禎己卯，即 1639 年。潘復敏在序中闡述了他編纂《曲江縣》的一些認識。

他認為「蓋邑（縣）之不可無專志也」。編纂縣志之所以重要，是因為：一、從國家大一統的角度而言，「今天下車書大同，其藏在中秘（中央秘書省）者則有《一統志》焉。凡寓內（國內）之高山大川、民情土俗與世代之消長，政治之污隆（清濁），靡不包裹而縷析之，洋洋乎詳於《禹貢》，備於《周官》，俾（使）聖天子不越堂皇（朝廷、京師）而得以洞覽畢照者，端籍於此（實在是依靠方志）。其次十五國，國著為『風』，風列為『志』。『通志』之書何（「通志」為書名，其意義是什麼）？國蔑有所謂兩都克媲（配）乎（按，西周有西都鎬京、東都洛邑；西漢都長安，東漢都洛陽；西晉都洛陽，東晉都建康；隋唐皆有西都長安、東都洛陽；明代有南京、北京兩都）？周（公）召（公）而諸嶽不遺乎？檜曹厥為舊哉？又其次，自郡以下，邑（縣）各有乘（志），覈其實，非等稗官野史之不經究（按，此指縣志追求記事真實，與所謂「稗官野史」真假摻雜有所不同），其歸（藏）可佐金匱石室（國家藏書機構）之未逮⋯⋯」從地方層面而言，曲江縣亦算得上是嶺南之地的一個「名區」了，在韶州府所屬的六縣之中，曲江縣可謂「首善」（最重要）之縣；況且，唐代張九齡、宋代余靖這些像「泰山北斗」一般的歷史人物都出自曲江，名垂史冊，實在是不可等閒而視之啊！然而，從方志的修纂而言，過去，曲江縣的地理、歷史、文化都只是簡略的記載於《韶州府志》之中，曲江縣卻從未編寫過專志。潘復敏來任曲江縣令之後，案牘之餘常常索閱地方志，卻發現現存粵北方志「糊塗漫漶，幾（乎）不可讀」。儘管如此，「然猶未敢訾（非議、批評）昔人之沿襲，謬為更張也」。潘復敏思慮道：今時非同往日，許多新出現的情況、問題，都是過去所未曾遇到過的。因此，又覺得重新編纂一部《曲江縣志》實在是很有必要的。例如，南韶道治所，過去是設在清遠縣的，現在為什麼要坐鎮於虞城？遇仙橋過去是不向商人徵稅的，現在為什麼要設「權關」徵收商稅？資餉如鹽埠之設，醵課所關，過去為什麼缺焉不講？再如「雜待」

（按，大約指接待官員、客人的各項雜費開支）之需，公費所出，何以全部「充公」解送京師？軍事方面，「如韶營、練營、標營，雖轄於上（雖由上級軍事專門系統管轄），應籍其數於可稽（方志應記錄其具體數據以便後世之研究者查考），如新營、岸營、水營，雖創於今，應綜其實於可久（應記錄其實際情況、制度，以便可以長久沿續）；又如通天塔、城隍廟以占形勝而庇生靈，應與先賢先宦之（碑）碣同勒於不朽；又如元（玄）妙觀、周公祠以祈景（洪）福而薦明禋（神），應與各祠各廟之租同清於無蠹。其他（如）『遼餉』之加一（增加十分之一），驛傳之扣三（扣減十分之三），切於國計；縣學之遷移，郡城之開闢，應乎人文，悉宜增補以俟後人之參考。至於官師之迭任（更替與選任），科貢（科舉貢士）之聯蜚，或宏才絕德，須錄示來茲（都應該記錄以備日後查考）」；或偏僻鄉村的碩學之士，義烈之女，都應該給予記錄以激勵「末俗」；社會生活、行政工作中，哪些應該設置，哪些應該廢除……總之，縣志的編修是萬萬不可疏忽的，而且每個縣都應該編一部志書。於是，潘復敏縣令將修志計劃向道臺（「道員」的俗稱，也稱「觀察」）劉某、郡守熊某請示，得到批准；便諮詢於地方縉紳，旁質於父老，地方知書識禮的廣文（縣儒學教官）、孝廉、子衿（縣學生員）等人物都積極參預《曲江縣志》的編纂。此志編纂啟始於丁丑（1637），次年三月而梓竣（印畢），題名為《韶州府曲江縣志》。在序文的最後，潘復敏謙虛地說：我自感慚愧不是博雅君子，方志之中雖然尚存在迷惑而未解，漏略而未全之處，然而又不敢隨意落筆修改，怕以訛傳訛，這樣或可免於舛錯之譏（批評）。（《同治韶州府志》卷三十九《藝文略》，第 826 頁）

2. 康熙《曲江縣志》

據《國家圖書館地方志珍本叢刊》所記，康熙十二年（1673），周韓瑞主持纂修了《（康熙）新修曲江縣志》四卷。

十多年後，清朝康熙二十六年（1687）年，曲江縣令秦熙祚（山西聞喜縣人，舉人，康熙二十年即 1681 年任）又主持了《曲江縣志》四卷的修纂。此志今存。考慮到古代修志一般是數十年甚至百餘年一修，而此志距周韓瑞志僅十餘年，頗疑此志是在周志基礎上進一步完善刻印的。

3. 《光緒曲江縣志》

全書共十六卷。光緒元年（1875），知曲江縣事、南豐（今江西省豐縣）人氏張希京（1869 年曾任，1874 年復任）主持修纂了《曲江縣志》（《光緒

曲江縣志》）。此志重修於 200 年之後，以舊志為底本，參以史例，條綜諸說，凡有關吏治民風者悉書於一冊，可以備一邑之文獻。張希京在序中大意說：

方志的寫作，目的在於取信當今，流傳後世。如今國家繁榮富強，各地莫不以府縣志的編修視為當務之急。何況曲江縣在嶺南地區也算得上是「名區」了，自從康熙丁卯（二十六年，即 1687 年）重修之後，至今已將近二百年，這期間，政治、經濟制度因革損益，變化很大；而風土人情，過去與當今也有很大的差別。作為這個地方的行政長官，應該怎樣徵文考獻，編纂出一部質量可靠的地方志呢？我來曲江縣任縣令，此前曾經歷了四年，歲在壬申（即同治十一年，1872 年），適逢韶州郡守額哲克計劃纂修府志，廣泛搜集各下屬縣志，我想，《曲江縣志》日剝月蝕，已被蟲蛀損壞，如今如不重加採輯，則二百年前之文獻必將蕩然無存，而二百年來之文獻不加保存也將日漸失傳。於是，召集縣中縉紳商議重修縣志，並捐獻出俸銀若干以為士大夫首倡，敦請孝廉歐蓉岡（歐樾華）負責纂輯。我在從政之餘負責校正。志書尚未編纂完成，我奉命調任地方。此志稿因故至同治十三年（1874）始得成編，分門別類，秩然不紊，可供府志從中選材；以後朝廷派出使者瞭解地方情況，也不愁交不了差了。其實，方志的可貴之處在於積累記載地方的實際情況。假如該詳記的略記了，該略記的又詳加記載，像蘇軾被貶海南、韓愈被貶潮州，都曾途經曲江，這樣重要的事情都不記載，而將雞毛蒜皮之小事當大事來記載，忠臣孝子的事蹟隱沒不彰，卻只記錄吹噓那些世家豪族，這樣，不僅是無「史學」，亦是無「史才」的表現。這些事情雖然說有案可稽，有根有據，但是這樣的「案」，這樣的「據」，有還不如無！前縣令秦公（按，指秦熙祚，山西聞喜人，舉人，康熙二十年任曲江知縣，曾主持編纂縣志）以循吏而兼擅史才，闡揚幽隱，補苴散佚，不愧是一位賢良而得人心的縣令。如今的編纂者「奉為津梁，因而仍之，廣而增之，俾（使）二百年來之文獻悉附於二百年前之文獻，雖風土異宜，人情有殊尚，而文物代興，相與景仰曲江（此指出自曲江縣的唐代名相張九齡）風度，則參訂成編，由此達於畿輔（進獻朝廷），採入一統全書，固邑人之榮，亦官斯土者之厚幸也！」（《光緒曲江縣志·序》，第 1 頁）

《光緒曲江縣志》的主纂者（執筆人）是歐樾華和馮翼之。歐樾華回顧了曲江縣的歷史沿革及修志的歷程，說：

　　自秦氏（秦朝）置郡縣而治，漢因其制，而方書地誌盛行於世。邑乘（縣志）一編古小史之遺也。曲江縣隸粵之上游，漢附桂陽郡，吳以其地置始興郡，唐置韶州，曲江縣俱為「倚郭」（郡治所在縣稱「倚郭」，又稱「附郭」），歷朝沿革備詳國史，而山川人物見《始興記》及新舊圖經（按，指《韶州圖經》及《韶州新圖經》）者視他邑（縣）為詳。時未有專志也。宋興，蘇公思恭探討舊聞，匯輯成《曲江志》一書，詳郡志所未詳，文獻之徵此其權輿（開始）歟。自是而後，數百年來未有起而修纂者。延及明朝，舊志已全佚失傳，潘復敏縣令乃再次編纂此書，則又彬僻外史（可與「正史」相比）矣。國朝（清朝）定鼎，曲江縣令凌作聖、周韓瑞都曾相繼增輯。康熙丁卯（二十六年，1687 年），縣令秦熙祚重加讎核，其主文（纂者）陳崑圃先生也。迄今二百年，世遠風移，事多待輯。欣逢南豐（今江西南豐縣）張邑侯（張希京）來蒞斯治（來任曲江縣令），人和政暇，百廢俱興，擬援琴之餘（從政之餘）纂輯新志。歲在壬申（同治十一年，即 1872 年），乃廣延儒士，博採旁搜，凡事有關吏治民風者備書於冊。其後將修志重任委託給我，說：「此邑中掌故也，請參究而刪訂之。」我認為修志必須具備史學之才，本人何敢以管見而妄言筆削？然而抱殘守缺，士有同心，於是把此重託接受下來，綜述舊考，參以史例，條綜諸說，以冀成書。適逢張希京縣令奉命轉任他方，離任倉促，未及就縣志之事仔細商榷。如今謹慎落筆，歷經兩年始把縣志編成，共分十六卷。又有賴於廖銛光悉心校訂，使之更趨完善。甲戌（同治十三年，即 1874 年）秋，我奉命到省呈送計簿回來，張希京再次奉命來任曲江縣令，剛下車就問我之前委託編纂《曲江縣志》一事進展如何。我取出手稿獻上。張縣令於是欣然隨條覆核，辯疆域，訪田賦，考學校；詳武備，再四商榷，期歸完善。書成，付之刻印，張希京縣令欣喜地說：「後之牧斯邑者詳求利病，是書（此志）亦豹管一斑（管中窺豹）也！」在我看來，曲江縣是個小縣，從全國來說，就像大海中的一粒粟米，然而，她是韶州的腹心（附郭），於粵為咽喉，善於觀察形勢的人都知道曲江縣是個難於治理好的小縣。此前咸豐年間（1851～1861）「游寇」竄擾，曲江縣由於是韶州府治所在地，城防較堅固，沒有被攻破，巍峨江城控扼嶺表，是知欲治粵之北境，必先治韶（州）；欲治韶州必先治曲江也。如今，張希京縣令當此瘡痍甫復之際，勤求治術，休息斯民，又復諮古證今，惓惓以修志為急務，可知張縣令為曲江縣著想，內心是多麼急切！我本人才疏學淺，卻被託付重任，述古撰志，以備日後朝廷使者之采風。所

幸掇拾編次尚不至茫然無徵，要說拾遺補缺，只好留待後來君子了。（《光緒曲江縣志》卷首，第2頁）

（三）《仁化縣志》的修纂

仁化縣最早的一部縣志，大約是明代萬曆年間（1573～1620）任知縣的司馬暐首開其端。

清光緒元年（1875），「署（仁化）知縣事長白瓜你佳氏葆椿」在所撰寫的《重修仁化縣志序》中，述及仁化縣的地理沿革及方志修纂曆程時說：

> 仁化本揚州地，東有聞韶嶺，相傳為重華（舜）南狩時奏樂處，德風翔洽，故肇此嘉名（仁化）焉。（仁化縣）舊本無城，秦末天下大亂，龍川令趙佗據百粵地自王，始築城於國（南越國）境之北。漢興，（趙）佗納款。高后（高祖之皇后，即呂后）時復與長沙王構兵，嘗（曾）藉此城為固，即所謂古秦城者是也。自三國至六朝咸無所創建。唐始置（仁化）縣，然制度典章均無可考，蓋記籍（方志）尚缺如也。宋元間官斯土者亦無有議及志乘之事。前明萬曆年間，邑長司馬暐始草創之。迨至聖朝（清朝）則有李夢鶯纂之於前，鄭紹曾修之於後……（《民國仁化縣志》卷首《重修仁化縣志序》，第459頁）

由此可知，明萬曆二十年（1592），仁化知縣司馬暐組織編纂的《仁化縣志》八卷，這是仁化縣最早的一部志書。司馬暐在為此志所寫的序中大意說：

我從束髮受書（接受教育）以來，就懂得了做人應該有遠大志向，要立志做「哲士偉人」，即使不能成為達官貴人，名垂史冊，也應該著書立說，昭示將來。如今，通過「學而優則仕」這條功名之路，我終於晉身入仕，也算是初步實現了自己的夢想。壬辰（1592）秋八月，我奉朝命來到韶州府屬下的仁化縣任縣令。我想，嶺南地區與內地不同，瘴癘盛行，鄉村民眾生活疾苦艱難，因此，我深感我這縣令肩上的擔子十分沉重。過了幾個月，修舉政務，稍見就緒。有空的時候，我到鄉下去訪問父老鄉親，知道了這個縣從來未編修過縣志，內心更加惴惴不安了。我想，我大明王朝興盛二百餘年以來，道化沾溉，文教日熙，即使是某個地方有一塊美石，有一泓清泉，也有文人雅士作詩撰文予以歌頌。仁化縣與其他縣相比當然不算大縣，甚至可謂是「彈丸之地」，但是，這裡麗水佳山，物產不乏，民風淳樸，有德行有才能的人物很多；然而，卻是「志載寥落」，從來未有人編修過縣志來反映這一縣的情況，使得仁化縣至今默默而無聞。日後，萬一朝廷派遣觀風問俗的使者到來瞭解

情況，地方官將何以回答？俗話說，「不在其位，不謀其政」。如今，我奉朝廷之命來仁化縣執政，編修《仁化縣志》實在是義不容辭啊！我曾誦讀古書，《典謨》、《訓誥》這些篇章內容洋洋灑灑，但對於偏僻地方、平民百姓這些內容卻無涉及；班固的《漢書》，司馬遷的《史記》及以後的各種史書，內容更是日益詳備；再後來又出現了郡志、縣志，於是，偏僻地方的歷史，平民百姓的事蹟，才呈現在人們的面前，瞭如指掌。因此，我沒任何理由可以推辭組織編纂地方志這項神聖的事業。從此，理政之餘，我埋頭案牘，並徵集民間的各種傳聞、記載，詮次過去的文件、文章，發凡舉例，繪圖像形，分為《圖位》、《輿地》、《賦役》、《秩官》、《政治》、《禮教》、《人才》等篇，另有《雜捃》一篇，算是拾遺補缺。一共八卷，分為上、下兩冊，並請富有學識的「大名家」鑒訂，令後人可以籍此志以瞭解仁化縣過去的歷史、人物、地理、風俗。《仁化縣志》「上溯禹貢之分（區治理），下逮近古之（人物名）勝，究因革之所明，採民風而剽說，屬事陳詞，衡□具在，義以地裁體，仍連例有先得我心者。又，其編詳於今而略於古，遺於遠而侈（詳盡）於近。」對於有缺略的內容，有疑問之處，即使是含有個人獨立思考，如果缺乏根據，或沒有資料記載，亦捨棄不錄；對於地方風土人情的記載，也許還有不全面的地方。總之，雖然人的所見所聞也許有欠周全之處，但是今天以過去為歷史，來日又以今天為歷史，古與今就像風車一樣旋轉不休。我在今天編纂《仁化縣志》，開創一個基礎。我所編纂的這部《仁化縣志》，簡略之處，後人可以補充詳盡，遺漏的地方後人可以拾遺補缺，這就是我編纂這部縣志的大致想法。作為一個地方官，如果認為自己的職責僅僅在於地方治理好就行了，沒有走出過縣衙的大門（「不離堂序之上」）而欲周知全縣情況，採取有利於社會、民生的合理政治措施，使得政治清明，風俗淳美，這是斷然做不到的。「夫究心墳典，遊思政外，勤著作之緒，達人之標也。」認真閱讀傳統文化典籍，政治之外多思考有關社會、民生的現實問題，勤於著述，繼往開來，這是「達人」（有作為者）應該做到的；反之，「懲噎廢食，掩勞沒善，笑前人之未工，忘己事之已拙，俗士之習也」。因噎廢食，略遇挫折就再不敢進取；或心懷嫉妒，掩沒他人的功勞和美善，只會批評前人哪裏做得不好不夠，卻沒有看看自己做了什麼對社會對人民有貢獻的事情，這是「俗士」（小人）的慣常做法。我既慚愧於未能符合「達人」的標準，又斷不會像「俗士」那樣去為人處事。《仁化縣志》原稿「古蹟」與「丘隴」兩篇並列在一起；「政書」篇又多有錯誤。我

根據自己的思考，重訂諸說，將「古蹟」篇歸入「形勝」篇；將「丘隴」附於「外紀」篇。對體例作了一番調整之後，付予雕版印刷。「雖不敢謂名山之可藏，抑亦（但是也）不類齊諧之志怪，俾後之君子以覽觀焉」。此志雖不敢說編纂得很好，但亦不至於論為奇談怪論，無足輕重，是值得有志君子閱讀借鑒的。(《同治韶州府志》卷 39《藝文略·仁化縣志八卷》，第 827～828 頁)

　　明萬曆二十一年（1593）修成《仁化縣志》之後，直至明末，再未有修志之舉。入清，康熙十二年（1673），已相隔八十年整，仁化縣志才得以重修。這次重修是奉朝廷之令，為備《一統志》編修取材之需而傳令各地先修志上呈。時任仁化縣令的大興（今陝西西安市）人鹿應瑞在「敘」中說：

　　「今上（康熙帝）龍飛（在位）之歲，混一天下，東西南北，無思不服，風被十年，化理淪洽，乃命儒臣修《大清一統志》。部符下省，取郡邑（府縣）成書（現存方志）以獻。於是，太守馬公（馬元，遼東籍，北直真定人，康熙九年任韶州府知府）檄仁化（縣）討故牒，編新紀，俱如五邑之例。應瑞（仁化縣知縣鹿應瑞自稱）待罪（任職）於縣三載，兢兢奉職，懼不足稱，使幸際大典（按，此指《大清一統志》之編修），俾遐陬僻壤從國籍之末（使偏僻落後的仁化縣的情況得以記錄在《大清一統志》中），觀光闕廷，敢不盡力……」鹿應瑞縣令想，仁化縣的人才、物產與韶州其他縣相比，都遠為遜色，來此任縣令者又大多胸無大志，自明朝萬曆年間司馬暐創修縣志以來，至今已八十餘年。其間歷經戰爭兵火，故老逝去，遺書（志書）不存，很擔心今後如欲修志，則無可依憑，難以搜羅。又想到，地有大小，事有繁簡，而社會發展的規律沒有不同，就像人一樣，有高矮，有肥瘦，美醜差別很大，但都有手有腳，有眼有鼻，這是共通的。我鹿應瑞所治理的仁化縣，同樣亦有人民，有土地，有政有教，皆在同文同規之內；而且仁化縣地連江楚（江西、湖南），獨當二面，地理位置極其重要，當年（秦末漢初）趙佗就憑著這有利的地理形勢以控制（北江）上游，使中原軍隊不敢輕易南犯。自從唐代建置仁化縣之後，迄今千有餘年，縣內之民儉樸之俗不遷，雖地狹民少，怎能以此而輕視了仁化縣呢！故編纂一部縣志以記錄地方風土人物，政情民俗，就是十分有必要的事了。「謹訂訛刪冗，拾遺續絕，別為八紀三十□（篇），籍手報郡（擬委託專人呈送至韶州府），備《大一統（志）》細流，抔土之納。述其時義以序。時康熙十二年（1673），歲在癸丑春。」(《民國仁化縣志》卷首《原敘》，第 448 頁)

　　據其後重修《仁化縣志》的縣令鄭紹曾所云，鹿應瑞重修邑志，未竟（未及刻印）而卒。結合本序與李夢鸞之序考之，當是志書剛修纂完成，猝遇「楊賊」之亂，志稿被焚毀，故其志不傳。

　　十三年後，康熙二十五年（1686），仁化知縣李夢鸞任總纂，再次重修了《仁化縣志》。這次重修同樣是奉上級之令而行事。李夢鸞在序中說：

　　……顧志（《仁化縣志》）自司馬暐創之於前，鹿應瑞續之於後，而兵燹（明清易代之戰爭）以來，簡篇（志書）既蠹，文獻莫徵，夢鸞譾陋，曷（豈）敢輕搦管（執筆）！會（恰逢）部、省、郡檄下，弗獲辭（無法推辭），乃勉竭駑鈍，為之綴遺薙蕪（拾遺補缺，刪除繁雜），□雅訂訛，閱兩月告成，上之省郡憲（「憲」是舊時屬吏對上司的尊稱）。而因與邑人言曰：「從來志之難為也，尚典雅者多脫略，務詳覈者每（常）繁冗，工詞而或（可能）背於理；論洽而或暗於事，狥情（顧及人情）則美刺易淆（讚美、批評容易顛倒混淆），剿說（沿襲舊說）則名實失倫。此《呂覽》（《呂氏春秋》中各以「覽」為名之篇）之龐雜，《淮南（子）》之袤詭所由譏也。仁邑（仁化縣）都里僅六（僅有城鄉六個），無奇毓勝產（沒有奇特的物產），縱具「三長」（才、學、識），史才無所用。雖然，尺地（皆為）王土，一民（皆為）王臣，控制之必□也，秩官之必建也，兵農之必講也，綱紀所從出，教化所由興，則士之文不容以不謹矣。竊嘗怪世之人以文為心，不以道為文（只是追求文采的華麗，而不講求道義的表述），且以文為仕，不以文為政（以寫作優美的文章作為入仕做官的途徑，而不按上級發文的要求去行政）……儒者出宰一方，貴取其方之山川、賦役與夫（以及）民情、土俗悉閱而周知之，然後補偏救弊，湔澆培淳（去除澆漓之風，培植淳樸之俗），利可興，害可除，生聚教訓可底於有成（可以取得良好成效），則於何取之？亦於志取之！矧（況且）聖天子崇儒重道於上，諸臣工體國經野於下，霜露所墜莫不尊親，即邑（仁化縣）自有虞氏（舜）搏拊（奏樂）於韶（石），德育所披，名曰「仁化」，而至今說（悅）禮敦詩，量晴較雨，原不少樸士良農也……生斯宦斯（生長於本地、做官於本地）者披覽之下，庶亦深長思乎！幸勿以一隅鄙（輕視）仁陽（仁化縣）也。（《民國仁化縣志》卷首《序》，第449頁）

　　由這段文字可知，李夢鸞知縣是在「部、省、郡檄下，弗獲辭」的情況之下，「乃勉竭駑鈍，為之綴遺薙蕪，□雅訂訛，閱兩月告成，上之省、郡憲」的。在李夢鸞縣令看來，方志的編修向來被認為是一件艱難之事：追求「典雅」就難免造成「脫略」；尋求「詳覈」又難免「繁冗」；講究字詞的華美，又不免損害「理」的表述；過分偏重了政治，又不免忽略了事件；注重作者感情的發揮，又容易使讚美、批評不盡合理；重視了「繼往」，又妨礙了「開來」，使名實不能完美結合。因此，即使是如《呂氏春秋》、《淮南子》這樣優秀、傑出的文獻典籍，亦難免遭受後人「龐雜」、「袤詭」之類的批評。仁化縣志之所以難以編纂，是因為本縣地狹人少，無奇特風景，亦無罕見物產，即使是一位具有才、學、識「三長」的史學大家，讓他來寫《仁化縣志》，恐怕也寫不好。儘管如此，俗語說：「普天之下莫非王土，率土之濱莫非王臣」，每一寸土地，每一個臣民，都是國家所有，如何「控制」好這些土地，治理好這些民眾，就很有講究的必要了。因此，「秩官」、「兵農」、「紀綱」、「教化」等等問題就不能不重視不記錄；而記錄之時又不能注重了文采而丟棄了「道理」。國家以儒士任官，官員應該周知一方的山川形勢、賦役輕重以及風土民情。這就需要通過方志去瞭解，這樣才能做到「補偏救弊，湔澆培淳，利可興，害可除，生聚教訓可底於成。」怎樣才能做到這一步？只有通過方志的修纂才能做到。如今，國家天下太平，君主「崇儒重道」，大臣「體國經野」（愛國重民）；地方官「說（悅）禮敦詩」（重視禮教及文化教育），社會上到處都是「樸士良農」，這些怎能不記錄於方志之內呢！我李夢鸞雖然文化水平有限，其中亦有一得之見，在方志修纂過程中，對於有助於「勸官勵世」（激勵官員、教化民眾）的內容格外重視。日後，不論是生活於本地的民眾，還是異地來此任職的官員，披覽這部方志，亦頗值得深長思索的。不要因為仁化縣是個偏僻的小縣，民眾寡少而輕視了它（指《仁化縣志》）啊！

　　這是《仁化縣志》的第三次重修。第四次重修在嘉慶二十四年（1819），主持者是仁化知縣鄭紹曾。他在「敘」中大略說：

　　縣之有志，就像國之有史。江淹（南朝著名政治家、文學家）曾說，修史之難無出於志；鄭樵也說，方志與國家重要典章制度密切相關。可見方志即是歷史（史學）的一個組成部分。史書通常是一成不變的，而方志則是經過了幾十年就要更新的。可見修志與修史又有不同的地方。如果事不核實，文不雅馴，如何能得到後人的好評？編纂《仁化縣志》，我最擔心的是文獻不足

徵信。仁化縣從明代司馬暐創始於前，清初李夢鸞續修於後，迄今已過去一百三十二年，其間，遺文軼事，所謂地以人傳，人以地傳，雖世遠年湮，通過考證還是可以明瞭事實真相的。古時候，統治者畫地治民，派官員到各地去瞭解民風民情，以作為施政的依據。仁化縣自原始社會末期已歸入中國版圖，雖然只是「彈丸之區」，卻也有封域、星野之分，有戶口、山川之數，有厚生、正德之方。所以舉凡「沿革」、「建置」、「秩官」、「經政」、「選舉」、「學校」以及「賦役」、「兵防」、「風土」、「謠俗」等等都要「悉皆經理」，都要「區別臚陳」。我奉命來仁化縣任縣令，適逢上級有志於興利舉廢，先以整理文獻為開始，飭令所屬各縣纂修縣志。想到自己水平有限，不敢不積極努力從事。我知道想要編纂出一部能信今而傳後的好方志來，亦實在不是一件容易之事。於是與縣中各鄉紳「採輯群言，共襄盛舉，修詞貴簡，紀事貴實，詳而不冗，精而不儉，分門別類，縷析條分，以成續志。」如今國家一統，同軌同文，於茲為盛。仁化縣雖小而偏僻，縣志能不從各個方面反映國家統一，政治清明，人才輩出的繁榮局面嗎？儘管如此，由於「見聞有限，博採難周，異日拾遺補闕，尚有俟後君子之筆削焉。」（《民國仁化縣志》卷首《序》，第449頁）

清同治十二年（1873），仁化知縣陳鴻再次重修《仁化縣志》，距上次重修相隔54年。

在知縣陳鴻看來，郡邑之有志，不只是用來「誇美盛，資睹記」的，而是用來改善民風民俗，激濁揚清，樹立學習榜樣，宣揚美好政治，推動教育發展的一種重要手段。他說，如果地方的山川、疆域不作記錄，則一方的險阻要害便難以周知；風土人物不作記錄，則休戚盛衰便不可得而詳悉；典章制度不作記錄，則是非得失便不可得以考證。作為一個地方官，為朝廷守土治民，一縣之內，什麼事情難辦，什麼事情易辦；什麼是好的，什麼是不好的；什麼應該發揚光大，什麼應該鏟草除根；什麼事情應該先辦，什麼事情應該後辦，便一無所知。這樣的地方官憑什麼去把一個縣治理得好？仁化縣自從唐朝開始建縣，至明朝萬曆十一年（按，應為二十一年，即1592），當時的縣令司馬暐才開始為仁化縣編纂方志。清朝建立之後，先後有仁化知縣李夢鸞、鄭紹曾主持續修過《仁化縣志》，迄今將近五十年了。同治七年（1868），陳鴻從山右靈河縣（今河南滑縣西南）被調任仁化縣令，始至，即欲取閱縣志而不可得，因為年久失修，「蓋風霜剝蝕，又經兵燹，迄無復存」。陳鴻縣令想組織力量重修，無奈「時瘡痍甫定，繼以頻年乾旱，盜賊滋熾，未暇顧及」。同

治十一年（1872），地方動亂基本被平息，又加上春季雨水豐足，田稻豐收，陳鴻縣令認為這時候可以把修志之事提上議事日程了。適逢此時韶州府要修纂郡志，檄下所屬各縣採訪資料上呈。於是，陳鴻縣令將縣中一班「文化精英」召集起來，分工合作編纂《仁化縣志》，並捐廉俸五十兩以為倡議，號召眾鄉紳捐款襄助修志盛舉。陳鴻縣令對修志人員說，修志等同於撰史，不可太龐雜，亦不可太簡略；不可浮誇，不可遺漏了重要的大事；記事不可「掩善」，亦不可「溢美」。志書只記錄地方大事，什麼是大事？與政治相關的就是大事，與世道人心相關的就是大事，有關於典章文物的就是大事。我作為行政官員，筆墨荒疏，加上撫字催科，勞形案牘，實在是抽不出多少時間精力來與各位一同編纂方志。如何編纂出一部謹慎、公正而又可稱「信史」的方志，就倚靠各位的齊心協力了。當時，新會人劉瑞五品學端純，留心掌故，以明經任教於從化縣學，因而被延請擔任總纂，具體如何撰志由劉瑞五決定。即日成立修志局，開始編修工作。經過半年緊張繁忙的工作而終於將《仁化縣志》修成。陳鴻縣令「披而覽之，訂訛補闕，比舊（志）加詳」。新修成的《仁化縣志》共八卷，即時延請工匠雕版刻印，「使付剞劂，庶幾（如此才可以）上以備輶軒（朝廷使者）之採，下以為激勸之資，而宰治者（地方官）亦得以因人情，宜土俗，斟酌損益以為政教之權衡」。儘管如此，讀罷新修的縣志，陳鴻縣令內心仍然感到有些遺憾：「山川」情況的記錄已經很詳盡，但「設險以守」的工作卻未做好；「風土」情況已記載全面，但「移風易俗」的工作還未做到家；「政治」、「人物」都作了全面記錄，而「作育培養，道德齊禮」的工作亦未做好。這怎麼能做到使仁化縣民眾「父率其子，兄勉其弟，同底於（達到）漸人摩義（使人們逐漸趨向仁義之境），以上孚我朝數百年重熙累洽、壽考作人之化而胥歸（共同走向）大同也哉！」（《民國仁化縣志》卷首《原序》，第 450 頁）

　　但是，事實上，志書的撰寫及刻印並非短時間可以完成的。在此志刻印尚未完成之前，陳鴻已調任他方為官，志書因後續經費不繼而不得不暫停。又過了兩年，光緒元年（1875），瓜你佳氏葆椿來任仁化縣令，應總纂劉瑞五之請求，為《仁化縣志》作序。他在序中說：「書成逾歲，適余來宰是區，劉君因出書（稿）以示，且囑余為之序」；又說：「余自顧菲材，謬膺民社（受任為仁化縣令），下車伊始，首以振興文教為先。現當邑志告成，亟宜壽諸梨棗（急待刻印成書），因（此）為之催集經費，庀材鳩工（準備好材料，召集刻

印工人），鏤板刷印，上以備軒（朝廷使者）之採，下以資塾黌（地方人士）之觀摩，考古證今，交相勸勉，庶幾（這樣才能使）風移俗易，仁壽同登（人民既仁慈又長壽），則是書（此志書）之成夫豈小補也哉！」（《民國仁化縣志》卷首《重修仁化縣志序》，第450頁）

雖說「新官上任三把火」，但受限於志書之刻印耗時費力，因此，葆椿作為「署知縣事」，僅是「代理」之職，何時遷官調職尚難以確定。大約是不久之後即調任他方任職，故《仁化縣志》仍未最終刻印完成。光緒八年壬午（1882），仁化知縣鄧倬堂在《重修邑志序》中說：「仁邑（仁化縣）修志近十年（按，同治十二年即1873年陳鴻主持修志完成，至光緒八年已近十年），無力付梓（刻印），諸紳呈請（予）改訂。（予）為之略加點竄，仍未能開雕（雕版印刷），則境內之疾苦可知矣。因綴數語以待後之守斯土者。」（《民國仁化縣志》卷首《重修邑志序》，第451頁）鄧倬堂知縣也只是應邀為志書寫篇序言而已，似乎仍然沒有能力支持雕印方志，只好寄語「以待後之守斯土者」了。

（四）《樂昌縣志》的編纂

見於方志記載的最早一部樂昌縣志是明代萬曆丙戌（1586）年張祖炳撰、李延大輯的《樂昌縣志》，已佚。清朝初年李成棟修、張景星、鄧璟輯的《樂昌縣志》亦已佚。李成棟，湖廣人，進士，康熙三年（1664）蒞任樂昌縣令，康熙五年（1666）修纂縣志；張景星，縣進士；鄧璟，縣舉人。李成棟在《樂昌縣志》序文中大略說：

古代稱文化典籍為「八索九丘」，是因為夏朝最早建立國家時將全國劃分為九州，所以記載各地方地理、風俗、歷史的志書就被稱作「九丘」，「丘」即是「聚集」的意思。是說九州土地所生，風氣所宜，皆聚集於此書也。可見，一縣之志就是一縣各類信息的彙集。然而，就樂昌縣來說，這樣重要的志書竟然缺焉無記！古代重要文化典籍《詩經》分為「風」、「雅」、「頌」三個門類，其中的十五國「風」即是十五國的地方史（志）。只不過古代列國之史，利的方面記錄，弊的方面亦記錄；而如今的方志則只記錄賢人不記錄不肖之人；只記錄做官的不記錄平民百姓；而匯合全國之方志而合編成國家一統之志（古稱「職方志」），這一點卻是古今相同的。這樣重要的地方志，在樂昌縣怎麼可以缺焉不存呢！考證樂昌縣的建置，最初是隋朝開皇十八年（598）。樂昌縣志最早修自明朝神宗初年，當時的樂昌縣令張祖炳來縣任職之時。通

過張祖炳編纂的這部縣志，樂昌縣的風土文物始得藉此志而張揚聞名。張祖炳真稱得上是樂昌縣無志的「破天荒」者啊！我才疏學淺，對於編撰方志這樣神聖的大事業實在是力不從心的，但是，俗語說，「十室之邑必有忠信」，因此，我又不能推讓他人。就纂修方志來說，一個地方的氣候的乾燥或潮濕，民風的強悍或懦弱，民眾生活的奢侈或儉樸，人才之多少，文教之盛衰，等等問題，如果無古可鑒，何以準今？無古可鑒，能保證人們的行動不至於南轅北轍（事與願違）嗎？在 1665 年的秋天，我設法從諸生鄧某、黃某的手中借到了樂昌縣的舊志，細心讀之，此志雖有近百篇，但年長日久，潮濕蠹蛀，且錯誤甚多，就像是千年前的青銅器一樣古色斑駁。況且，在百年以來，忠於國家者，孝於父母者，有才能、有貢獻、品德良好者，俱湮沒不傳，作為地方官的縣令拿什麼來激勵縣的鄉民子弟呢？不久，張某（張景星）瞭解了我的這些想法之後，慨然肩負起重修縣志的重擔，鄧某（鄧璟）、黃某諸生亦「把臂入林」（參加縣志編纂）。此次縣志的編修，「操觚（執筆）於乙巳（1665）冬，募梓（刻印）於丙午（1666）春，竣工於丙午秋之深，閱四序匝一歲（歷時一年）」。我的修志願望終於得以實現。我深明志書是記錄一縣歷史人文之書，因此定下實事求是的修志原則，以免日後遭到「采風者」（朝廷派來瞭解地方情況的使者）的「非笑」（批評指謫）。(《同治韶州府志》卷三十九《藝文略‧樂昌縣志》，第 827 頁)

其後，康熙二十六年（丁卯，1687 年），康熙五十八年（己亥，1719），《樂昌縣志》都進行過重修，都為十卷本。前者為程黻修、張景星輯；後者為任衡增修，二志編修相隔僅三十餘年。

康熙二十六年（1687），樂昌縣志的重修是因為朝廷在編修《大清一統志》，逐級檄令各省、府、縣修志上呈。於是，「知縣程黻令邑人張日星（《同治韶州府志》卷三十九《藝文略》作『張景星』）續纂」。張日星在「序」中明確交待了此次修志的緣起，謂：

> 志以言乎其志（名詞：往事、記憶）也，所以志（動詞：記錄）其山川，志其貢賦，志其風俗，志其人文。故觀一邑之志而一邑之風土可知也，觀各郡縣之志而一省之風土可知也，觀各省之志而天下之風土可知也。方今聖天子乾元建治，首重巡方（巡察地方），臨軒策遣，不啻歌皇華（中華）而周愛，諮諏諮謀（瞭解各地情況）焉。以其采風問俗知風土之氣候、民俗之淳漓與教化之興衰也。我

大中丞李大公祖實當其任，政治之暇實念粵區（廣東省）地方千里，
其間山川異勢，貢賦異同，風俗異同，人文異起，使（假如）不乘
時而修輯之，其何以合《一統志》以上報天子臨軒策遣之命乎？於
是文（傳文）及郡縣，（郡縣）咸欣然有修志之舉。我邑侯程父母（樂
昌縣令程皦）逢盛典，柬及於星（給我張日星送來請柬），乃言修志
一事。嗟夫！志亦難言矣（編纂方志可是件困難之事），自國家（清
王朝）定鼎以來至康熙五年（1666），李邑侯（李成棟縣令）始為之
一修，迄今二十餘年矣。兵燹之後繼以流離，事世變遷，老成代謝
（許多瞭解地方歷史文化的老年人已經逝去），山川猶是也，而風俗
則一變矣。時與同人因前志而續記之，使二十餘年之事僅不沒於荒
湮野草中耳。所賴賢父母（按，此指程皦縣令）為之裁成，獻於大
中丞公（李）祖為之鑒定，俾邑志集其成，郡志成而省志集其大成，
於以（以便）合《一統志》以上報天子，樂觀其盛，詎（豈）曰小
補（作用不大）之哉！星屬梓邦（我張日星是當地人），明與修事
（明：尊敬，此謂懷著恭敬之心參與方志修纂），於茲兩次矣，例得
附名以昭盛舉，以垂公祖（李祖）父母之功於不朽云。（《民國樂昌縣
志》卷二十一《藝文志》，第 416 頁）

康熙五十八年（1719）的《樂昌縣志》之修，因未見相關文獻資料，情況
不明。

一個半世紀以後，至同治十年（辛未，1871），《樂昌縣志》在徐寶符的
主持下又作了重修，成十二卷。這部清代末年編成的《樂昌縣志》請時任韶
州郡守的額哲克作序。額哲克在序言中回顧了《樂昌縣志》的編修歷程，如
是說：

……考昌邑（樂昌縣）之志，自前明（明朝）神宗初載創修於
張君祖炳，始闢前所未有，俾後知所法，厥（其）功偉甚。國朝定
鼎（清朝統一後），康熙五年（1666）與二十六年（1687）、五十八
年（1719）、李（成棟）、程（皦）、任（衡增）諸君子相繼重修，此
後無修之者，浸淫蠹腐，卷帙幾無完篇，且兵燹之餘，散失殆盡，
雖山川如故，城郭如故，田土井里悉如故，而二百年來，聖教涵濡，
深仁厚澤，民風丕（大、巨）變，人文蔚起，其間忠孝節義更有卓
立不朽者，缺略遺忘，讀者致慨，增葺（重修）之舉胡可緩哉！己

　　已歲（1869），克（額哲克自稱）由京曹（京官）除守（調任）是郡，
下車之始即索觀邑志，不可得；旋聞知（隨後聽說）徐令尹契芝（徐
寶符縣令）已於戊辰（1868）諭集（組織召集）諸紳，倡議續修，
心竊韙（讚賞，贊成）之，閱（經歷）四載而告竣。

　　《樂昌縣志》編纂完成之後，額哲克讀罷，對新編之志給予了充分的肯
定。他說：

　　　　……余取志讀之，見其舊者因，逸者補，德化可風者表彰之，
事實後起者增益之，發潛德之幽光，備一邦之文獻，取鏡百世之上，
遠垂百世之下，洵（誠然，實在）足信今而傳後已。余喜其書之成
也，異日者（以後）達諸天子，可以驗風俗，貽諸後賢，足以成教
化，聞者興起，不重有賴於今日耶？

並對樂昌縣士民寄以殷切期望：

　　　　……尤冀昌（樂昌縣）之士民食舊德，服先疇（發揚傳統美德，
向先進人物看齊），勤詩書而蓄道德，安耕鑿（安居樂業）而知禮讓，
追臻隆古，繼美敦龐（像遠古時代那樣民風淳樸，繼承前人勤勉、
質樸、厚實的美德），際休明之盛世，以共樂於光天化日中也，豈不
懿（美好）歟！（《同治韶州府志》卷三十七《藝文略》，第 827 頁）

（五）《乳源縣志》的編纂

　　據方志記載，明代曾出現過兩部《乳源縣志》。第一部是明萬曆十九年（辛
卯，1591），黃華秀撰。查《同治韶州府志》卷四《職官表·文職·乳源縣知
縣》，知萬曆十九年任乳源知縣的是王澄而非黃華秀，猜測黃華秀可能是代任
知縣，且在職時間可能不長，或在萬曆十八、十九年之間。正因為在任時間
不長，故所撰《乳源縣志》可能未真正編纂完畢，半途而廢。第二部是吳邦俊
修。志載：「邦俊，浙江舉人，萬曆二十九年（1601）任（乳源知縣），修輯邑
志，癸卯（1603）成書。」此次修志距黃華秀撰志僅相隔十餘年，亦可證黃華
秀修志並未成功。

　　清代也曾編修過兩部《乳源縣志》：一是康熙癸卯（二年，1663），裘秉
鈁所修，今存；另一部是康熙甲子（二十三年，1684）張洗易修，亦存。二志
之修相距僅二十年，與古代志書修纂通常相距半個世紀甚至一百多年大不相
同，這應與大清王朝處於「康乾盛世」，社會安定，經濟發展，修志事業受到
朝廷及地方重視密切相關。

　　張洮易，山東堂邑（治所在今山東省聊城縣西北堂邑）人，官生，康熙二十二年（1683）任乳源縣令。據《同治韶州府志》卷29《宦績錄·國朝》所載：「張洮易，字麓園，山東堂邑人，康熙二十二年由官生授乳源令，性明敏，洞悉民隱，剖決公平，建立義學，文風為之丕（大）變。」但張洮易纂修的《乳源縣志》國內已無存書。廣東省中山圖書館通過北京圖書館從日本內閣文庫將此版本影印回來。學者對此影印本作了初校，油印裝訂成冊，供後人瞭解乳源縣往昔之鄉土情況，亦可為今後編寫新的《乳源縣瑤族自治縣志》提供可貴的資料。原本至今已三百餘年，字跡漫漶，加之影印本較原版縮小，因而不少文字字跡模糊不清，還有待於今後作進一步的訂正。此乃海內孤本，實為珍貴之文獻。此《乳源縣志》卷首附錄了張洮易所作的《新修乳源縣志序》，序文大意說：

　　今天下承平，政教洋溢，深山窮谷欣瞻同文之盛。乳源縣雖為彈丸小邑，而社稷、人民、輿圖亦登於天府（記錄於國家圖籍之中），可見聖化之光普天同照。我曾披覽舊的縣志，發現訛錯失倫，謬誤甚多，便心生重修之志。適逢上級傳下文件，要求各縣都要編纂縣志上呈於郡，郡修志又上呈於省，省再上呈至中央，匯合編成國家「一統志」，以成一代之全書，使遠方之情得以上達，民生疾苦君主得知。這正是古代所謂「太史陳詩」的美意所在。志書其實就是史書。史書是美惡並書以昭法戒；志書是記善不遺以肅風教，它們有關世道人心實在是意義深遠啊！我來此任縣令已經四年，兢兢業業地工作，只怕被人們批評為尸位素餐，經常召請地方父老詢問戶口增多了還是減少了？田疇開闢了還是荒蕪了？近年風調雨順五穀豐登，而民有菜色，這是什麼原因？是因為民眾未致力於從事農業生產，還是地方官們休養生息政策未落實到家？民眾承擔國家的「正供」是多少？徭役是多少？時值天下太平，而民眾卻不能安生，是因為民眾男不耕田女不紡織，還是因為國家的賦役過於繁重？如今天下大治，但是士風卻不如過去，民俗亦頗為澆漓而不淳樸。這些都是與縣令職責密切相關之事，也是方志所應詳細記錄的內容，怎可對此置之不理漠不關心呢！我想：「討於故實，諮諸老成，上下數十年間，因革損益之數，集思廣益，傳疑考信，期歸至當。」作為地方官，讀了這部縣志，知道了管轄的範圍，知道了城垣的修築情況，自然就增強了如何保疆土，保民眾的意識；知道了地方貧瘠，而民眾的賦役負擔卻不輕，自然就想到了應該如何招撫流亡者，安慰貧困者；知道了禮儀教化及學校教育之重要，自然就想

到了該如何去「起衰振靡」；具有循良美德者有多少人？科舉及第者有多少人？軍事防衛工作做得怎麼樣？以至天地之災祥，民物之利病，孝義節烈之事蹟，……記錄這些內容既可以「徵得失」，又可以「資勸懲」，以至於雙峰、雲門之秀麗，九仙岩石之神靈，草木鳥獸之微小，鉅細畢載，使以後的地方官得以披閱以瞭解地方情況，因勢利導，移風易俗，合理施政，造福於民。民眾亦可以從這部方志中「涵濡其性」，尋找到學習的榜樣，見賢思齊。誰能說方志不重要呢！這部縣志的編纂，討論編次者是廣文先生（縣儒學教官）李師錫，參校輯錄者是縣學優秀生員。他們全心全力於此縣志的編纂，亦理應在此提及。(《康熙乳源縣志》序一至序六，《新修乳源縣志序》，第 459～462 頁)

（六）《翁源縣志》的編纂

關於《翁縣志》的編纂，據現存方志資料，可知明代曾出現過三部縣志。

一是姜子正撰，潘紹忠續修，韋主聰輯的《翁源縣志》。此志已佚，卷數不明。志載：「（姜）子正，餘姚人，萬曆二十年（1592）任（翁源縣令），創修邑志；（潘）紹忠，萬曆二十三年（1598）任；（韋）主聰時任教諭」(《同治韶州府志》卷 39《藝文略》，第 828 頁)。潘紹忠在所作的「序」中略述了《翁源縣志》修纂的經過及其若干想法，大意說：

我無德無能，謬承君主器重，委任到此來任地方官。入境之初，我殫精竭慮，延訪耆宿，備詢本縣險要阨塞、建置沿革、達人哲士、民風吏治，或考「察於順逆，因其故不易共俗，循其性不拂其能，以張弛宜民（採取有利於民眾、寬嚴適中的政治措施）」。令人遺憾的是，瞭解地方情況的故老大多已經辭世，又沒有簡帙志書流傳下來，對於地方歷史文化的瞭解只能如捕風捉影一樣的難有收穫了。這就像騎馬行走在漠漠荒野之中，無法辨別方向，向旁人問路，或指東，或指西，真是無所適從了。正在我頗感苦惱的時候，適逢當地孝廉胡來臣拿著一沓書稿來見我，說：「這是我任職官學博士期間寫成的。原來，前縣令姜子正曾要求我給他找縣志閱讀以瞭解當地情況，可是，本縣並無現存的縣志。為了交差，我只好調查情況，自己動手，匆匆忙忙寫成了這部方志稿，進呈給前任姜子正縣令。我自知才疏學淺，所撰志稿言不尊信，缺點多多。如今您受命來任翁源縣令，期望您重視縣志的修纂，組織有才學的地方人才，撰寫出一部高質量的《翁源縣志》。」我細細地讀了這位胡君來臣寫的方志稿，深有感觸地對他說：縣志是專記一縣人事之書，而「道」又與政治優劣成敗密切相關，事就是「道」的具體表現。觀天地，察古今，識人

物，都屬於「事」，事事都體現著「道」，符合「道」的措施正是良好的政治。自從經書絕筆之後，要正確認識社會，就只有依靠史書和志書了。然而史書講究簡約而體嚴，志書則可詳盡而全面。其實，儒家所著《六經》，哪一部不是先王治理國家的經驗教訓的記錄呢？因此，只有有遠見卓識的君子才會明白編纂地方志實在是不可等閒視之之事。所以，唐宣宗命辭臣（文人）纂次諸州境土風物以備觀覽，作為施政的依據。他在位的大中年間（847～860），號稱「治世」，他也被後人尊稱為「英君」。蕭何是西漢時期的一位賢相，他讓人搜集天下的圖籍（包括地方志），「具知天下肥瘠奇贏，故佐命成功」。況且，一個地方官，對於轄境之內的人物優劣不瞭解，山村形勢不瞭解，即使想把地方治理好，憑什麼去施政呢！如今編就的這部《翁源縣志》，以《圖經》、《疆域》開篇，本縣的「地利」情況就一目了然了；著其《節序》、《氣候》而天文情況就清楚了；「表之以《公署》，風之以《學校》，文之以《理義》，紀之以《賦役》，以《秩官》者詔其爵，以《選舉》者登其良，以《兵防》者固其守，以《名宦》者堅其聲，以《人物》者錄其材（才），以《貞烈》者彰其節；《藝文》餘也（最後附以《藝文志》），咸論次以傳（各篇都在敘述客觀情況之後附加以議論），雖一草一□亦著厝（通「措」，措置、安置）焉。」

在序文的最後，潘紹忠縣令發表了自己對於縣志修纂完成之後的感慨及介紹了幾位修志功臣，說：

於戲！天施地化，人事之紀其具是哉（天文、地理、人事等情況都在此志中作了如實的記錄）！猶念一時之志即百世之史也，余釋政逾月，晨夕焦勞，謬為訂正，且諭之（縣）學博士韋君主聰、周君至德、弟子員吳生文衢等，楊生王休搜羅詳覈，參互簡閱（選材、審稿），凡三易稿乃獲成書，然後走幣（付錢）於僚友、司訓秦君嘉穀為之釐正以董厥（其）成，以付剞劂（刻印），以圖不朽。（若）後之吏茲邑者再究而詳之，則施於有政者不出戶庭而得之已（地方官員足不出戶，僅憑一部方志就可以瞭解全縣情況了）。（《同治韶州府志》卷39《藝文志略》，第828～829頁）

二是萬應奎修於萬曆丁未（1607）。萬應奎，南昌人，舉人，萬曆三十五年（1607）任翁源知縣，蒞任當年即主持縣志的纂修。此志已佚。

明朝末年，翁源縣志又作了一次重修，為朱景運修，郭登科輯。案阮通志，朱景運於崇正（禎）十年（1637）任翁源知縣，十四年（1641）去任。《同

治韶州府志》卷四《職官表‧文職》則云朱景運崇正十一年（1638）任。郭登科，宜春人，貢生，崇禎十一年（1638）任縣學教諭。此志亦已失傳。

　　清代，《翁源縣志》進行過四次重修。一是孫可訓修於康熙壬子（十一年，1672 年。但《同治韶州府志》卷 5《職官表‧文職》謂孫可訓任翁源知縣在康熙十二年，即 1673 年，此據《同治韶州府志》卷三十九《藝文略》），賴新科輯。孫可訓，浙江青田人，貢生。賴新科，惠州人，歲貢，康熙七年（1668）任翁源縣學訓導。此志已佚。或許是此志尚未正式修成，因此，時過數年（或十數年），康熙丙辰（1676 年。按：此時間可能有誤，疑「丙辰」為「丙寅」，即 1685 年之誤），又出現一部《翁源縣志》，為劉士麒修，何賡颺輯。劉士麒，奉天瀋陽人，監生，康熙二十二年（1683）任翁源縣令；何賡颺，東莞人，恩貢，二十一年（1682）任縣學教諭。此志亦已失傳。

　　唯有乾隆朝及嘉慶朝所修兩部《翁源縣志》今存。楊楚枝修，郭正嘉輯的《翁源縣志》八卷，成書於乾隆乙酉（三十年，1765 年）。楊楚枝，雲南太和人，舉人，乾隆二十八年（1763）任翁源縣知縣；郭正嘉，翁源縣貢生。謝崇俊修，顏爾樞纂的《嘉慶翁源縣新志》十二卷，成書於嘉慶庚辰（二十五年，1820）。謝崇俊，嘉慶二十四年（1819）署任翁源知縣。顏爾樞為該志作「跋」。他在「跋」中大略說：

　　志與史有區別嗎？回答是沒有區別。記一方歷史與記一國歷史，記一朝歷史與記十世、百世歷史有區別嗎？回答是無區別。國有史，縣有志，其事同，其文同，而是非予奪之義亦無不同。假如賢愚不分，善惡無別，棄取失宜，就無法寫成一部真實可信的縣志。嘉慶二十四年（1819），我接受韶州郡守的指令，於是有續修縣志之舉。首先分工合作，讓各鄉紳士採訪事蹟以備參考選材。我對此事很慎重，不願意在舊志的基礎上簡單補充一些新材料，沿襲舊志的簡陋作風。我既無法推辭此重任，又怕不能勝任此項工作，於是與張鎬東、茅亭幾位君子相與悉心考校，斟酌繁簡，分門別類，依次纂輯。經過兩個月的忙碌，終於將新志編成。雖然說，是非予奪未必掌握得完全合理，符合聖人標準，而博訪周諮，秉公審慎，採近以搜遠，徵舊以酌新，綴拾編排，無絢私，無隱漏，不敢掉以輕心，以致給後人留下魯莽、舛雜的批評，這是我執筆編纂這部縣志的宗旨所在。（《嘉慶翁源縣志‧跋》，第 455～456頁）

邑人張洛也為該志作了一個「刻志跋」，大意說：

湘源（治所在今廣西全州縣西）人氏謝崇俊以名孝廉來我縣任代理縣令，到任才二年就政通人和，百廢俱興，士絃歌於室，民鼓舞於途，境內一片和睦景象。當時，廣東省正在纂修通志，檄下郡縣，要求各縣修志上呈以備採擇。謝崇俊縣令於是徵召縣紳士而諮詢之，不嫌棄我固陋，讓我參與修志。眾所周知，修志並非易事，耗費多年時間精力而最終未能修成一部理想的方志是常見之事。做官的忙於政務，執筆者又或固執己見，或絢私情，議論紛爭，相持不下，雖然最終將志書撰成，但無徵（證明、證據）不信，這樣的方志，修成與沒修成沒兩樣。如今這部縣志經始於仲冬，告成於臘月，僅六十日而前後數百年之人物事蹟從容記敘而若有餘閒，這是什麼原因呢？是因為謝崇俊縣令執政，慈惠在民，而人人樂於從事也。我聽人說，方志的寫作，不僅僅要引經據典，更重要的是要通過志書以瞭解一個地方的政治狀況。謝縣令到我縣來執政兩年之中修築陂塘，興建學校，加強治安，清理獄訟，嚴禁賭博，消弭叛亂，凡有利於民者莫不舉之，有害於民者莫不除之，因此離任之時父老扶杖而挽留，兒童攀轅以送行，直至鄰縣之境而止。由此可見謝縣令的德行、政風之深入人心啊！這部縣志剛修纂完成，謝崇俊縣令即離任實授，新任（翁源）縣令蔣某到任後，披閱本方志，不以為謬，於是樂意捐獻俸祿讓我付印。我於是將修志的經歷寫在這裡。（《嘉慶翁源縣新志·張跋》，第456～457頁）

（七）《英德縣志》的編纂

英德縣古稱湞陽縣，方志的修纂比韶州府屬各縣都要早。英德縣志自宋至元已多次修纂。但均已佚失不傳。《同治韶州府志》卷三十九《藝文略》有載：「《英州圖經》，不著撰人，佚。見《輿地紀勝》」；「《英德府圖經》，不著撰人，佚。見《輿地紀勝》」；「《湞陽志》，不著撰人，佚。見《輿地紀勝》」。

《湞陽志》撰於何時，志無明載。據英德縣沿革知識，湞陽縣西漢時置，治所在今廣東英德縣東翁水北。南朝宋泰始三年（467）改名「貞陽縣」；南朝齊朝時復為「湞陽縣」；隋開皇十年（590）又改為「貞陽」；唐貞觀元年（627）復改為湞陽縣，移治今英德縣；北宋乾興元年（1022）改名真陽縣。可見，《湞陽志》大約成書於宋代或宋代以前。英德府，南宋慶元元年（1278）置，治所在今英德縣；元朝至元十五年（1278）改為英德路。可知《英德府圖經》大約亦成書於宋元時期。

　　明代曾編纂過三部《英德縣志》，均已佚。一部是《英德縣志》三卷，諶
廷詔撰。諶廷詔，南昌人，舉人，嘉靖三十二年（1553）任英德知縣。此志即
修成於當年。另一部《英德縣志》修成於萬曆己丑（1589），蘇大用修，李伯
蘇輯。蘇大用，寧都（今江西省寧都縣）人，監生，萬曆十六年（1588）任英
德知縣。李伯芳，邑人，進士。還有一部《英德縣志》是吳永澄修，劉澤大、
鄧允燧輯。吳永澄，浙江烏程人，崇禎九年（1636）任英德縣令；劉澤大，邑
舉人；鄧允燧，邑歲貢。吳永澄作序。序文相對明白易讀，茲迻錄如下：

　　　　寰宇者（世界或國家）鄉邑之積也。歷朝纂修實錄，太史氏（史
　　　家）往往採之邑（縣）志者居多，主術（述）民風，其相關切也如
　　　此。古者外史之於四方（指《職方志》），小史之於郡國，志（記錄
　　　地方歷史、地理）固其職掌。今雖無專屬，而（縣）令與有責焉！
　　　邑志不修則文獻無所徵信，又何以仰資史館之採擇乎！天道（天文
　　　地理）以世（百年）變，人事消息（社會變遷）概以十年（變）。唐
　　　宋輿圖（方志）三年一修，良有以也（確實是有其原因的）。英（德
　　　縣）志修自己丑（萬曆十七年，即1589年），閱今（歷）四朝（萬
　　　曆、泰昌、天啟、崇禎），又五十餘年，天人之際亦已曠邈（變化巨
　　　大），國（史）家乘（譜）之旁摭，故老之傳聞，頃者（近來）博訪
　　　勤諏（諮詢，訪問），事如隔代，抑有所秘，惜而不以告與（即使有
　　　人秘藏有過去的方志，也十分珍惜，不肯讓他人借閱）。觀所存一二
　　　舊志刻本，字畫漫滅，其間文獻之缺略又不知凡幾（多少）矣。不
　　　佞（作者吳永澄謙稱）承乏茲邑（奉命來任英德縣令），每竊竊然慮
　　　之，而才識黯淺，鞅掌多事（政務繁忙）以來亦無間晷（閑暇）。友
　　　人孫璧聯氏返自粵西，因相與參訂，稍加論述，兼籍學博（加上得
　　　到縣學博士）馬君、何君、鄉紳鄧、劉兩先生暨諸庠彥（縣學才子）
　　　搜輯故實，削冗正訛，以裏斯舉。數十年廢墜之典聿（遂）成雅觀。
　　　迂拙如不佞永澄即未克（能）以文飾治，踵事增華（承前啟後），謬
　　　附述日月之萬一而以備太史氏（史家）不時采風之考證，則鄙念（我
　　　的願望）庶或為同志所共亮云爾。（《同治韶州府志》卷39《藝文略·
　　　英德縣志·吳永澄序》，第829頁）

　　在吳永澄知縣看來，國家是由眾多的府、州組成的，歷朝纂修「實錄」，
史家往往都是從方志中取材的。匯聚、展示各地的民風、鄉俗、人物、歷史是

方志記錄的主要內容。古時候朝廷設有「外史」、「內史」的職官，外史負責徵集各地的《職方志》；小史負責徵集各地的郡縣志，以便匯合編成國家的「大一統志」。如今雖然沒有設置專門負責編纂地方志的官職，但縣令負有不可推御的責任。方志為什麼重要？因為，如果縣志不修，則文獻無所徵信，那麼，國家的史館要搜集各地的史料又從何而得？唐宋時期對於方志的編修是很重視的，規定每隔三年就得重修一次，這是有其原因的。英德縣志之修，上次距今已隔半個世紀，再不續修，我這縣令就實在愧對父老鄉親了，亦辜負了朝廷的重託了。正是在這樣的認識的基礎上，吳永澄縣令才在日理萬機之餘組織力量纂修了縣志。

清代亦修纂了三部《英德縣志》。一部是《英德縣志》四卷，張斗修，已佚。張斗，江南盱眙（今江蘇盱眙縣）人，進士，康熙九年（1670）任英德知縣，十二年（癸丑，1673年）修成縣志。第二部是《英德縣續志》一卷，孔興燦續輯，並張斗志為五卷，已佚。孔興燦，山東曲阜人，恩貢，康熙二十五年（1686）任英德知縣，二十六年（1687）修成此「續志」。還有一部《英德縣志》十六卷，黃培爍（《道光英德縣志》作「黃培爍」，《同治韶州府志》卷39《藝文略》作「黃培爍」）、劉濟寬修成於道光二十三年（癸卯，1843年）。黃培爍，浙江會稽人，舉人，道光二十一年（1841）任英德知縣。此志今存。

1840年，鴉片戰爭爆發，中國近代史已開其端。正當戎馬倥傯之際，加上粵北地當沿海與內陸的咽喉，軍事戰略地位極重要，黃培爍到任之後，儘管政務繁忙，但他還是把方志的修纂及時提到議事日程。他在《重修英德縣志總序》中，開篇首先略述了英德縣的歷史沿革，接著說：

> 歲辛丑（1841），余承乏斯邑（我奉命來任英德知縣）。（英德）
> 地當衝要，時值軍興，講求武備者要不廢夫文事供張（武備雖重要，
> 文事也不可忽視），間隙亙周思悉人情風土與夫往事舊章以資治理，
> 爰（於是）索邑乘（縣志），其書創自前明嘉靖朝邑宰（縣令）諶公
> 廷詔，而明以前無聞焉。後之宰斯邑者惟蘇公大用、吳公永澄及國
> 朝康熙癸丑（1673）張公斗、丁卯（1687）孔公興燦曾踵為之，凡
> 經修輯者四，迄今百五十餘載，其原板（版）復湮沒無存，僅余傳
> 鈔（抄）殘本，訛闕（缺）幾（乎）不可讀。余惟（我想）邑志所
> 以備輶軒（朝廷使臣）採擇者也。凡風俗之淳漓，人物之興替，吏
> 治之得失，皆於是（都從此）資考量焉。豈惟山川能說，足資博聞

己乎？顧（鑒於）自丁卯（1687）距今世遠年湮，其（英德縣）事
蹟舊新月異，若姑安於抱殘守闕（缺），不幾（難道不）令後之閱者
按籍考求，致歎於缺典（典籍缺乏、不存）也耶！爰（於是）集邑
人士議，於所存賓興費外捐廉首倡（捐獻個人俸祿以作倡議），遂各
翕然從之。公舉朱靜山（觀泰）、鄧小芹（克修）、張小賓（遠觀）、
林星海（昌源）諸明經分纂，敦請會英書院主講陸君磐石總其成，
邑學博（縣學博士）傅君培風協助焉。余公餘亦謬為商榷，合舊志、
通志（《廣東通志》）參訂之，據他地志諸書疏通而說明之。如斷（判
斷）湞水出龍川，非出大庾（嶺）；分野屬荊州，非屬揚州，則正前
志之失也。又據前史取（南朝）梁、陳時刺史編入《職官表》，則補
前志之疏也。他如辯證英山與今縣治，悉皆博考詳稽，爬羅剔抉以
求折衷於一是。卷凡十六，冠以《聖謨》、《恩紀》，次以《圖表》、
《傳略》，卷帙無取乎繁，體例必期其善。雖未敢謂信而有徵，然不
出以皮傳臆度之見，則固與襄事者交勉（互相勉勵）矣。事未竣，
余（奉）檄調順德。書成，將付梓，邑人士來索序於余。（余）自愧
不文，兼無善政，今惟識（記）其顛末（此志纂修經過）弁於簡端
（置於志前），後之守斯土與生斯土者考文徵獻，以古風相切劘，抑
且原本山川、命名、草木相繼而增修之，則余此舉或可傳信於來茲，
不徒為文事之一助歟！（《道光英德縣志》卷首，第123～124頁）

　　道光二十二年（1842），黃培燦檄調順德縣，高陽（今河北省高陽縣）人
劉濟寬奉命來任英德縣代縣令。初來乍到，劉濟寬就想，古人說「入境問禁，
入國問俗」，作為英德縣令，「必當深悉（深入瞭解）乎斯土建置沿革之故、土
物風俗之宜，乃克（才能）興利剔弊，以裨吏治於萬一」。於是，急忙讓人把
《英德縣志》找來閱讀。但受命之人卻犯起難來了：英德縣已經一百五十多
年未續修過方志了，加之明清易代以來，戰爭不止，天災連連，如今，當年的
方志刻板早已蕩然無存，即使有部分斷簡殘篇保留下來，亦早已被蠹蟻啃食
得面目全非，無法閱讀了。劉濟寬代縣令聽罷，不禁喟然歎息，想：英德縣地
方數百里，不算小了，此一百數十餘年間，名流勝蹟湮沒不傳姑且不論，至
於賢士大夫與閭里之間有美德有才能卻又默默無聞者，不知有多少！這不僅
是本地有知識，有文化的「士君子」有著不可推卸之責，同時亦是曾在本地
任官者之咎。不久，劉濟寬縣令與此前曾在吳川縣學任博士的陸殿邦、現英

德縣學博士傅某及縣學生員朱某、林某及鄧某諸君會面，才知道已調任順德縣令的前任英德縣令黃培燦曾組織縣中一班「士君子」重修方志，方志已基本修纂完畢。劉濟寬代縣令一聽，大喜過望，「乃蹶然而起，喜先得我心者之已有人也」。至秋季，方志終於修成，將付以雕版印刷，請劉濟寬代縣令寫個序。劉縣令讀罷新編纂完成的《英德縣志》，頗有感觸。他想：古人有云：「其山崔嵬以嵯峨，其水沔渌以揚波，其人磊落而英多（大山參差不齊才顯出嵯峨崢嶸；河流有冰凍凝固之時，才有激濁揚波之時；人光明磊落，才顯示出美德與才華）」，何況，英德縣自古以來稱為山川靈秀之區，所以，前賢像宋代的書法家朱芾、詞人蘇東坡等人到了英德縣就流連忘返，不忍離去。以「地靈人傑」之說驗之，本應是人文蔚起為一郡之最才對的，為什麼方志記載的科舉及第者卻寥寥無幾？難道是真正有才華的人才都隱居於山岩鄉村，將「學而優則仕」視如糞土了嗎？抑還是山川正在積聚「清淑」之氣，這些氣磅礴鬱積，將來總有一日要積久而後發？在劉濟寬縣令看來，「事必有機，機動而氣即隨之（事情的發展變化要講機遇，機遇到了必然會有成功，有收穫）」。此前一個半世紀裏難道沒有人有志於纂修《英德縣志》嗎？而終於未有方志面世，這是因為「氣」還未開發的緣故；如今諸君子齊心協力，勃然奮興，不怕旁搜廣輯之辛勞，不畏懼拾遺補缺，細心讎校之苦，日以繼夜，終於纂成了這部《英德縣志》，這就是百餘年來「幽悶抑塞之氣」至此而終於得以宣洩，將可以看見人才聯翩接踵而出。這未必與縣志的修纂沒有關係。其實，縣志之修正是創造了一個人才輩出的契機，不僅僅只是對一縣的吏治清明有所影響而已。

劉濟寬代縣令與以往其他地方官不同的一點是對方志纂修甚為重視。在他看來，修史、修志在咱們國家有著悠久的歷史。有些人（學者）因為史、志重要而不敢著作，實在是因噎廢食之舉。故他後來為重修《英德縣志》所作的序中，開篇即云：

> 郡邑之有志由來舊（久）矣。《周禮》（謂）小史掌邦國之志，
> □（兩）漢時司馬（司馬遷著《史記》）、班（班固著《漢書》）、范
> （范曄著《後漢書》）創八書、十志、列傳諸體而後世□志郡邑者咸
> 獲所取衷。是志猶史也。昔韓子辭不作史，懼懼人非鬼責之譴；毛
> 西河謂天下有不可信者三，志居其一。志之作顧（難道）不難哉！
> 然畏其難，疑其不足信而概置不講（作），是因噎廢食，將必並其可

傳可信者而悉泯之，烏乎可（這怎麼行）！（《道光英德縣志》卷首《重修英德縣志書序》，第 124 頁）

自此之後，又經過幾十年，「其間邑事之嬗遷，文獻之存佚，不有記載，苦難搜尋」。光緒末年，鄧瓊史自皖（安徽）致仕還鄉，關注修志事業，「倡議續修（《英德縣志》）。邦人諸老深贊（贊同）其說，且力任募捐，一歲之間集款竟逾萬元。」但如欲舊志、新志同時刊印則經費不足。眾人呈請英德縣令張樹楨。張縣令允准，即聘請鄧瓊史為主修，並延請番禺人氏凌孟徵孝廉為總纂，香山黃慈博明經、同邑（英德縣人）林蓉初、羅煥英兩明經與邑人楊錫猷為分纂。經過三年努力，志稿粗就。接著因為國事變遷，形勢危急，輒未付梓。又經過幾年，由於廣州工人糾紛，因而多次停刊，直至庚午（1930）尚未印成。總之，由於形勢動盪不穩，歷經多年，凌孟徵、林蓉初已先後去世，鄧瓊史又養病不出，其餘同事又都星散，剩下楊錫猷仍對修志之事惦記於懷。他於夏季詣省就商於黃慈博明經，請他總成其事。黃慈博於是檢取舊稿，獨任整理。其中，新會人莫鳳蓀在英德縣任推事，尤竭力贊助。書成，共計十七卷，連同舊志一併刻印。這就是我們今天研究粵北地區歷史文化可以利用的黃培燦、劉濟寬修、陸殿邦纂的《道光英德縣志》（舊志）及鄧士芬修、黃佛頤、凌鶴書等纂的《民國英德縣續志》（新志）。

新志大體遵循舊志原有體例，但亦根據事世變化，對於舊的編目、體例作了一些改動。例如，「新志」編纂者認為「舊志」的《聖謨》、《恩紀》等編「以尟（少）專涉本邑者闕（缺）焉」；《輿圖》則據測繪局本重繪；「余皆依類踵輯，可考者著之（有根據的事實予以記錄），不則略之；《氏族》厪（僅）別其聚（居），而遷移之朔（初始）又弗可盡舉，姑增入《輿地略》來。前者有可校勘者則別為卷附後。書成，凡十有七卷。」此志之修，歷經十餘年才最終成書。「噫！見聞既囿於方隅，徵訪輒尼（侷限、受阻）於時勢，集十餘祀（年）之群力而所成祇（只）此，足見志事之難矣！」這是「新志」纂修者之一的黃佛頤在志序中所發的感歎。（《民國英德縣續志》卷首《英德縣續志序》，第 510 頁）

（八）《南華寺志》的編纂

除了以府、廳、縣等行政區域為記載範疇的志書之外，明清時期還出現了以行業為記載範疇的志書，如記載粵北地區佛教傳播及其發展的《南華寺志》。

明代，黃城、曾旦曾撰《重修南華（寺）志》。黃城在志序中大意說：

在粵東地區，羅浮山被人們稱作「神山」，自魏晉南北朝以來已很著名。南華這地方山水雖勝，然而因為幽深偏僻，就像一些地處山旮旯的鄉村一樣默默無聞。後來某一日，有西方的高僧在此看見神異現象，加之曾到湖北黃梅東山寺學佛遁歸的惠能在此建寺弘法，遂使寶林寺（後更名為南華寺）成為粵北的佛教聖地，名僧高士雲合響應。至於寺廟被賜額「南華」，郡志的記載是在北宋開寶年間（968～976），具體紀年已不可考了。自唐朝以來，天下言禪者皆趨南華（寺），如水之赴壑，別說過去，即使在今天（明代），春秋二度的佛教盛會，遠近而來的虔誠信眾駢集於南華寺，動輒達數千人，以至寺廟不能容納。由此可見，南華寺在國內的知名度是遠遠超越羅浮山之上的。考慮到未有方志記載南華寺的建造及其佛教在此傳播之隆盛，至明朝嘉靖乙酉（1525）年，大參、東川（今四川）人羅某始採錄碑銘以及名人墨客的題詠，分類刻印。越壬寅歲（1542），少參、芝南人徐某又命修纂南華寺志。這就是龔邦柱修纂的《南華志》。不久，巡察使龔某道經廣東，駐節韶州，來到南華寺，寓目靈勝，諮訪故跡，質之前志，多所缺遺。於是委託我黃城及縣學博士曾旦親自到南華寺考察調查，在舊志的基礎上重加修纂。經過十數日的努力，終於編纂成這部《重修南華（寺）志》。（《同治韶州府志》卷39《藝文略·重修南華志》，第835頁）

除了這兩部有關南華寺的志書外，還有兩部有關南華寺歷史人文的寺志，均已佚失不傳：一是明朝釋德清撰纂的《曹溪志》四卷，見《明史·藝文志》；一是明朝符錫撰纂的《南華寺》四卷，見黃佐主編的《廣東通志》。還有一部是清朝馬元、釋真樸修（修於康熙辛亥，即1671年）、劉學禮重刊（重刊於道光丙申年，即1830年）的《曹溪通志》八卷。此志見存。

據苗儀《粵北古代方志綜述》一文介紹：「至《重修南華寺志》刻板、印行，已是萬曆十年（1582）左右。萬曆二十六年（1598），時任廣東按察使、署理南韶連道的周汝登，邀請憨山主持編修《曹溪志》，經過一年多時間的編修，《曹溪志》（四卷）於萬曆三十二年（1604年）付梓印行。明天啟初年（1622年），憨山禪師有重修《曹溪志》之舉，並改志名《曹溪通志》，增為五卷本，從明嘉靖四年（1525）始修，至天啟二年（1622），《曹溪通志》先後歷《南華志》、《重修南華志》、《曹溪志》、《重修曹溪通志》四個版本的發展。」「另順治朝續有憨山《曹溪通志》五卷（注：記事截止順治十三年）；康熙十二年，

馬元、釋真樸重纂《曹溪通志》八卷；康熙三十八年，有陶煊、吳承潛等人纂《丹霞山志》十卷；雍正十一年，有寺僧釋古奘、釋古如等增訂本；光緒九年，有程運南、向青舫校補、重刻本等。」（苗儀：《粵北古代方志綜述》，載《韶關學院學報》2016 年第 3 期）

（九）《連州志》的編纂

連州有志，自南宋咸淳年間（1265～1274）《湟川（湟川又名湟水或洭水，即廣東北部連江，源出連縣西北，東南流至英德縣西南匯入北江）集》始。年遠散佚，漫不可考。迨明宏治（1488～1505）中，知州曹鎬始有重修刻本，然猶合志兩縣（連山、陽山）。迄萬曆十二年（1584），知州時一新謀之郡人曾象乾侍御，將曹鎬刻本輯而新之，於是乎始別為專志。至清朝順治年間（1644～1661），知州王彥賓、康熙年間（1662～1722），知州安達里、王濟民相繼重修。雍正中（1723～1735），知州陶德壽續輯未成而罷。至乾隆三十六年（1771），知州楊楚枝又重加修輯，付之刻印。故《連州志》體例自曹稿以來，諸知州不斷纂修，日臻完善。這是《連州志》修纂的大致線索。

明朝宏治十二年（1499），連州知州曹鎬重修了州志。

重修的緣由，據他在序中所述：曹鎬初到連州，欲讀連州方志而不可得，乃遍求於當地士大夫之家，始得一刻本，惜其前後脫落，不知修於何人之手。考其所載至咸淳十年（1274），知為南宋末年或元朝初年之人所作。後又得一寫本，乃纂修於明朝成化初年，雖多及於時事，但是縣志附於州志，卻各自為卷，好像與州為平列而不相統屬似的。曹鎬覺得此志修纂得很糟糕，即有志於重修。無奈政務繁忙，未暇顧及。宏治戊午（1498）夏，巡按廣東監察御史王某檄令曹鎬查理驛傳，政務甚簡，舟中因取志稿而修纂之。凡例則以連州志為主而以兩縣（連山、陽山）事附之。考慮到道教、佛教惑世誣民，害道不淺，故特刪而不錄；又以古今詩文有關於連州者附於其後，共為六卷。然而，曹鎬考慮到志書還多有缺略遺留，未敢立即付之刻印。及查理驛傳工作結束還州，乃以志稿詢諸父老，考於史傳，參以版圖案牘，然後使志稿更趨完善。曹鎬知州心裏想：連州只是嶺南地區一個微不足道的「支郡」（即次郡、小郡），唐代貞元年間（785～805）風氣還未開化，事物不及於今遠甚，這從韓愈寄三學士詩及其送區冊序中之語即可略見一斑。自大中（847～860）以來，連州風氣為之大變，綿延至南宋猶未已。究其緣由，曹鎬知州認為這與韓愈（號昌黎）及劉禹錫（字夢得）這兩位文化人物的影響分不開。他說：

「何以知其然也？蓋（大約是因為）自昌黎令陽山（任陽山縣令），時實正（貞）元甲申（804）；又十一年為元和乙未（815），（劉）夢得乃刺連（任連州刺史）；又三十二年為大中丁卯（847），劉幾之始登進士第。其後三百餘年，士之工詩屬文、擢高科、登顯仕者後先相繼，下迄（及至）戶口、貢賦、產物、宮室亦於是乎為盛。回視昌黎詩序中語大不相似，其化謂非二公（韓愈、劉禹錫）始而誰始乎？」為此，曹鎬知州頓生感慨。他說，韓愈、劉禹錫真是對連州的發展貢獻很大啊！自元朝至於明朝，較之唐朝中後期及繁盛的宋代，真有點望塵莫及之感！這難道是來任連州長官的官員們都比不上當年的韓愈及劉禹錫嗎？還是社會風氣轉向衰頹了呢？抑還是存在其他的什麼原因？總之，百思不得其解啊！在為新修的《連州志》作序的最後，曹鎬謙虛地說：我奉命來連州任知州，並非不想修善政教以繼承韓愈、劉禹錫兩位前輩的優良政風，而實在是才力遠遠不及他們二人，未免遭人碌碌無為的譏誚批評，因此在志書的序言中寫上這些心裏話，也算是對自己的激勵與鞭策吧。（《同治連州志》卷首《明宏治十二年知州曹鎬重修州志·鎬序》，第553～554頁）

　　時過近百年，至明朝萬曆十二年（1584），連州知州時一新又將修志之事提到議事日程。

　　時一新知州找到當時在朝廷任官而因病告歸在鄉休養的連州人曾象乾，將修志之事託付給他。曾象乾認為，作為郡人，自己對於修志有義不容辭之責。他對修志事業的意義有深刻的認識，謂：「顧乘（方志）以徵往以俟來也」，方志起著承上啟下的重要作用，通過方志，後人可以瞭解前人的業績功過，經驗教訓，可以給後人以啟迪。從方志的修纂來說，連州最早的方志是宋代人撰寫的《湟川集》，但可惜早已「漫無可考」；只有明代宏（弘）治年間曹鎬知州編纂的《連州志》流傳於民間，但距今已近百年，且原志稿亦存在不少缺點，像秩官、選舉、郡事等重要內容都缺乏詳盡的記載，這是因為當時官方缺乏這些方面的資料記錄。這時，時一新知州提供了一條重要信息：據說，民間有一姓熊名嘉者喜歡搜集記錄當地往事，並且家有藏書。正所謂「禮失而求諸野」。曾象乾於是登門拜訪熊嘉，請求他協助纂修州志。在此基礎上，曾象乾芟蕪補逸，訂訛，經過三個月的努力，終於修成新志，共分六卷，州之大事基本已囊括於其中。儘管如此，曾象乾仍意猶未足，認為新志不可避免會存在缺點、不足，古人都認為作史（方志為史之一種）是最難之事，「今之郡乘（方志）古之外史也。作史之難古人譚（曾經談及）焉。故非博聽睹不備

（不廣泛深入調查則不能搜集到全面完備的資料），非積時日不工（不經過若
干時間的仔細思考就寫不出高質量的方志）」，自己見聞不廣，難免有所遺漏，
而且，「敘俚俗則詞謝（難）雅馴，廣收採則韶鄭雜陳（魚龍混雜），存舊疑則
豕亥不免（難免錯誤）」。但又想到，古代天子為了瞭解社會（地方）情況，常
讓太師（西周始置，原為軍隊的最高統帥，春秋時晉、楚等國沿置，成為輔弼國君之
官。太師常奉君主之命深入民間調查走訪瞭解情況。《荀子‧樂論》有謂：「使夷俗邪
音不敢亂雅，太師之事也。」）深入民間，採集「郡國民風」、「閭巷歌謠」，這些
「民風」、「歌謠」又哪裏談得上都「高雅」，都「博聞」，都「工整」呢？「史
之文華，閭巷之語實，不惟（追求）其華，惟其實，則斯志也固（固然值得）
觀風者（朝廷所遣使者）所不遺也。乃匯其草（志稿）以授之時大夫（時一新
知州）。大夫鋟之梓（雇請工匠刻印），亦三閱月始訖其工云。」（《同治連州志》
卷首《象乾序》，第 554 頁）

及至明清易代，順治十五年（1658），連州知州王彥賓「因憲檄（上級傳
令）購郡志」而重修了《連州志》。

王彥賓初至連州，只見「溪山岑峨，奇峰怪石，森若圖繪，即遍索州乘
（州志）而讀之」。初到一個陌生的工作環境，一無所知，想通過方志以瞭解
連州的人文地理、風土民情，以便於日後合理施政。終於從一個姓馬的侍御
（即侍御史，其職責或舉劾非法，或督察郡縣，或奉使出外執行指定任務）
那裡得到一本，即明代萬曆年間知州時一新主持修纂者。如今相隔已經七十
多年，其間地方發生過多少事情，湧現過多少人物，都沒有記載，王彥賓知
州就有了在舊志基礎上補充新內容而重新編纂一部新的《連州志》的設想。
無奈順治年間，清朝統治尚未鞏固，地方動亂亦不時發生，「是地介於湖湘谿
峒諸境，盜常弄兵」，故雖欲有志重修州志，狗尾續貂，亦只能是美志不遂。
由於連州地處粵北山區，人口稀少，事務不多，「州庭寂靜，誠可羅雀，不為
薄書（政務）奪，為時勢奪也」。適在此時，上級檄令地方修志上呈，以便為
日後編纂國家「一統志」提供便利。這正好與王彥賓知州有志重修《連州志》
的初衷相符合。於是，王知州展開調查採訪，「隨訪之父老，徵之見聞」，「尤
喜得連邑學博（連州州學博士）尹君校而正之，刪潤訂訛」。新志在舊志的基
礎上既有繼承，又有創新。「余於類見續志……維掇其風化，世道所重者大書
特書；而（致於）提綱，而詳目，而除蕪，而補逸，而辯隸（辯論所記內容應
隸屬何綱目），而尚貴尚賢，而予之奪之（何者應記，何者不應記），從同例

也，專記載也，盡變義也」；「志（旨在）勸也，志懲也，志懲而為勸也（記錄醜惡人事，目的在於讓後人從中引以為戒，吸取教訓），要使今昔不泯其遺而並存其故」。王彥賓知州相信新編的《連州志》將對後人施政、為人、作事都會有所幫助。就像讀了西漢時期陸賈出使南越國（秦末漢初，趙佗割據統治嶺南地區，建立南越國，歷時近百年）時所作的「行紀（記）」，可以瞭解南越王向背之原因；讀了趙勰的《廣州記》，可以知道牧守（地方官）之賢否；讀了楊孚的《南裔志》，可以知道嶺南地區有哪些特殊之事物……「倘繼予起者（我之後的連州知州）觀而善之，舉而行之，相與有成，則後之或有功於連（州），而予亦庶幾無憾於連也已」。——假如繼我之後而任連州知州者，讀了這部州志，採取了行之有效的政治措施，取得了良好的社會效益，這就是對連州的建設發展有功勞有貢獻了，我也就感到編寫這部州志沒有白費工夫了。（《同治連州志》卷之一《舊志序》，第 554～555 頁）

康熙十二年（1673），連州志又作了一次修纂。康熙二十六年（1687），知州安達里再度重修連州志。這都是奉朝廷之令，為纂修國家「一統志」，要求各地修志上呈，故奉令而行。

據《同治連州志》載，陶德熹任連州知州重修《連州志》時在雍正癸丑（1733）年。志稿因故「未付梓」。同治四年（1865），袁泳錫來任連州知州，任內主持了《連州志》的重修。他在《重修連州志序》中說：

> 在昔陶君德熹續修州志，未成書代去，士論惜之。予以今上（同治帝）御極之四年來權連篆（來任連州代知州），見夫（只見）風俗敦龐（沌樸），政治簡易，心竊喜之，然未悉風土民情之宜以及文運興衰、吏治得失，亟索（州）志披閱，則猶（還是）乾隆辛卯（1771）楊君楚枝舊本，卷帙糜爛，幾無完書。溯乾隆辛卯迄今，年逾十紀（時過百年），天道為更，人事互異，雖星野輿地（天文、地理）相承不易（沒有變化），其中學校、職官、經政、建置、兵防諸門因時變通，所在皆然，即如咸豐甲寅（1854）、己未（1859）等年迭遭兵燹，變故頻仍，干戈擾攘之際必有能吏干將、志士仁人與夫貞婦烈女維持其間，若非及時續修，將來事蹟久漸就湮，百世而下不更苦於文獻無徵耶？況連（州）為嶺表奧區（好地方），稽諸通志，唐宋及明科第甲於通省，即（便）我朝定鼎以來，州人士接踵而起者代不乏人，先正（賢士大夫）遺風於茲未墜，爰（於是）於聽政之暇

進諸生而示以志（告知欲重修州志），眾皆踊躍從事。乃為請之列憲
（上級各有關部門），設局纂修，擇人而任。經費理（籌措）之局中，
事實職之（依靠）採訪，讎對（校對）掌之分校，予第（我只是）
提綱挈領，以餘力及之……（《同治連州志》卷1《舊志考》，第558～
559頁）

　　但遺憾的是，此志尚未編纂完畢，袁泳錫任期已屆，遷轉他處任職。「方
謂百年曠舉（方志缺修）成於一旦，詎（沒想到）編輯剛半而瓜期（任期）已
屆，不獲竣其事以壽棗梨（付之刻印），一如陶君（陶德熙）當日故事。瀕行
眷顧，不勝悵然。維時（當時）代予者為覺羅祥君芝庭，與予有同心，予知其
必能觀厥成也。」（《同治連州志》卷之一《序一．重修連州志序》，第559頁）袁
泳錫只能寄希望於繼任者覺羅祥瑞能接替他的修志事業，遂其心願了。

　　與袁泳錫相同的是，新上任的連州知州覺羅祥瑞亦對方志修纂極其重視。
他在志序中說：

　　　　昔朱文公（朱熹）為南康太守，甫下車即詢郡志，誠以志之為
　　書述往古昭來茲（將來），典甚巨也（實在是很重要啊）！余以同治
　　戊辰（1868）權連州事，流覽志乘，殘缺頗多，為悵然者久之。既
　　而聞前任袁君雪舟（袁泳錫）設有修志局，因召都人士問焉，僉曰：
　　「事誠有之，但尚未成書，袁公已解任去。嗣後經費支絀，以致中
　　止。今正有待也。」余曰：「嘻，是守土者之責也，余敢不踵而成之！」
　　於是謀所以主是稿者。適單藻林太守自江右解組（致仕）歸，即託
　　以前事。太守無可辭，乃移局於南軒書院，擇都（地方）人士同任
　　其事，而余亦於退食（從政）之餘時往商辯並籌經費以應度支，而
　　諸生採訪考訂，各盡其職，不期年告成。今受而讀之，見夫編年、
　　祥異、經政、建置、風土、藝文諸門類靡不悉心考究，捃拾詳明，
　　間（其中）有其人其事無關風化者，擯而弗錄；若一節可稱則必旁
　　搜博訪，使無遺憾……」（《同治連州志》卷一《序》，第560頁）

　　由此可知，《連州志》的修纂，從乾隆辛卯（1771）楊楚枝在任時算起，
至同治戊辰（1868），其間經歷了近百年，才最終修成《同治連州志》。這是由
於行政官員的遷調及經費籌措艱難所致。

　　同治十年，歲次辛未（1871），署連州直隸州事阿克丹布應邀為新修成的
《連州志》作序。他在序中回顧了連州志的纂修的歷程，序文的大意說：

連州之有志，其來久矣。自乾隆年間知州楊楚枝續修之後，至今百餘年未加修葺。同治戊辰（七年，1868 年），袁君雪舟（袁泳錫）始為請之列憲，設局纂修。但志書才修纂了一半，袁君即因調官離去。覺羅祥君芝庭（覺羅祥瑞）來任代理州事，繼承袁泳錫修志事業，與編纂人員討論編寫內容並負責籌款以給經費。當時，單藻林太守正從江右（江西）致政還鄉，由他擔任總纂之責。經過一年多的努力，終於將州志編纂完畢。覺羅祥瑞君為方志潤色修改，交付工匠刻印。這次編纂，啟始於袁泳錫，完成於覺羅祥瑞，具體負責撰寫的則有單藻林、唐星垣等人。同治九年（庚午，1870 年），我奉命來署任連州知州，聽說地方鄉紳有修志之事，便將局中紳士請來詢問詳情，都說刻印未完而所籌經費已經用完，只得停工，功虧一簣，只好等待機遇了。我便想方設法籌措經費，以便使志書得以刻印完畢。方志刊成，邑人士拿著志書稿來請我作序。我將方志從頭到尾閱讀一遍，見編年記事簡略而賅備，其間運會（事勢）之變遷，凡有忠義節烈以及保障功績諸事，無不博訪旁搜，咸為登載，使不致湮沒。這部志書的修纂完成，可謂關係重大。我雖然來此任職時間晚遲，雖未能親自擔任方志修纂的具體工作，而竊喜袁泳錫君及覺羅祥瑞君之殫精竭慮，得以告厥成功。於是，不揣淺陋，寫下這段文字，聊作序吧。(《同治連州志》卷一《序九》，第 562～563 頁)

（十）《連山縣志》及《綏猺廳志》的編纂

1. 《連山縣志》的修纂

《連山縣志》大約最早創修於明朝宏治元年（1488）。時辛貴為連山縣令。辛貴，舉人，成化二十一年（1485）任。連山縣此前曾有過修志，「奈何本邑圖志（方志）曾有修之而未成，抑或成之而遂廢，寥寥無聞，非一朝夕矣」。辛貴縣令這次主持修志是奉明廷之命而從事。他在序中敘述道：「茲適（恰逢）聖天子（弘治）嗣登大寶之初，新政宏敷之日，明良相遇，信不偶然。幸有欽命巡按兩廣、監察史朱公執事分憂食祿，同寅協恭，意（認為）其圖志該為當務之急，舉行修輯，甚盛心（熱心）哉！」於是，辛貴縣令「是以求諸遺稿，質諸其舊，無稽勿聽，弗詢弗庸（無根據之事不採錄），取其正而捨去其邪，更（瞭解、懂得）於今而不泥於古，繁亂者刪之，缺略者補之，專主朱子之意（按，朱子即朱熹，重視方志的修纂，任南康郡太守，到任即查閱方志以瞭解情況），私淑諸家之長，考訂其沿革本末之由，品錄其山川人物之類，雖綱未盡舉而目未盡張，微未盡顯而幽未盡闡，草創成帙，庶便少覽（便於觀覽），

是亦治功之一助。」末了，辛貴縣令謙遜地寫道：「然其事理無窮，識見有限，後之同志討論修飾，又從而潤色之，則皇明千萬無疆之丕基休業（牢固的基礎，美好的事業）被於海隅蒼生（邊疆民眾）者益彰矣哉！」（《民國連山縣志》卷一《舊序》，第 364 頁）

　　時過將近 170 年，至清初順治十三年（1656），連山縣令王祚昌（河南汝寧府人，順治十二年任）主持重修了《連山縣志》。這次重修仍然是「奉各上臺檄」而行事。王祚昌在序中敘述道：

　　　　……連邑（連山縣）值滄桑之餘（按，指明清易代之際的戰爭），百物凋殘，簡篇遺跡再付秦火，胥為烏有先生（盡化為烏有）。近奉各上臺檄查志書，蓋古者（古時候）太史氏（史家）觀鳳（問俗）意也。昌（王祚昌自稱）承命購求，百方搜採，歷兩閱月竟如孔壁蝌蚪無一人一家藏之者。及再四訪求，始得刊本半（部），前署篆（前任代縣令）、南海丞陳公瑤（陳瑤，江南人，明末崇禎年間由南海縣丞升任連山縣代縣令）修也。後得抄本一，不知何人所志（編纂），竊喜蠹余朽畫，雖出荒煙蔓草中而山川、封域、戶口、貢賦、壇壝、廟著、風俗、人物、猶可從暗夜中獲微炬而燭（照明）之也。幸矣！獨當日陳公瑤修之之後，值明末鼎沸（戰亂），不無廢墜遺失之慮，復詢之故老，質以公論，附為續志，分目各條以表揚我朝廓清之烈（統一偉業），幅員之廣，真只古無兩（千古一時）哉！後吏茲土者（以後的地方官）按志而考焉，封疆若何（如何）而奠之？戶口若何而實之？風俗若何而正之？人物若何而養之？營壘若何而因革之？猺獞（瑤族、壯族）若何而撫御之？昔之官尉（大小官員），某也賢，若何而傚之；某也否（惡），若何而戒之……景（仰）前哲，垂來茲，連（山）人其有鳩（安定、聚集）乎！

　　在序言的最後，王祚昌縣令深有感慨地說：我王祚昌自認為淺陋，有幸任連山縣令，哀此地生民之多艱，又怎能因為此縣志之編修表彰了若干人物而使連山縣顯得重要起來呢！我認為縣之有志就像國之有史，因此而忘其固陋，綜輯舊聞，編纂成這部縣志，自然不敢望史學大家司馬遷、班固之項背。至於如何才能使志書寫得更加簡明扼要，更加體例嚴謹，只好留待日後的「君子」了。（《民國連山縣志》卷一《舊序》，第 364 頁）

　　時過一年，順治十四年（1657），盛京蘇州人鹿應瑞來任連山縣令。鹿應瑞對於縣志之修同樣頗為重視。初來乍到，即搜求縣志。先是尋求古本，但因為「悉墜水火劫塵」而無所得，只尋得前一年王祚昌縣令所修之本讀之，感覺其「中間詳細不一，乃不自揣迂疏，以見聞數事補其闕，亦以其決不可闕也，非敢妄筆紮也。」將自己採訪搜尋到的一些自認為「決不可闕」的資料增補於其中，使之更趨完善。鹿應瑞為此志寫作了一篇短序，序末自謙云：「不佞才疏見陋，不過以今之人為今之志，以免詈（遭人批評）於今之世則幸矣，倘以（為）數句陳言便成千秋信史，不經之甚者也，斷斷不敢！」（《民國連山縣志》卷一《舊序》，第 365 頁）

　　四年後，順治十八年（1661），連山縣令曹振熹（盛京三河人，順治十六年任）再度重修縣志。曹縣令初到連山，發現「連城如斗，連民如晨星。先是，寇賊盤踞，或兵於兵，或火於火（或遭兵劫，或遇火災），孑遺鵠面盻（怒視）之，怛（憂傷、悲苦）如也。」連山縣城很小，連山縣人口稀少，在明、清易代之際，連山縣城曾成為「寇賊」（實為抗清鬥爭隊伍）盤踞之地。戰爭的洗禮使連山縣城已成一片廢墟，遺民奄奄一息，目睹現狀令人傷感。在曹振熹縣令看來，連山縣城不僅城小人少，又地處偏僻，漢族人口與少數民族錯落雜居，矛盾糾紛自然難免，真不是人們適宜居住之地（「天末彈丸，民猺雜處，遂謂非人所居哉」）。從政之餘，曹振熹縣令單騎巡歷諸峒（各村落），瞭解了連山縣的山川之險阻厄塞，民間風俗之淳漓今昔有何變化？民眾有何疾苦欲向官府申訴？民間有學識有才華者幾何？地方長吏賢良與否？問地方賦稅的徵收是否弄到雞犬不寧？像唐代文學家柳宗元《捕蛇者說》中描寫的那樣？曹振熹縣令意識到，連山縣的情況特殊，與相鄰的陽山縣情況有所不同，故唐代韓愈通過振興文化教育的方法治理陽山縣的辦法在連山縣未必適宜。他說：連山縣「第（只是）山城十室（人口稀少），土瘠薄而民不知法，又山猺野獞（居住於山區，野蠻而未開化的瑤族、壯族）逼處為患，此地雖為嶺表，異僻奇荒，非若昌黎（韓愈）之於陽山猶可以德化文教漸被之也，亦非云綱舉目張庶可報政，故樂紀（記）其盛，聊取前代之遺與近今之或存或亡者，詳考而釐定之，抑亦法戒者之龜鑒也。」陽山縣漢族人口居多，因此採用「德化文教」的措施可以治理好；而連山縣不僅「民不知法」，文教甚為落後，而且「山猺野獞逼處為患」，因此單靠發展教育事業恐怕就難以湊效了。他想從過去連山縣官員治理連山取得的經驗教訓作為借鑒，於是，曹縣令接受縣

中縉紳之請，重修縣志。新修的《連山縣志》首設《輿地》以述「封域廣袤，山溪環固」及「建立城社」的狀況；設《戶口》以記「版章繡錯而後煙火萬家」；設《貢賦》以記「田租以給軍國，王者（統治者）仰食於民」；另外還設有《祀典》、《秩官》、《經費》、《科目》、《藝文》等門類，「若此者無非採輯前書以為邑乘（縣志），其間掛漏尚多，紀載無當知復不少，踵而增華以俟後之君子。」（《民國連山縣志》卷一《舊序》，第 365 頁）

康熙十一年（1672），時「德教沛然」，「海內晏如」。當時，大中丞劉某撫粵，「奉命檄修輿志（方志），嶺表郡縣爭副采風之意」。郎廷俊（三韓人，官學生，康熙八年即 1669 年任連山縣令）作為一縣之令長，自然不敢怠慢，於是以修志為己任；但又覺得肩上的擔子沉重：自己來連山縣任官時間未長，對於連山縣的「山川之形勝，戶口之繁簡，未嘗過問（瞭解不多）；於徵輸之盈縮，祀事之因革，未能悉數；已往秩官孰臧孰否，頻年經費或汰（減）或增而均未之知也；至於人物客星（地方著名人物及貶謫至連山的名賢），不考其芳跡懿行，名賢著作不付之剞劂（刻印），流傳洵（實在）難，免曠官之羞矣，予又何敢出此？」郎廷俊縣令謙遜地說，自己作為地方官，工作未做到家，對於地方許多情況尚未有深入透徹的瞭解，要修成一部令人滿意的縣志，還得依靠熟悉地方情況的當地人士。於是「進（召集）邑之紳士而告之曰：『連（山縣）志始自（明朝）弘治；從清鼎（清朝統治）既定以來，增輯者至再矣。茲遇當事（上級）旁求之切，仰答皇上圖治之心，非生長於斯，習聞習見於斯，援古證今，日究心於斯者不能暢所欲言，補所未備。今日之匡（糾正、彌補）予不逮者，捨諸公其誰也！』一時紳士同聲相應，咸喜瘠土民勞之苦得以上聞，誠希世一覯也。因共推庠生（縣學生員）李在沫等同董其事，載觀舊志，各出新裁，存信考疑，拾遺補闕，無微不顯，無善不彰，凡所得書悉愜眾論……」看來，郎廷俊縣令對於此新編縣志甚感滿意。（《民國連山縣志》卷一《舊序》，第 365～366 頁）

康熙十四年（1675），河南人氏張化鳳來任連山知縣。此時，清朝正經歷了平定「三藩之亂」的戰爭。叛亂與平亂都對地方造成了嚴重的動盪與摧殘。六年之後，康熙二十年（1681），地方創傷稍得恢復，張化鳳行政工作稍得閒暇，於是將修志事業提上了議事日程。他在序中敘述道：

　　……自余承乏（任連山縣令）以來，值烽煙戒嚴，羽書旁午（戎馬倥傯），三四年間徵兵措餉，民憊益甚。竊愧救寧（平定叛亂，營

造和平）無策，賴聖天子神武興師，武臣奮力疆場，楚粵滇黔漸次奠戢，地方無震懾之恐，蒼赤（老少）有樂生之慶，手額（慶幸）更始，余亦樂地小民樸，政治不煩，錢穀簿書無難坐理，且民重（怕、不敢）犯法，獄訟不興，公庭（衙門）絕夫鞭樸，茂草鞠於圜扉（喻天下太平，社會安定），誠迂拙疏狂所最宜者。雖然，余茲懼焉，身叨民牧（愧任縣令），必洞晰斯邑之情，今即一邑中其生齒之為蕃衍凋敝者若何？其習尚之為淳龐澆偽（淳樸、忠厚、浮薄、虛偽）者若何；其土田之荒墾與稼穡之稔凶（豐歉）者若何？其賦稅徭役之輕重偏畸者若何？其剛柔燥濕、桑田迭更（民風剛柔、氣候燥濕、世態變遷）者若何？……於此而綜理考核，庶可隨事修補。方欲徵文獻於名家，訪耆（老年人）遺於岩谷以志（記錄）一邑之實，但自惟（自認為）固陋，才欠三長（才、學、識），操觚匪任（沒有能力親自執筆撰志），爰（於是）與學博（縣學博士）月友梁（梁月友）先生敦請縉紳蔣子嘉賢（蔣嘉賢）、石子光祖、羅子象賢與諸生雷生動虯、廣生之璿、鄧生廷球、黃生上達相與矢公於神（在神靈前立誓，保證秉公撰志，不徇私情），開局編輯。取舊志稽之，惜自先朝（明朝）絕筆已久，國朝（清朝）則王君祚昌（王祚昌）彙集成帙，繼而鹿君應瑞、曹君振熹、郎君廷俊前後意見各出，互相牴牾，而舊聞芳跡遺佚亦多。余與諸子悉心搜羅，芟其繁蔓，飭以雅馴，縷舉其目，若（諸如）《建置》，若《秩官》，若《賦稅》，若《風俗》，若《人物》、《事變》，數千年如燭照數計，彈丸之域宛然家乘（家史），後之君子取而觀焉，於以（可以）述先，於以傳後，於以補偏救弊，其於政教或不無小補云。（《民國連山縣志》卷一《舊序》，第366頁）

這次重修，距康熙十二年（1673）重修縣志僅是過了幾年。正值清朝平定「三藩之亂」，百廢待興之期，知縣張化鳳仍將在許多地方官看來並非重要事項的縣志修纂當頭等大事予以措辦落實，其原因，應與清初統治者對於方志修纂事業的高度重視，多次下詔敦促地方修志上呈有關；另一方面則與張化鳳知縣對於方志重要意義的正確認識密切相關。他在此次修志的序言中就開篇明義地說：

志，一邑之史也。輯往事以昭來茲（借鑒歷史以啟迪將來），其間之習尚攸（所）宜，土物攸產，山川險易，戶口盈縮，以致文章

節義、忠孝廉明、徽猷（嘉言）懿行，罔不瞭如指掌。以（利用方志可以）辨貞淫，以別淑慝（善惡），以資補救，以示鑒戒，其關於政教有益甚重也。

時過三年，康熙二十三年（1684），知連山縣事蕭象韶再次主持重修縣志。這次重修仍然是因為「憲（上級）檄督修新志」，是奉令行事。他在序中如是說：

> ……乃鞅掌（執政）年餘，未遑鉛槧（修志）。今春復蒙憲檄督修新志。余自揣固陋，何敢僭逾；況熙朝（清朝）以來，若王（祚昌）、鹿（應瑞），若曹（振熹）、郎（廷俊）、張（化鳳）諸君先後刻有成書，余奉諸上臺命從事輯修，又何必別出己見，故為異同耶？乃與葉、戴兩學博（縣學博士）集邑中紳士搜羅近事，始於康熙二十一年（1682），從張君（化鳳）修志後也。其中，戶口之增益有紀（記），萬壽亭之新建，黌宮（學校）之新修，義學（基礎教育）之新立，各項序記、文武官職與科目之續書，其名賢孝雜紀之續載其事與夫（以及）山川之題詠，凡有關於風化者皆採訪補入舊志，既不紛更（紛亂、變更）以紊成跡（紊亂原有體例），又不以傳疑增飾少炫見聞，應補者補之，應缺者缺之，亦竊比信史忠厚之意以傳於後代耳。（《民國連山縣志》卷一《舊序》，第 366～367 頁）

可見，蕭象韶主持所修之縣志，是既有繼承沿襲，又有所創新，雖然僅僅記述自康熙二十一年至二十三年數年之事，但因為經過了一番「搜羅近事」的工作，故能「凡有關於風化者皆採訪補入舊志」，並非全盤照抄，人云亦云，敷衍塞責的。

康熙二十八年（1689），順天大興（今北京市）人、歲貢劉允元來任連山縣令。未幾，索邑志讀之，以便鑒古知今，助益當前政治，但經過多方尋覓，才尋到早已散佚的舊志一小帙，行政之餘抄錄了數十頁，只覺得「雜杳曼滅（內容雜亂，記事不清），不足以供一哂（笑）」，便想，難道就因為連山僅是一個小縣，便對於縣的疆界井里、風俗民情、士女節義、人文精華等漠不關心，任其斷續湮沒而不予傳信後世嗎？康熙二十六年（丁卯，1687 年）時，清朝統治者下詔博採各省志書上登「秘苑」（秘書省），而嶺南依山帶水，地處海濱，戰略地位重要；連山縣正處於這一重要地域，其縣志自不應因陋就簡，編纂漫不經心。縣學博士及地方紳士屢請修輯，無奈當地瑤人不時作亂，

使地方不得安生，修志的計劃未能付諸實施。劉允元縣令到任後，剿撫兼施，頗竭心力，一時也未能將縣志修纂之事擺上議事日程。到了康熙三十二年（1693）春，劉縣令歸自省會，慨然想到，連山縣志不可缺略；聯想到自己任職縣令數年來所見所聞，「因為（因而為之）補逸錄新，芟蕪訂訛，聊有成書」，並且謙遜地表示：「余不敢謝不敏矣（我不能以自己的愚笨為遁詞），至其淑慝（善惡）褒譏（表彰、批評）則實未嘗憑臆濡毫（憑個人心意隨便書寫），貽誚大雅，尚俟後之君子振藻揚芳（發揮聰明才智），成一邑良乘（撰成一部完美的縣志）哉！」（《民國連山縣志》卷一《舊序》，第 367 頁）

由於志書刻印不僅耗費時日，而且所需資費巨額，因此，《連山縣志》在劉允元之前皆為謄寫，未有刻印；劉允元時才「始付剞劂（刻印）」。清咸豐八年（1858），署連州綏猺（瑤）直隸廳事韓鳳翔在為新修縣志作序中說：

> （連山縣）志者古昔無聞，惟明弘治間邑宰（縣令）辛貴草創成軼，厥功偉矣！及當盛世（進入清朝），博採各省志書，嶺南郡縣歷有纂輯，連山縣令亦多搜採（編纂）。順治間戊申年（按，應為丙申，1656 年），王祚昌重修，己酉年（應為丁酉，1657 年）鹿應瑞重修；辛卯年（應為辛丑，1661 年），曹振熹重修；康熙癸丑年（1673）郎廷俊重修；辛酉年（1681）張化鳳重修，丁卯年（1687）蕭象韶重修，但皆係謄寫。癸酉年（1693）劉允元修葺略備，始付剞劂（刻印），為連山生色。（《民國連山縣志》卷一《舊序》，第 368 頁）

2. 姚柬之纂《綏猺廳志》

清姚柬之（字柏山）纂《道光連山綏傜（瑤）廳志》（又稱《綏猺（瑤）廳志》）是一部前無古人的開創之作。道光十六年（1836），兩廣總督鄧廷楨在為該志作序中說：「夫操觚撰集（著書立說）常憚祖構（開創性著述）」，又說：「檗山（姚柬之）司馬南省（奉命到南方廣東省任同知之職），釋褐上府（初任官職時到府上接受任命），剖符撫綏民猺（被任命為撫瑤同知，兼治漢、瑤兩族民眾），筌緒（編纂）志乘（此指《綏猺廳志》）。故書無徵，新編事創，有典有則，總志賁（華美，光彩）然，其難其慎（既困難重重，又謹小慎微），分門超若裴秀《禹貢》之圖、周處《風土》之記（《風土記》）、善長（酈道元）《水經》之注（《水經注》）、子雲（西漢語言學家、文學家楊雄）《方言》之文。古意新裁，重規疊矩。地本連山，治兼猺俗（瑤漢），棲類駢□，語甚姽嫿（精要、端莊）。然千億有眾，二百餘年沐浴恩膏，濡染醴化，草木懷惠，豚魚有孚（孵，生育），

固宜袚飾（古代少數民族的服裝）自文，作婗（整頓、整齊）其俗，則有用之雅裁，匪（非）無根之華說也。」鄧廷楨認為姚柬之所纂《綏瑤廳志》具有重要意義：「稽疆理者（管理邊疆事務者）得此為圖經，問風俗者資之為雅故。苟詫其文省事增，怖（驚奇於）其句奇語重，則是以簹測水，以櫝易珠，昧著作之意，乖品藻之族。」（《民國連山縣志》卷一《舊序》，第 368 頁）

　　但姚柬之剛編纂完畢此志，即因為職務遷移而調離，任肇慶知府。故《綏猺廳志》未及刻印。署連山綏猺（瑤）直隸廳事韓鳳翔組織鄉賢對《綏猺（瑤）廳志》作了整理。他在序中說：

　　　　雖姚柏山（姚柬之）太守曾於道光丙申（十六年，1836 年）間
　　　　新纂一冊，亦未開雕（刻印），旋調肇慶府，又當兵燹之餘，城池殘
　　　　破，案牘焚燒，即（便）鄉閭書籍（亦）失落殆盡，不惟（不僅）
　　　　一郡政事無可稽考，且忠臣義士、節女烈婦未能記載，是志之不得
　　　　不修更有甚於昔時者。習俗士風之所繫匪（非）淺，世道人心之所
　　　　關尤深也。因與本屬名紳夙儒採擇確要，輯匯成編。至於泛詞浮藻，
　　　　無當於激勸，概置不錄云。（《民國連山縣志》卷一《舊序》，第 368 頁）

　　清光緒三年（1877），連山綏瑤直隸廳張權（浙江上虞縣人、監生，光緒二年即 1876 年任。《民國連山縣志》卷五《職官志》載張權光緒「五年任」，誤）重刻《連山綏猺廳志》。他在序中，對此志作了高度評價，謂：

　　　　連山……溯自隋建治（以）來，向無志乘。道光中姚柏山先生
　　　　柬之官斯土，始創為之，刻入文集，攜版歸去，粵省存固寥寥。兵
　　　　燹而還日益散失。光緒丙子（二年，1876 年），連山缺官，（廣東）
　　　　行省以（張）權奏補。深虞（憂慮）治絲不得其緒，欲覓姚君（柬
　　　　之）所撰之志而讀之。購之坊間，杳不可得。嗣（後來）於友人故
　　　　紙（舊書）中獲睹全帙，假（借）歸審閱，始知其網羅搜討，參考
　　　　見聞，簡括精詳，了無遺義。論者多以武功康志（康海所撰《武功
　　　　志》）、朝邑韓志（韓邦靖所撰《朝邑志》）相衡（相比較），然彼（武
　　　　功、朝邑）皆中原古邑，文獻足徵，作者有所採掇，連山非二邑之
　　　　比。姚君之成此書可云獨為其難矣！古之地志多稱「圖經」，明（說
　　　　明）以圖為主也。近世郡縣志雖皆有圖，大抵鹵莽滅裂，取足備數
　　　　而已。此書之圖分方計里，繪畫不苟，是深得古法者，豈徒以文詞
　　　　勝哉！亟付梓人（刻印工匠）悉照原本摹刻，較（校）勘三復，閱

（經歷）半載告成。夫審疆土，辨民俗，有司之事也。他日版儲官廨，後之官斯土者得其書而存之，殆亦不為無助矣乎。（《民國連山縣志》卷一《舊序》，第 369 頁）

（十一）《陽山縣志》的編纂

陽山縣自南宋咸淳（1265～1274）年間始有志，附於《連州志》後。縣有專志始於明朝陽山知縣李䍐。其後，明朝陽山知縣鄭梓、吳楚材、王明選以及清朝順治年間（1644～1661）陽山知縣郭升、熊召師皆先後重修；蕭柄續輯未成而罷；乾隆初，萬光謙重修之。前明諸志代遠年湮，其書久佚；郭升、熊兆師二志亦未見；唯萬光謙志尚存，然已漫漶矣。道光三年（1823），知縣陸向榮亦重修了縣志。

以下將《陽山縣志》的纂修始末略述如下，使相承之緒略可窺知。

李䍐所纂《陽山縣志》概況已不可知。陽山縣較早的一部縣志是明代萬曆年間（1573～1620）任陽山知縣的鄭梓所編纂。他在「鄭梓縣志序」中簡述了他編纂《陽山縣志》的緣起，謂：

> ……萬曆壬午（十年，1582 年），余奉□（檄）來守茲土，訪求所謂志，則自唐迄今千有餘年，莫有能舉（修）之者。非以為地褊（狹隘）民稀不必志（纂志），則以為俗囂訟煩不暇志，故於今猶有缺事（至今未有縣志之編纂）。久乃得一寫本於韋生良（生員韋良）家，因閱之，見其多（為）前（縣）令趙君文禎事，識（知情）者知為趙君筆（趙文禎縣令所撰）。

鄭梓認為趙文禎前縣令這一做法不妥。方志理應記一方社會情況，豈可只為自己樹碑立傳！他說：「夫志非一家之書而多載一家之事，非公也（這是有欠公允的），自以垂不朽（自己為了留名後世）。」鄭梓任陽山縣令三年，採取與民休息之政，使「逋負悉輸（拖欠的賦稅都徵繳完畢），犴獄不興（牢獄空虛），公庭可以羅雀」。於是，利用閑暇重修《陽山縣志》，參考趙文禎前縣令所修之志及既存「簿籍」。新修之志「非敢曰簡而備，俗而文（通俗而富有文采），足補□事，特（只是）其事核，其義正，其言公，庶幾（這樣才可以）備一邑之實。」（《順治陽山縣志》卷之七《縣志序》，第 121 頁）

如果說，趙文禎縣令以個人（自身）為記事核心所作的「寫本」還不能算嚴格意義上的方志，那麼鄭梓所編纂的這部《陽山縣志》則可算是真正的陽山縣第一部縣志了。

時過十一年，萬曆二十一年（1593），新任陽山縣知縣的吳楚材又對陽山縣志作了一次重修。僅是時隔十餘年即重修縣志，這種現象在古代社會較罕見。因為修志及刻印畢竟是一項「勞民傷財」的工程。有些方志雖已修纂完成，卻歷經多年亦未刻印完畢，即因此之故；許多縣志相隔半個多世紀，甚至一個多世紀才重修一次，亦係因此之故。吳楚材重修《陽山縣志》，到底是出於吳縣令對前志不滿意，故自主重修？還是因為奉朝廷或省、府修志之令而修纂？因為在《吳楚材縣志序》中沒有說明，不得而知；猜測大約是因為奉上級修志之令而修纂。吳楚材在「序」中說：「茲志本之舊軼（約指鄭梓所修《陽山縣志》），懼盩（乖戾、悖謬）也；稽之掌故，參之聞見，懼虛（不實）也；謀之文學博士、縉紳先生、父老子弟，懼私（不公正）也。」說明吳楚材縣令對於此次縣志之修纂，態度還是極認真，極慎重的。（《吳楚材縣志序》，《順治陽山縣志》卷之七《縣志序》，第 122 頁）

當我們讀另一篇志序——游璞（《順治陽山縣志》作「游樸」；《民國陽山縣志》作「游璞」）的《序》時，才終於找到了明確答案：是省裏一位官員——「參政游璞以職事入其邑（陽山縣）」，取該縣志讀之，覺得「其陋又甚於邑」，舊有縣志編寫得不如意，欲為之改寫，但有心無力。兩年之後，吳楚材由粵東饒平縣令調任陽山縣令，游璞便將此事託付他。這就是吳楚材到任之後續修《陽山縣志》的原因——不辜負長官之重託！吳楚材重纂了《陽山縣志》之後，讓人送給游璞過目，並請他作序。游璞在序中交待了此事的原委，謂：

> 廣州之屬郡為連（州），連（州）之屬邑為陽山。陽山在廣（東）最僻且陋（荒涼落後），其城聚（城中聚落）不足當大邑（大縣）一村落，其財賦不足當大邑一都里（大縣之一鄉）。然自韓昌黎（韓愈）以言事謫是邑，而陽山之名遂著於天下。萬曆庚寅（十八年，1590年）秋，予以職事入其邑，蓋盤旋鳥道，崎嶇岩石數百里而後至焉。仰昌黎之遺蹤，登讀書之臺，撫垂釣之石，徘徊瞻戀，悠然而不忍去，忘其地之陋也。亟索邑志讀之，其陋又甚於邑。思欲為之改紀而力未能。越二歲，壬辰（二十年，1592年），吳子楚材自饒平調是邑，予語之故（我向吳楚材縣令提出了我的改寫縣志的想法）。吳子（吳楚材縣令）唯唯去。越月而志成。發凡考訂，精詳體要，間有論述，情事剴切（符合事理，切實），視舊志斐然矣！」（《順治陽山縣志》卷之七《縣志序·吳志又序》，第 123 頁）

　　明朝末年，崇正（禎）五年（1632），陽山知縣王明選亦曾續修縣志，但該志已佚，序亦不傳。入清之後，《陽山縣志》於順治年間、乾隆年間及道光年間都曾進行過重修。

　　順治十二年（1655），陽山知縣郭升主持重修了《陽山縣志》。經歷了明末清初的戰爭洗禮，清初順治年間（1644～1661），陽山縣「百堵皆廢」。郭升奉命來任陽山縣令。他「力圖恢復，朝夕拮据，不遑（閑暇）一日」。稍有餘閒之時，便想看看陽山縣志，以瞭解該縣過去的情況。胥吏告訴他：經歷兵火以來，僅見士庶之家保存有已被蠹蝕之縣志二本：一是明朝萬曆十一年（1583）知縣鄭梓所纂修；一是萬曆二十一年（1593）知縣吳楚材所纂修。嗣後又得一本，為明末崇正（禎）五年（1632）知縣王明選所續纂。郭升縣令於是「遂進廣文（縣儒學教官）周君士彪、林君上苑、紳衿莫君之倫、歐陽君紹修議曰：『當國家鼎新之會，氣運一闢（氣象煥然一新），人事一更，使（假使）陋邑而志不修，何以明窮變久通之意？宜將舊錄因革損益，合而成編，自明季（末）迄今日，續附其後，俾湟川（陽山）人物昨以兵毀，今以志存，可乎？』廣文、紳衿各唯唯。於是循掌故以去其誣，參典雅以去其謬，謀薦紳、父老、子弟以去其私。」在眾人的齊心協力之下，新志「不日而成」。（《民國陽山縣志》卷之首《舊志考·順治十二年知縣郭升重修》，第133頁）

　　僅過三年，順治十五年（1658），陽山縣令熊召師又重纂了《陽山縣志》。賜進士出身、大中大夫、欽差廣東布政使司、分守嶺南道、左參政、吳興（今福建浦城縣）人氏姚延著為這部《順治陽山縣志》作序。其序大略說：

　　我有事下峽江，乘船至三水，陽山縣令熊太占（熊召師）託人將他主持修纂的《陽山縣志》送來請我過目，順便邀我寫個序言。適逢天陰下雨，我關閉了船窗，專心讀志稿，深深地感歎於熊縣令的網羅裁鑒，淹貫精當，自歎不及。在我看來，志與史相近。史講究的是「疏」，志講究的是「密」；史則記載兼論述，志則廣見聞而備掌故。凡沿革同異之間，務極諮訪睹記詳慎而後可無遺憾。與其宏大放縱，不如簡約嚴謹；與其誇張奢靡，不如質樸核實。世人曾以「疏」或「密」評議司馬遷和班固（即《史記》與《漢書》）的高下，但是，班固的《漢書》，「食貨」與「輿地」諸志敘述各地風土物產，星羅棋佈，纖析綜竅，簡約而完備，詳盡而有體，可與司馬遷《史記》中的「天官書」、「平準書」相頡頏（媲美）。大致說來，史書最難寫的部分是「志」；而志書最難寫的部分是「史」。陽山縣是連州的屬邑，連州屬於廣東，地處湖南與

廣東之間，山嶺北紆（彎曲、延伸），衡水、湟川向南流注，匯入湞江，流向大海。陸有丘陵之險，流水湍急，山石突兀，被唐代文豪韓愈稱為「天下之窮處（天下交通最不方便之處）」。但是，陽山之地，民風淳樸儉約，勤於耕墾，因地所宜，茶、棉、稻、麥並種，耕織自給，民眾安於務農，以至許多人一輩子也沒進入過官府衙門。士人潛心讀書，溫文爾雅，無爭無競，難道不是唐宋以來名賢風教影響的結果嗎？熊縣令執政之餘，「博求遺軼，修舉廢墜，上自星野、山川以及賦役、典禮之所存，學校、政令之所出，關隘、備禦之所資，官署、郵舍之所設，下至禨祥（祭祀鬼神以求福）、讖緯、稗官之所陳，無不犁然擘畫（條理清晰）歟」。縣內各處名勝古蹟記錄無遺，韓愈等名流的殘篇斷碣亦搜輯齊全，可見熊縣令對於韓愈等曾任職於陽山縣的歷史名流是十分敬仰的。喜愛其文難道不該學習其為人嗎？熊縣令治理陽山縣很有政績，幾個月的時間就使陽山縣形成了重文興教之風，以至有村落被稱作「通儒里」的，有山被稱作「賢令山」的。從這裡就可以知道熊縣令的「絃歌之治」了。我任職左參政，按制度得到省內各地去采風問俗，瞭解政治，關心民瘼，亦可以根據熊縣令編纂的這部《陽山縣志》的介紹，順便探訪志中介紹到的「松桂」、「林石」、「鍾岩」、「龍湫（潭）」、「鳳灘」等景點，搜奇抉奧，臨風弔古，以廣見聞。這部《陽山縣志》「明贍簡約，予奪謹嚴，有良史之才而能緯以精密，是可以志矣！余是以樂為之序。」（《順治陽山縣志·陽山縣志序》，第1～3頁）

　　關於熊召師主持編纂的這部《順治陽山縣志》，參與編纂的署陽山縣學教諭、金陵人氏周士彪亦寫了一個「跋」（後序），回顧敘述了《陽山縣志》的修纂歷程，云：

　　　　讀陽邑（陽山縣）志成而為之歡興焉，曰：凡事之成而後毀，毀而成，固信有其時與數也哉！溯茲志（《陽山縣志》）始於李公黿，而鄭公梓、吳公楚材繼之，王公明選又繼之。邐之而久（歷時久遠），風侵雨蝕，兵火流亡，吉光片羽（比喻殘存的文獻彌足珍貴），至廢佚而無可考。鼎興乙未（清朝建立，順治乙未年，即1655年），郭公升起而更修之。……殺青甫竟（志稿剛寫完），越歲而志之登棗梨者歸之祖龍一焰（刻印中的志書焚毀於一場火災）。新志之役，熊侯（熊兆師縣令）所為，不能已於斯也（不能因為火災而罷修縣志）……（《順治陽山縣志》卷首《陽山縣志後序》，第4頁）

陽山縣縣令熊兆師亦為該志寫了一個「序」，敘述了此志的纂修歷程及其纂修縣志的一些想法。原文相對通俗易懂，茲迻錄於下：

或問曰：邑之有志，何也？曰：將以志（記）一邑山川之險易，風俗之美惡，田賦甲兵之盈縮，禮樂人材盛衰與夫長吏賢否，政治得失，悉詳而載焉，使官斯地者按志以求，如鑒鬚眉，如燭幽隱，如倉公（西漢名醫淳于意，曾任齊太倉令）之診病，洞見五臟而後知為治療之方也；如紀昌之學射，視蝨如車輪而後矢無虛發也。若邑而無志，如適（走）千里之程而莫識其分歧泊宿之處，行（出行）何恃以不迷也？如操萬金之賈而莫辨其布帛長短，貨幣價值之數，何以權子母（本利）而獲利三倍也？此志不可以已也。或又曰，陽山之志始輯於李公黽，繼修於鄭公梓、吳公楚材、王公明選、郭公升，亦既彬彬矣（已經取得了顯赫的成就）！今翻然舉而修之（重修），將毋病前人之陋也（難道是認為前人所修之志一無是處故而要重修嗎）？曰：師（熊召師自稱）何敢妄議前人哉！前人於茫無憑藉中搜尋往牒（過去的文獻），諮訪耆舊，其創始可謂難矣！博於耳目之所睹記，田夫野老之所傳說，積歲累月，匯而成篇，其用力可謂勞矣。且更修（多次重修）於數公之手，討論修飾，各極（盡）所長，其著作可謂盡美矣，師（我）復何加乎（我有什麼本事把縣志撰寫得比前人更完美呢）！奈（無奈）兵燹之後前梓（此前的志書刻板）既廢而郭公升之所續梓（纂）者又災於回祿（於火災中被焚毀）。屬（值）上臺（上級）有續成志書之檄，師因丹艧墍茨（修飾完美），此後來者責也。公餘之暇不揣固陋，妄取舊本而更定之，刪其繁蕪，飾其簡略，又增入其所未備，蓋焚膏繼晷（日以繼夜），閱（經歷）三月餘而始告成。雖移章換句，多所更改，然不過因其舊文，一為釐正云爾（而已）。是前人處其難而師（我）任其逸也。前人之美，師特踵事而增之（我只能在繼承的基礎上進一步完善），豈敢遽云盡善以駕於其上哉！書既成，爰（於是）授諸梓（付刻印），庶幾（這樣才能使）覽斯志者舉陽山一邑之事如鑒（照鏡子）鬚眉，如燭（照明）幽隱，士庶觀之以變其俗（行為），官師考之以修其政（教），太史（朝廷史官）採之以備其風倘（尚），亦於僻邑有小補云。（《順治陽山縣志》卷首《陽山縣志序》，第6～7頁）

　　熊兆師縣令之所以致力於縣志之修纂，是因為，在他看來，縣志在社會上具有重要意義：普羅大眾可以從志中找到學習的榜樣；官員（包括教官）可以從中吸取行政、施教的經驗與教訓；朝廷派到各地「采風」的史官亦可以從中挑選有用的資料以編纂國家一統之志。意義重大且深遠，實在是不可等閒視之啊！

　　康熙二十年（1681），陽山知縣裴振李重修縣學宮，訓導李嗣鈺為之記，稱其重修邑志。然其志稿亦遺佚不傳。

　　至雍正八年（1730），知縣蕭柄又作重修，志未成。據其後乾隆十二年（1747）知縣萬光謙重修志序所云，蕭柄所修志維抄本一帙，於吏舍中得之，全錄熊（兆師）志而刪其大半；康熙以後之事一無增改，惟歷任職官，詢之吏民，皆不能舉其名氏，幸於蕭柄志稿見之，則蕭柄之功為多。由此可見，蕭柄所修志稿雖未能流傳久遠，但其對後來地方官修志還是有所貢獻的。

　　乾隆十二年（1747），陽山知縣萬光謙重修《陽山縣志》，成二十二卷。他在序中敘述了此次修志的大致歷程，其文大意說：

　　陽山縣介於湖南、廣東交界之處，素稱窮山僻壤。唐朝貞元（785～805）末年，韓愈奉命來任陽山縣令，陽山之名始為人所知。縣有志則自宋代開始。本朝乾隆壬戌（十二年，1747 年），我奉命到廣東來任職，任陽山縣令，十一月中旬溯流至縣，政事之餘，稍有閑暇，索舊志觀之，自順治十五年（1658）至今已相隔八十多年了，年遠事缺，無可參稽。舊志刻版早已腐朽，且舊志所記內容與現實又有許多出入。我想，要做到求之古而可稽，就應該增加記錄新近之事；志書所記與現實有出入，則因革之事應該加以考證。由此可見，修志之事實在不容輕視啊！然而，縣無藏書，士人又缺乏廣博學識，許多書呆子除了經書之外再無其他書籍，正如坐井之蛙，一室之外無遠覽。尋求舊志，又因為潮濕水浸，鼠咬蟲食，雖欲借鑒，無以藉手。既而又想，如今如若重修縣志，尚有舊志存也；如果今天不修，日後因為水浸潮濕、蟲食鼠咬而陽山縣便無志可尋了。我萬光謙雖然是一介鄙陋儒生，才釋褐（入仕）即荷聖恩，授以縣令。記載之職固儒生之事，怎能說留待後人呢！「於是，潛搜幽考，勤諮博訪，一紙之有繫（有關縣事之文字）亦掌而錄之，一石之未泐（同勒，銘刻）亦毫而記之」。新修之志「勿輕刪削以沒前志之詳，勿妄附會以塗後人之目，勿多議論以受剿說之譏，勿襲舛訛以致雷同之咎。其餘增益較之舊志不啻倍半，要皆銖積寸累……始於癸亥（乾隆八年，1743 年）之冬，成

於丁卯（乾隆十二年，1747 年）之秋，凡二十二卷。」志書修成之時，有人說，唐代韓愈來任陽山縣令之時，陽山縣未有縣志，韓愈的大名遠揚並不是依靠方志，可見縣中人事亦未必依靠縣志才能傳之久遠。萬光謙對此不以為然。他說：原始社會之時，人們未懂得熟食，茹毛飲血亦安之；到後來，烹飪既精，卻覺得這樣也腥，那樣也臭。縣中的大小事情，後人可以從方志中去尋求；而有些志書編寫得糊裏糊塗，或者盡掩前人之美而進其陋說，這樣的話，人們認為修志反而是不幸之事，使前賢事蹟、美德湮沒無聞，這樣的修志才真的是不值得張揚誇讚。這也是我萬光謙最不願意看到的。（《民國陽山縣志》卷之首《舊志考》，第 134～135 頁）

　　七十餘年之後，道光三年（1823），知陽山縣事陸向榮重修縣志，一十五卷，見存。據《陽山縣志》卷十《宦跡》載：陸向榮，「直隸清苑（今河北保定市）人，舉人，嘉慶二十五年（1820）知縣事，兢兢圖治，教養兼施，在任數年，循聲卓著，葺城垣以固民圉（保平安），增卡汛以防匪患，創文昌宮，修書院，增生徒膏火以振士風，其重修邑志，體例謹嚴，序次周密，使先朝典故不至湮沒無聞，厥功尤偉。去之日，頌聲載道，有口皆碑。」（《民國陽山縣志》卷 10《宦績·陸向榮傳》，第 263 頁）

　　陸向榮對於地方文化教育事業頗為重視。這或許得益於他從唐代韓愈來任陽山縣令的所作所為中獲得了啟迪。他說，當年韓愈奉命來任陽山縣令，將至韶州之時，曾給相熟的「張使君」寫了一封信，其中有「願借圖經將入界」之句。古時所說的「圖經」，即如今所說的「方志」，韓愈人未到陽山，就想先看看《陽山縣志》以瞭解陽山縣的情況。這絕不是僅僅為瞭解陽山縣有何名勝古蹟以便日後遊覽，而是為了「徵文獻，審謠俗，稽山川之險易，察民物之盛衰」，認為瞭解這些狀況「所繫誠甚巨」。實踐證明，韓愈任陽山縣令數年，對於陽山縣文化面貌的改變貢獻頗大。陸向榮說：「且昌黎（韓愈）未至之先，陽山一蠻獠鄉（民族雜居，文化落後之地）耳，自昌黎政教行而民始知有制度詩書，日洗濯而薰陶之，鳥言夷面易（轉變）為衣冠，獷悍冥頑化為齒（恥）讓（冥頑不化轉變為彬彬有禮），俾千載下得觀風問俗以上供輶軒（朝廷使者）之採者，非昌黎為之耶？」受韓愈治陽山縣經驗的影響，陸向榮縣令亦頗重視地方文化教育事業的發展與建設，其重視縣志修纂即是表現之一。他在重修《陽山縣志》序中敘述道：

……向榮萬萬與昌黎無似，顧忝承乏茲土（奉命來此任職），甫到官（初來乍到），念昌黎「願借圖經」之意，首詢邑志，惟乾隆初萬君光謙輯本僅存，序次頗詳而體例未善，舛略茲多；況閱今（迄今）七十餘年，政事之沿革，官師、人物之增益，忠孝廉節之闡揚，苟弗續修，久將無徵，其何以資考核而示激勸乎！修廢舉墜，司土者（地方官）所不容辭也。爰（於是）開局採訪，舉博識者分司編纂。屬草既就，以余曩（過去）在陽春重修邑志，番禺劉樸石（按，陸志編纂者為番禺人、曾任翰林院編修的劉彬華）太史嘗刪訂之，邑士讀而善焉，復請於余，郵稿就正（劉樸石，即劉彬華）太史，乃取舊本暨新稿參互考證，先正其體例，次別其綱目，本載記，質睹聞，搜隱訂訛，芟蕪補闕，以開方古法為圖，仿史例為《沿革》、《職官》、《選舉》諸表，復搜邑之古今碑碣，從省志例別為《石刻》一篇。書成，凡十五卷，統十四門，門各有目，視舊志之體例序次為加密焉。

縣志既已編纂完畢，陽山縣令陸向榮頓生感慨。他說：

夫陽山固昌黎（韓愈）所稱天下窮處也，今雖風會寖開，文物已蔚然興起，惟地廣人稀，民又惡勞而好逸，故土愈瘠，民愈貧，且地介楚（湖南）粵之交，民猺（瑤）雜處，深菁陡嶺往往伏（匿藏）奸宄為閭閻（鄉村）擾。向榮任事以來，諮訪治要，兢兢然（小心謹慎地）日事補苴，頗思以輯安吾民，振作多士。顧才力輇薄（淺薄），深懼弗逮（力不從心），若葺城垣，增卡汛，修書院，創文昌專祠，幸邑人士次第赴功；茲又睹邑志之成，得以考鏡（考察、借鑒）為政之得失，稍免隕越（避免錯誤），而昌黎之流風餘韻百世未泯。讀是編者感發振奮，士風逾茂，民俗以醇，其有裨於茲邑之治者豈少也哉！（《民國陽山縣志》卷之首《陸向榮序》，第135頁）

（十二）《清遠縣志》的編纂

清遠縣古稱「中宿」，隸屬於廣州，是廣州所屬十六州邑之一，上接大庾嶺，下接五羊城（廣州），為采風使者帆檣所必經之地，屬於「孔道巖疆」，群山連綿，交通不便，素稱難治，而得其政教亦易為理。能否治理好清遠縣，關鍵在於地方官對於地方情況是否熟悉。這是明清時期清遠縣不少地方官十分關注地方志編修的原因所在。

　　清遠縣志最早修纂於宋代建炎年間。據明朝隆慶元年（1567）知鄱陽縣事、清遠人黎恕所作序：「邑自唐武德四年辛巳（621）省政賓始縣（設縣）清遠，至宋（南宋）建炎三年己酉（1129），廣州教授林公勳來署（代理清遠縣）縣事，手筆作志，其封域建置之畢陳，山川人物具載，而（清遠縣）志始肇焉。」（《民國清遠縣志》卷18《藝文·清遠縣志》，第566頁）明正德年間，知縣張欽、嘉靖年間知縣洪子誠、隆慶年間知縣陳嘉謨、萬曆年間知縣劉幼學、崇禎年間知縣孫轔，清順治年間知縣喻振芳、康熙年間知縣陳丹薑和劉士驤、乾隆年間知縣陳哲、嘉慶年間知縣蔡夢麟、光緒年間知縣李文烜和羅煒等均纂修過《清遠縣志》。陳丹薑、劉士驤、陳哲、李文烜（羅煒）志今存，其餘志均佚。

　　關於明代迄清初清遠縣志的纂修情況，清初清遠縣儒學教諭黃許燦在重修《清遠縣志》序中敘述道：「考清遠志，經始於宋林公勳；次則明張公欽搜而編之；又次則隆慶丁卯（1567）陳公嘉謨有志而未果；迨（等到）萬曆戊戌（1598）劉公幼學匯而刻之；至崇禎丙子（1636）孫公轔復輯而修之，稱美備焉。迄明季（末）兵革屢經，遺板盡失。順治庚寅（1650）則喻公振芳與邑明經夏君云修而復之，亦既可信而可傳矣。」（《康熙壬寅清遠縣教諭高要黃許燦序》，《民國清遠縣志》卷18《藝文》，第573頁）

　　明朝嘉靖年間與隆慶年間所編之志實為同一志。隆慶丁卯（1567）秋知鄱陽縣事、清遠縣人黎恕在所作序中說：「……至嘉靖乙酉（1525），邑侯洪公子誠來蒞茲邑，詢致士官李仁素，閱諸郡志之體，折衷於古史之法，志已脫稿，會公（洪子誠）擢廣州別駕，心甚怏怏，屬望（寄希望）於後者焉。隆慶丁卯（1567），陳公嘉謨下車即詢志卷，既閱而歎曰：『自宋建炎己酉（1129）為作志之始，兩經校修，至今丁卯，計年四百五十有六年矣，竟未刊焉，良可惜也。』即欲捐俸刊之。復思志幾經前人（修輯），未免有闓壤之變遷，公署之更置，民物之登耗（多少、豐歉），戶產之增添，又不可以耳目計者，因屬恕（黎恕）而商議之。恕雖不敏，不敢固辭，述己見聞，勉強從事，共將舊志勤加搜討（搜集、討論）重修。」可見是在前志基礎上的補充。新修之志「蓋囊括千百年間之事，為類七十有六，為卷有四，首紀《封域》，重始事也；次紀《建置》，存王制也；紀《學校》，端風化之本；紀《嘗祀》，盡孝享之誠；《風俗》、《食貨》，民生備矣；《兵防》、《秩官》，吏務周矣；尤紀《選舉》，所以彰人才；紀《人物》所以著不朽；若夫《奇異》、《文翰》、《雜誌》列焉。一

邑雖小，天下之事畢（備）矣。茲志顧（難道）不重哉！二侯（宋代林勳、明代洪子誠）之急於修，陳侯（陳嘉謨）之急於梓（刻印），可謂知本矣。」（《隆慶丁卯秋知郫陽縣事邑人黎恕序》，《民國清遠縣志》卷18《藝文》，第566頁）

　　明末崇禎八年（1635），孫轔（湖廣鍾祥人，進士）來任清遠縣令，次年即重修縣志。孫轔對於修志事業高度重視。他在志序中，開篇即云：「邑志倣（開始於）《禹貢》、《職方》遺意也，而《水火》、《工虞》、《兵農》、《禮樂》臚列過之。讀其書直與創邑者之精神相扶不朽，非稗官小說之戔戔（膚淺）者也。」加之清遠縣地理位置特殊：「中宿（清遠古稱）當南嶺要衝，精氣時多奔竭，而又瑤警（瑤族叛亂）狎至（經常發生），文事寢衰……」清遠縣既處重要地理位置，又毗鄰少數民族，民族矛盾比較尖銳，社會秩序難得安寧，因而人口稀少，文化落後，外地到來的地方官必須首先瞭解地方情況，才能把地方治理好。而孫轔從湖廣（元代設湖廣等處行中書省，明代改稱湖廣布政使司，治所在今湖北武漢，轄境相當今湖北長江以南、湖南、廣西二省全境及貴州大部、廣東雷州半島和海南島）到清遠來，想找一部清遠縣志看看，瞭解當地情況，卻不可得。某一日，有位客人拿著一部自己編寫的《禺峽志》來求見孫轔。禺峽又名飛來峽、中宿峽、清遠峽，是北江三峽中最險要之處。這是一部山志，屬於地理志。孫轔讀罷，對此人說，你為什麼不寫一部清遠縣志呢？客人說，方志是輕易可以寫的嗎，沒有才能的官吏不能寫作；而有才能的官吏又沒有時間寫作；沒有「直筆」精神的人不能寫；有「直筆」精神的人又不敢寫，為什麼呢？因為世間有才能的人很少，而世人對於「直」人又是最痛恨的，所以就算真的有既有才能又直率的人，也不敢輕易編寫縣志，吃力而不討好。但在孫轔縣令的激勵之下，此客人終於將編寫縣志的使命承擔了下來：「客乃焚膏火□，日夜搜野獲於蟲編（舊書古書），拾斷碑於荒草，問制於夏鑄商型（搜集地方歷史文物），悉情（瞭解情況）於童歌巷語，缺者補，訛者正，湮沒者著明，而體制乃犁然大備。」此志修纂完成，呈獻孫轔縣令審核。孫縣令閱畢，評價很高，說：「是豈為戔戔者乎？地事（地理）詔矣，民務周矣，王跡不熄矣」；讀之，「君子喜，小人怒，奸雄未竟（未實現野心）而走」。（《崇禎丙子孫轔自序》，《民國清遠縣志》卷18《藝文》，第566～567頁）

　　清代，清遠縣志也經歷了多次重修。

　　清順治十八年（1661），福建福州舉人陳丹蓋來任清遠縣令。新舊縣令交接之際，前縣令洪某（據查《民國清遠縣志》卷九《職官志》，其姓名為懋洪

樞，山東日照人，拔貢）及縣儒學教諭黃君以纂修縣志為言。陳丹蓋縣令唯唯稱是。想到自己的父親曾經也任過清遠縣令（陳丹蓋在志序中只提及「家大父」即祖父曾任清遠縣令，未提及姓名。查《民國清遠縣志》卷九《職官表》，知其「家大父」就是陳有元。志載：陳有元，福建福清（屬福州）人，舉人，明末天啟五年（1625）任清遠縣令；且與陳丹蓋序文中述及的時間乙丑（1625）、丙寅（1626）相吻合，可知判斷是正確的）。祖父任職清遠縣的時候，清遠縣「以人物阜蕃，號稱樂土」而著名；而眼下清遠縣卻是滿目瘡痍，「官無故署，巷鮮居人」，舊的官署已被毀壞，新的官署又未建立；很多房子已經人去房空。城門之外常常可見老虎在徘徊覓食，虎視眈眈。自己初來乍到，謀求保境安民已不容易，哪有時間精力顧及得了纂修縣志？而且，修志是講究機遇，不是輕而易舉可以作成的（所謂「志之輯有數，難焉」）。難在哪裏呢？就難在經過明清易代，逃亡未復，而且清遠縣的境土已比過去縮小了不少，作為新上任的縣官，徵收田稅是最為重要的使命，則擔心民眾千方百計設法隱瞞實情而逃避不納，派人員去丈量土地，核實戶口，又覺得「稽核難」；大清王朝剛剛建立，征斂任務不斷下達，徵收數額沒有定準，各項毀壞的設施未來得及修復，則是「畫一難（難以全面顧及）」；地方管理依靠戶籍，而舊有戶籍已經在明清易代之際灰飛煙滅，毀於戰火之中，新建立的戶籍又難免掛一漏萬，因而「考質（核實）難」；朝廷向來重視表彰忠孝節義人物，但是，舊志人物雖有定論，而新進人物則多有弄虛作假者，難免魚龍混雜，使一些真正值得表彰的人物因而湮沒不彰，要全面核實也不容易，此為「駁正難」。有這麼多的難為之處沒有處理好，而想動筆書寫縣志，又要使之成為「信史」，豈不難哉！這是陳丹蓋縣令感到難為之處。請求纂修縣志的縣學教諭黃君說：這些顧慮不是沒有道理；但是，舊縣志距今已經歷時久遠，時易世變，如今如果不抓緊時間修志，將來舊志失傳了，人們的記憶又消失了，那時候再想修志，豈不等於向在河流上劃小船的人問大海的情況嗎？陳丹蓋縣令聽了黃教諭這一番話，覺得有理，於是「為之躍然，因以其任屬（託付）之黃君」，讓黃君擔任《清遠縣志》的纂修負責人，自己則在從政之暇不時過問、商討縣志的纂修。縣志修成之後，陳丹蓋縣令讀罷，甚感高興。於是執筆為新志書寫了一篇《序》。其序云：

> 周官小史掌邦國之志，則後世郡國之志所自昉也。百粵郡邑肇
> 於秦漢，至明代而聲名文物頡頏中原。顧郡之與邑，在東南多濱海，
> 在西北多辰山，其兼山海而弁冕全粵者為廣州，厥屬邑十有六，而

地踞上游與韶（州）接壤者為清遠，即古之中宿也。邑僅彈丸耳，然而山川、疆域、戶口、賦貢與夫建制沿革、人材物產之類不可無志以備採觀。余自去秋奉命出宰茲土，至則前令洪君暨邑諭（縣學教諭）黃君首以纂輯邑乘（縣志）為言。余唯唯（連聲稱是）。既而思乙丑（1625）、丙寅（1626）間家大父曾綰符於斯（曾奉朝廷之命來此任縣令），人物阜蕃，號稱樂土。今何如哉？官無故署，巷鮮居人，郭門數武虎視眈眈。方兢兢保聚之弗暇，奚暇纂述！且志之輯也有數，難焉。曷難乎爾？邑經大創（大戰亂），逃亡未復，都里縮於疇昔，田稅虞（憂慮）其詭匿（隱瞞），則稽核難；科派洊至，賦額靡恒，諸所修廢舉墜未有成議，則畫一難；故籍半付秦灰（戰亂），新聞（新登記的戶籍）慮有掛漏，則考質難；矧忠貞節孝，遠者久協輿評，近者易徇情面，鑿舟可移，幽芳莫闡，則駁正難：兼此數難而欲握管疾書，遂成信史，譚（談）何容易！黃君斂容起曰：「微公言（就算您不說），吾故知其難也。但曩志（舊志）成於丙子（1636），續編止於乙未（順治十二年，即 1655 年），時至事易，月移歲殊，釋茲（現在放棄）不修，則後此蠹蝕逾甚，憶記易遺，雖欲追輯，不幾向海若而問浮槎乎！」余為之躍然，因以其任屬之黃君，而不佞竭蹶催科（竭盡全力徵收賦稅），稍從戴星一隙共為商略，乃搜之爨餘，裒（聚）之諮訪，訂其舊而續其新，信者傳而疑者闕，取而覆覽焉，蓋具體而微，庶幾險易之情形，盈縮舉廢之變態，蓋一展帙而瞭若指掌矣！後之觀斯志者思其昔何以腴，今何以瘠（過去何以富足，今天何以貧困）；昔何以百為具備，今何以有待弗遑，圖所為整齊潤色者尚有以補茲之未逮矣乎！（《陳丹蓋自序》，《民國清遠縣志》卷 18《藝文》，第 572～573 頁）

這次修志與「上臺」（上級官員）的敦促有關。大約是順治初年喻振芳主持纂修的縣志未及刻印，或欠完善，順治十八年（1661），僅隔 11 年又再重修。黃許燦在序中曾說：「且上臺經臨，節次徵取，竟無以應，於是遍購遺軼，凡數閱月乃得孫（轀）志全本與夏君（雲）所修，鑿鑿不爽，遂與洪令君謀其始。」這次編纂的原則是：「其自順治四年以前一照原本，並不妄參臆見；四年後興革事蹟，有關風化者據實直書，不辭續貂之誚以備稽考。」（《民國清遠縣志》卷 18《藝文》，第 573 頁）

據《民國清遠縣志》卷18記載:《清遠縣志》十一卷,康熙元年(1662)陳丹蓋修,夏雲纂,四冊;十一年(1672),馮桌強增補,北京學部圖書館存。譁按:馮桌強增補的《清遠縣志》,方志向未著錄,各志序跋亦無及之者。查馮桌強任清遠知縣在康熙六年(1667),上距陳丹蓋任職僅五年。陳丹蓋修志甫成,馮氏斷無重修之理。猜想可能是陳志未刊,逮馮涖任乃付梓,因而序之。學部圖書館見有馮序,即題為馮桌強修,不知實即陳丹蓋所修本。今北京故宮方志目錄說是馮桌強增補,(康熙)元年陳丹蓋本,這是正確的。

接著重修清遠縣志在康熙二十六年(1687),纂修者為縣令劉士驥(貢生,二十年任)。《民國清遠縣志》卷八《人物・先政》記載:劉士驥,河南汝陽人,康熙二十年知清遠縣,在任六年,「六載政成,即修縣志,厚幣延聘屈大均為纂修。」劉士驥修志上拒陳丹蓋修志僅25年,與六十年一修的古代修志慣例不合。這是清代康熙年間朝廷重視地方修志的結果,是朝廷傳令修志,地方不得不聞風而動。「清代是我國方志發展的鼎盛時期,全國現存的七千多種地方志中,幾乎一半成書於清代。其原因自然是多方面的,而其重要的一條在於清政府對修志工作非常重視。」(倉修良、魏得良:《中國古代史學史簡編》,黑龍江人民出版社,1983年,第592頁)。康熙帝在十一年(1672)、二十六年(1687)曾數次詔諭各州縣分輯志書。劉士驥在《重修清遠縣志序》中寫道:

> 史,記事之書也,繫事於日,繫日於月,繫月於年,以核實也,以傳信也。邑之有志,猶國之有史也。故年隨時而遷,事亦因時而起:此志所以歷歲月而必修也。修者去其疑而存其信,繼舊志而作也。是以(所以)有年(豐收)必書,水旱必書,風俗淳漓,人物盛衰,禮教興廢亦必書:蓋謹以備太史之採擇,誠重典(大事)也!余固不敢忽(輕視),亦不敢專也。茲幸際聖天子踐祚之二十有六年,德化淪洽,薄海內外咸受裁成,上薄星辰,下及蜎蠕,無弗奠麗(肅清,俯首稱臣)。方封泰山,禪梁父,由翕河(合眾河而祭之)而祠四瀆(長江、黃河、淮河、濟水的合稱),考輿圖,購遺書,以廣幅員盛事,以垂奕祀芳型(千秋萬代)。而我大中丞李公復仰體天子右文(重視文教)至意,崇儒重道,徵獻考文,取百粵之志而翻閱之,訝其舊史遺編間多錯落,比年逸事尚未增修,恐不足以稱上旨,乃下其事於藩大夫(省級官員);藩大夫下二千石(府州官員);

二千石轉檄諸州縣，莫不齋桌祓濯，振策琲筆（認真對待，即刻修志），黽勉將事。而余涼薄翦劣，待罪清邑（在清遠縣任官），歷茲六載。六載以前某事得，某事失，父老猶能言其略；六載之間孰宜筆（記錄），孰宜削（省略），則余之責也。敢不延集耆儒，周諮遺佚，取前志而合訂之，繼以近事，以成一邑之書而上襄盛典乎。是故縣城衙署別繪新圖，記《更置》也；邑里四至，各著方名，正《疆界》也；學校必飭，崇文教也；兵數必核，嚴軍實也；禮樂、田賦、典章由舊，尊王制也；鄉試歲薦，得士即書，重舉賢也；德行之士可美而傳，不過數筆，寧慎毋濫也；節烈之婦未得其人，不敢輕舉，寧闕毋誤也；至於詩歌、詞賦非能表勝山川並關民事者，削去不錄，崇實黜華也：凡此皆採集士庶之傳聞，據一得之獨斷，補綴卷末，以續簡編，詎敢謂嘉言懿行一事靡遺，亦庶幾（有補於）於史之闕文云爾。（《民國清遠縣志》卷 18《藝文》，第 573～574 頁）

　　劉士驥的志序對於修志之重要性、修志的原則、此次修志的緣由、志書應該記錄的內容、篇目、詳略等，都作了原則性的規定，使修志有章可循；而且聘請的是廣東方志名家屈大均主修，使此志質量得到保證。

　　雍正末年、乾隆初年，清遠縣志又再次重修。這次重修的主持者是縣令陳哲。陳哲，江南銅陵（今安徽銅陵）人，舉人，雍正十三年（1735）任清遠縣令。據《民國清遠縣志》卷八《人物‧先賢‧陳哲傳》可知，陳哲是一位著名的「循吏」，廉潔奉公，關心地方教育事業，「凡有益於學校者靡不殫心竭力為之」，「更修輯縣志，俾文獻有徵」。任職三年，百廢俱舉。時任廣州知府的劉庶稱讚他是「任巨投艱」，即任務繁重，投身艱苦。《民國清遠縣志》卷十八有《陳哲自序》，敘述了這次修志的情況。據此序文可知，陳哲初到清遠縣來任職，「欲周知其文物風土以資治理」，讓人尋找清遠縣志來閱讀，以便瞭解地方情況。但得到的回答卻是縣志由於年長日久，早已「剝蝕漫滅，不可復識」；再讓人去向讀書人家搜尋，終於得到清遠縣志的「原本」，即前縣令劉士驥主持纂修者，距今已五十年了。讀了之後，不禁心生感慨：自大清王朝建立以來，清遠縣「人文沉鬱，科第晨星」。正思索其中緣故，是因為清遠縣風水不佳造成的結果，還是因為過去纂修的縣志過於簡略，未能充分起到激勵後人的作用？查閱方志，發現清遠縣在歷史上所出人才並不罕見，才明白清遠縣目前人才缺少的原因是「風氣頹靡」所致。既然自己現在奉朝廷之

命來任清遠縣令，就應該肩負重任，要想方設法振興教育，使清遠縣日後人才輩出。於是，陳哲縣令從兩個方面入手：一是「營建（以）補造化」，即通過建築符合風水規則的一系列設施以使地方文教事業得到振興；二是纂修地方志以激勵後人。在陳哲知縣即將任滿之時，地方士大夫請求修志。陳哲知縣對他們說：「此則余之志也夫！況闡揚潛德（美德），予亦與有責焉！」於是聘請地方紳士組成編纂班子，歷經兩月而大功告成。此志共四卷六冊，修成於乾隆三年（1738）。時任廣州知府的劉庶為該志作序，對此志給予了肯定的評價，謂：「今之修之也，蓋本前志以去其似（可疑，不切實）而存其真，省其繁而補其缺，不沿襲於舊，不遺漏於今。其纂修諸家既皆積學名宿，又經賢有司（開明賢良官員）參權考校，吾知事必有徵，言必有稽，將來輶軒（朝廷使者）採取以備職方氏（負責編寫一統志、地方志的機構）之掌故者必以斯為實錄信史，余亦藉以觀其修明已（我相信國家必能編寫出高質量的志書）！」(《民國清遠縣志》卷 18《藝文》，第 575 頁)

　　清朝嘉慶年間也曾重修清遠縣志，可惜已遺佚不傳。關於此志作者，有說是蔡夢麟（南城即今江西南城縣人，進士，嘉慶十二年即 1807 年任）縣令與後任的縣令張鈞（浙江會稽即今紹興人，議敘，二十二年即 1817 年任）前後續修；有說是張鈞修（主持），朱松嶺輯稿者，未提及蔡夢麟之名。猜測是因為蔡夢麟首倡，但中途停廢了十年，至張鈞才最終修成，因而蔡被遺忘了。

　　張鈞此志之後，有資料記載，郭鍾熙、麥瑞芳、朱潤芳曾同修《清遠縣志》十二卷，但世所未見。也有學者認為此志即是同治六年（1867）所修的《清遠縣志》。其理據是：查《清史稿》郭鍾熙傳，提及其在同治年間開局修志；光緒《廣東通志》所載羅煒序亦有同治年間郭君庸石已偕麥雪畦、朱晴岩諸君子編輯舊志，將告成功之說，因而認定「此書（同治《清遠縣志》）確為鍾熙所修，麥、朱二君子亦與其役也。」(《民國清遠縣志》卷 18《藝文》，第 576 頁)

　　再之後是光緒五年（1879）所修的《清遠縣志》十六卷。此志上距同治六年（1867）所修之志僅 12 年，估計應是在前志基礎上加以補充完善而付諸刻印，故可認定為同一縣志。因此，方志有云：「主修知縣李文烜（即李若昌，光緒元年即 1875 年任），鑒定知縣羅煒（光緒五年即 1879 年任），倡修郭鍾熙，總修麥瑞芳、朱潤芳」。(《民國清遠縣志》卷 18《藝文》，第 577 頁)

（十三）《佛岡縣志》的編纂

佛岡縣志在清朝道光年以前尚無修纂。道光十七年（1837），龔耿光奉命來佛岡縣主政，才知道「廳志無書，迨（等到）移取清（遠）、英（德）兩縣志，又皆闕略，無以備文獻而資考據也。」佛岡縣在歷史上時而隸屬於清遠，時而又隸屬於英德，但兩縣志又都缺乏關於佛岡地方歷史人文的記載。於是，龔耿光決定肩負起「拓荒」的工作。欲修志，首先得瞭解地方情況，收集地方歷史文化資料，否則巧媳婦難為無米之炊。為了收集資料，龔耿光向佛岡縣直隸軍民廳所屬七鄉（吉河、白石、徑頭、獨石、虎山、觀音、高臺）各發出一份《修志飭查事實示》的文告。文告曰：

> 為曉諭事：照得志書之設所以備文獻，資考據也。佛岡建自嘉慶十八年，迄今已二十有五年矣。其間嘉言懿行、潛德幽芬豈竟無聞？本府蒞任以來深幸俗厚民淳，刑清政簡，間（期間）嘗稽古訪今，觀風問俗，以期資治牖（引導）民，而志書闕如，無以徵文獻，助考據，抱憾良深。查佛岡分自清（遠）英（德）二縣，英德縣之志已舊板散失無存，清遠縣之志又一百餘年未經續輯，於佛岡故實寥寥也，矧（況且）未設治以前或可附見一二於兩邑（《清遠縣志》、《英德縣志》），既設治以後自當備載顛末為全書。倘使文物風土無所闡揚，輶軒（朝廷使者）莫採，是亦守土者（地方官）之羞也。顧（鑒於，儘管）本府無張華《博物》之才，劉杳《綜書》之識，何敢侈談著述以創其始，惟念志乘（地方志）一書所關者大，諸君子生於斯，長於斯，耳濡目染必能出其所見，述其所聞以勸（助）余之不逮。由是述作之心益切而不能自己矣。除疆域、兵制、戶口、賦稅有案可稽以及往籍檔冊有可查者悉據以編集外，其餘有亟須廣為諮詢者，合行（理應）出示曉諭。為此示諭所屬七鄉紳耆士庶知悉：爾等即各舉所知，各言所見，如《提封志》之山川、形勢；《建置志》之鄉里、墟市、橋樑；《食貨志》之物產；《風土志》之氣候、土俗、庶徵；《人物志》之孝悌、忠義、貞節、耆壽、薦舉、封贈及鄉社學、廟壇、寺觀、藝文各類，一一採訪，隨時錄送。其有軼事、美舉足為懲勸之資者亦不妨書呈以備參考，務期闕疑以傳信，言簡而事賅，則所以啟予者無異讀未見書也。倘得籍以告成，將見文獻有徵，風氣日上，而他日采風（朝廷使者）所經亦得以備職方氏之掌故矣。本府濡筆以待，請勿觀望，各宜恪遵。

毋違。特示。(龔耿光:《道光佛岡縣直隸軍民廳志》卷四《藝文志第十·
修志飭查事實示》,第 105 頁)

　　涌渦這一途徑收集到了不少珍貴的資料。此外,龔耿光還組織一群當地
文化精英人物,「採野乘(史)之記載,訪父老之傳聞,參以輿圖、通志諸書
及夫檔案冊籍,疑者闕之,信者徵之。論必開始(不襲人陳說),語具裁略(精
練),曰《提封》,曰《建置》,曰《食貨》,曰《秋官》,曰《武備》,曰《學
校》,曰《典禮》,曰《風土》,曰《人物》,曰《藝文》,凡十類,歲周(歷經
一年)乃脫稿。」龔耿光將新修成的縣志看得很重要。他知道新修成的志書
肯定還有不少錯漏,還需要不斷修改、補充。後來,由於官職遷轉,龔耿光還
放心不下,要隨行李將志稿攜帶在身邊,有空就審閱校訂。「行李倥傯之暇,
挑燈檢閱,間有校正。」至辛丑(1841)、壬寅(1842),四五年過去,當時龔
耿光在高州任通判,佛岡縣「都人士」黃澄溪、宋章錫等人「屢以書來促,不
獲辭(不得已),乃復加潤色,付抄胥焉(請人抄寫),遂災梨棗(付諸雕版印
刷)」。(《道光佛岡縣直隸軍民廳志·序》,第 1~2 頁)

　　但是,由於時局動盪,此志並未最終刻印完成。道光三十年(1850),賜
進士出身的黔南人夏承煜奉命來任署(代理)佛岡直隸同知事。初來乍到,
地方形勢緊張,「盜賊」縱橫,夏承煜想找方志來瞭解情況,以便為政治、軍
事決策服務。他說:「余欲周知山川險隘為堵剿計,遍索廳志不可得。嗣(後)
黃生澄溪、宋生章錫出示前任龔韞山(龔耿光)刺史所輯稿本,披閱一過,縷
析條分,燦然大備,誠善本也。第(只是)未鐫板(雕版印刷),恐日久盡飽
蠹魚之腹,後之君子將何所考據焉?爰(於是)與諸子謀醵金(捐款集資)付
梓以永其傳而待輶軒(朝廷使者)之採……」至此,《佛岡廳志》才終於刻印
完成。此志從編纂啟始,至最終刻印完成,歷時共十餘年。

二、明清時期粵北地方志纂修的若干特點

(一)府、州、縣地方官對於方志修纂的高度重視

　　有遠見卓識的地方官,不只是將自己的職責僅僅定格在行政方面,同時
亦將修志視為自己義不容辭之責。他們都有一個共識:方志不僅是國家編修
「一統志」的前提與基礎,是最高統治者藉以瞭解各地狀況的主要依據;同
時更是地方官瞭解地方情況的重要依靠,是地方官施政的好「助手」。因此,
幾十年或十數年過去,不少地方官便自覺將重纂方志納入議事日程。

　　明朝萬曆二十年（1592）任仁化縣知縣的司馬暐，初來乍到就深入民間瞭解情況。當他得知該縣很長時間沒有纂修過縣志了，便「私心益用廩廩」，內心更加不安，認為明朝統治以來二百餘年，政治昌明，「道化沾漑，文教日熙」，一山一水都值得描寫歌頌，更何況仁化一縣，歷史以來不知發生過多少大事，湧現過多少名人，對社會對國家有過多少貢獻，然而卻是「志載寥落」，日後一旦朝廷派遣使者到地方來瞭解歷史沿革、人文教育等狀況，地方官將何以交差？因此，他在任期間，立即將組織纂修《仁化縣志》提到了議事日程。

　　入清以後，在清朝前期，尤其是康（熙）、雍（正）、乾（隆）時期，粵北地區方志修纂進入一個活躍時期，不少府、縣方志的修纂，僅相隔十餘年，甚至僅隔數年。這除了最高統治者對地方修志事業的重視，一再檄令地方修志逐級上呈，以便編修國家「一統志」這一因素外，亦與地方官對修志事業的高度重視密切相關。

　　以《連州志》的修纂為例。順治十五年（1658）、康熙二十六年（1687）、康熙四十九年（1710），《連州志》都作了重修。平均二十年左右即重修一次。這在歷史上是較罕見的，足見地方官對於方志修纂的高度重視。在百廢待興的歷史背景之下，地方官亦寧願投入較多的人力、物力於方志的編修，其目的不外是通過方志，可以使最高統治者或地方官瞭解一方情況，以便正確制定正確的方針政策，將大清一統國家治理好。因為，二、三十年時間雖不算長，然而世事變遷，日新月異，社會的變化卻不可謂不急劇。正如康熙四十九年（1710）連州知州王濟民在重修《連州志》序言中所說的：「連州有志，其來舊矣。入我國朝，一修於順治戊戌（1658），一修於康熙丁卯（1687），歷今有二十餘年，雖其山川形勝，城郭井里，土田物產無改於昔，然事因時起，政由俗易，賢才之奮興，仕宦之茂建，忠貞孝節之卓立，固多可紀者。使（假如）不悉羅而備志（記）之，則無所傳於前，又安所稽於後哉！」（《同治連州志》卷 1《舊志考》，第 556 頁）在王濟民知州看來，雖然距上次修志才相隔二十餘年，山川、城郭、田土、物產等情況無太大的改變，然而，「事」、「政」、「賢才」、「仕宦」及「忠貞孝節」這些社會的現象卻已發生了急劇的變化，重修方志以反映新的社會面貌實在是刻不容緩之事了！雍正癸丑年（1733），連州知州陶德曧亦重修了《連州志》，只是因為職務遷轉未及付梓（刻印），距上次修志（康熙四十九年，即 1710 年）僅隔 23 年。乾隆三十六年（1771），連州知州楊楚枝再度重修《連州志》，也是相隔 30 餘年。

康熙初年，任樂昌知縣的李成棟到樂昌縣後，想通過方志以瞭解地方情況，以決定今後如何施政。然而，令他感到失望的是，本縣過去雖有縣志的編修，但早已佚而不存。而且從明朝萬曆年至今，近百年過去了，樂昌縣也未曾修過縣志。他說：「矧（況且）在百年以來，忠於而國者，孝於而家者，摩雲霄而礪名山（頂天立地，名垂後世）者，俱湮沒不傳，邑宰（縣令）何籍以勵邑子弟？」（《同治韶州府志》卷39《藝文略》，第827頁）要振興本地教育，就要激勵本地士人、子弟奮發向上，而要激勵士人、子弟奮發向上就需要給他們樹立學習的榜樣。人人皆知榜樣的力量是無窮的，但遠在天邊的榜樣不如近在眼前的榜樣更有影響力。然而本地方志無存，有何值得學習的榜樣無從得知，欲振興地方教育就感到困難。這就是李成棟縣令任職期間拔冗組織編修《樂昌縣志》的一個動因。

康熙五十八年（1719），樂昌知縣任衡主持了重修縣志。這次重修完全是任縣令自作主張，並無上級指令。此時距上次修志（康熙二十六年，即1687年）僅隔三十二年，時間並不算太長，任衡縣令為何要在百廢待舉、日理萬機的景況下重新纂修縣志？就在於他對縣志的重要性有深刻的認識。他在「序」中大略說：

世事變遷，積新成故。故以次而漸湮。家有「傳」，縣有「乘」，省有「志」，都是為了記載不同範圍的人物故事。樂昌是韶州屬下一個古老之縣，其創建之因革，山川之流峙，風俗之興行，人物之產植，貢賦、戶口之增益以及文藝之成就，載在舊志。前縣令李成棟曾主持過縣志的重修，程巘縣令亦曾經續修，歷今已三十餘年了。三十年可以算作「一世」（人類約三十年繁衍一代），「一世」之後許多「故老」已不在人世，許多文獻已散佚不存，即使有些事情可以追述，亦常常是掛一漏萬。孟子曾說過：「君子之澤五世而斬」（正人君子的影響五代人之後就再不存在了）。等到影響早已不存在時再去追述「正人君子」的事蹟，到哪裏去追尋呢！不要說五代人之後，即使是只隔一代人，說起往事，亦已經是真假參半了，其中不無附會之說，不可引以為據，何況時間更加長久呢！我於康熙五十四年（1715）秋被選任樂昌縣令。初來乍到，翻閱縣志，發現新縣令已經更換了好多批；許多曾經發生過的事情亦有待於記錄。以時間計算，上次修志距今已過去三十年了，如果還將修志之事推諉給後人，時間久了，許多人事便逐漸消失湮沒了，今後修志怎麼可能做到「徵信」呢？於是，我決定組織重纂縣志，博採資料，選拔縣中老成彬雅的紳士

共相纂輯，貫徹執行「但求確實，不飾浮文」的原則，終於纂成了這部新志。
至於欲將縣志修纂得更加豐富完美，只有留待以後的君子了。(《民國樂昌縣志》
卷二十一《藝文志》，第 416 頁)

　　康熙二十年（1681），知連山縣事、河南籍人氏張化鳳在為新修的《連山
縣志》作序時，開篇即云：「志，一邑（縣）之史也，輯往事以昭來茲，其間
之習尚攸（所）宜，土物攸產，山川險易，戶口盈縮，以致文章節義，忠孝廉
明，徽猷（嘉言）懿行，罔不瞭如指掌，以辨貞淫，以別淑慝（賢良與邪惡），
以資補救，以示鑒戒，其關於政教者益甚重也！」(《民國連山縣志》卷 1《舊序》，
第 366 頁)

　　乾隆三十三年（1768），楊楚枝奉命來任連州知州。他乍一到任，就將修
志之事擺到議事日程。他在其後修成的志書序言中說：

　　　　古者四方之志皆掌於外史。其後列國各有紀載，如趙奕《吳越
　　　　春秋》，常琥（按：應為「璩」）之《華陽國志》，悉述一方聞見。
　　　　此郡縣志所由昉（創始）也。連（州）志相沿已久。溯（回顧）我
　　　　朝開國之初，王公彥賓肇（開始）修州志，嗣是則安公達里、王公
　　　　濟民相繼重修。雍正癸丑（1733），陶公德熹復裒（聚集）訂成帙，
　　　　旋以代去（不久即因職務遷轉而離任），不果壽梨（未來得及刻印）。
　　　　余於乾隆戊子（三十三年，1768 年）承乏熙平（奉命來任連州知
　　　　州。隋大業初改連州為熙平郡），閱三韓鋟本（翻閱山西籍前任知
　　　　州王濟民修纂的《連州志》），距今六十一年未加增葺，殊為缺（遺
　　　　憾）事。幸簿書稍暇，爰（於是）請之列憲（請示上級批准），開
　　　　局纂修。載筆（所記錄的內容）踵前人之舊，第（只是）刪其繁冗，
　　　　補其闕略，於其門類之舛錯者釐定之；事故（事件）之後起者續增
　　　　之；一切因革損益、宦績、鄉賢固已考獻徵文，光於簡冊矣。」(《同
　　　　治連州志》卷 1《舊志考》，第 557 頁)

　　楊楚枝剛到任就查閱方志，發現方志已六十餘年未再重修，認為是件極
遺憾之事。於是立即決定重修。這也是基於其對方志重要性有著清楚的認識。

　　與楊楚枝相同，道光十七年丁酉（1837）奉命來佛岡縣任職的龔耿光亦
對方志高度重視。他說：我「承乏（奉命治理）斯土，問俗觀風之下，見其民
皆淳樸，士多秀良，惟是（只是）廳學未建，廳志無書，迨（等到）移取清
（遠）、英（德）兩縣志，又皆缺略，無以備文獻而資考據也。夫守土者（地

方官）必知山川之厄塞，察風俗之淳漓以考其政教之得失。佛岡環山帶水，橐鑰（控制）三州（韶州、連州、廣州），學校之設其有待矣。然而有民人焉，有社稷焉，廳志可不亟輯（抓緊時間修纂）乎！爰（於是）與諸君子採野乘（野史）之記載，訪父老之傳聞，參以輿圖、通志及夫檔案冊籍，疑者缺之，信者徵之，而論必開始（不人云亦云），語具裁略（精練）……」（《道光佛岡縣直隸軍民廳志·敘》，第1～2頁）龔耿光在《提封志第一》序言中又說：「古者辨星野，作版圖，正疆理，奠山川，攬形勢而邦國以建，都鄙（城鄉）有章（制度），自封建並而郡縣分，普天之下莫非王土矣。夫所謂為天子守土者守此土地。捨土而言民，民不可得而治也。佛岡僻（在）一隅，於嶺海（嶺南）土瘠地偏，介兩大（州）之廣（州）、韶（州），山深溪曲，官茲土者，若建□（置）之始末，辰（星）宿之照臨，幅員之廣袤，界至之毗連，交錯（道路）原隰（高原、沼澤）之高下險夷、未克（未能）周知，其曷（何）以保障一方乎？」（《道光佛岡縣直隸軍民廳志·提封志第一》，第5頁）

　　以上兩段文字都體現了龔耿光對於方志重要性的深刻認識。在他看來，「夫守土者必知山川之厄塞，察風俗之淳漓，以考其政教之得失」。而要做到這一點，必須借助於方志，故「廳志不可不亟輯」也。地方官就是為天子「守土」的，「捨土而言民，民不可得而治也」。民眾的生活、生產與土地密切相關，不瞭解地方的山川形勢，亦就無法瞭解社會民生，也不可能做好行政工作。如此，「其曷以保障一方乎？」

　　同治年間（1862～1872）由京官奉命來任韶州知府的額哲克，對於通過方志以瞭解地方情況也很重視。他說：「己巳歲（1869），克（額哲克自稱）由京曹（朝官）除守是郡（任韶州郡守），下車之始即索觀邑志，不可得。」他在為樂昌縣令徐寶符纂修的《樂昌縣志》十二卷寫的序中，開篇即云：「古先王命太師陳詩（獻詩）以觀民風，命市納賈（命管理市場的市令招納商賈到市場來進行貿易）以觀民之所好惡，將以齊民之不齊而政教之也（目的是採取合適的行政措施以導民向善，統一步調，使政治昌明，教育發展）。三代而降，能師古之遺意，集事書簡冊以備輶軒之採者，其唯志乎！」夏、商、周三代以後，能繼承我國這一優良的傳統，將地方各方面情況記錄於書冊之中以備朝廷派遣來的使節採納以上呈皇帝的，大約只有編纂地方志這一條重要途徑了！又說，對於一個具體的地方來說，若干時間過去，許多人事已漸趨湮沒，因此，編纂方志以記錄之實在是刻不容緩之事啊——「雖山川如故，城

郭如故，土田井里悉如故，而二百年來，聖教涵濡，深仁厚澤（教育發展，仁政施行），民風丕（大）變，人文蔚起，其間忠孝節義更有卓立不朽者。缺略遺忘，讀者致慨，增葺之舉胡可緩哉！」（《同治韶州府志》卷三十九《藝文略》，第 827 頁）

　　諸如此類府、州縣地方官對修志事業高度重視的思想在明清時期他們為各時期纂修的志書撰寫的「序」（或作「敘」）中，都有所表現，俯拾即是，無須一一列舉。

（二）地方士紳的積極參與

　　地方士紳是一個有知識有文化的階層。郡（府）縣長官邀請他們參與修志，被認為是對他們的尊重與讚賞，他們當然樂此不疲；更重要的是，在封建時代，知識分子普遍存在一種認識，認為出將入相是最為光宗耀祖的人生；若不能做到這一點，則執筆著述（包括纂修方志）也是一項「名垂史冊」的偉大事業，正如清代著名方志理論家章學誠所說的：「丈夫生不（能）為史臣，亦當從名公巨卿，執筆充書記，而因得論列當世，以文章見用於時。如纂修志乘，亦其中之一事也。」（章學誠：《文史通義》卷八《外篇三·答甄秀才論修志第一書》，第 821～822 頁）

　　在清代「文字獄」政策嚴酷，個人著書立說常常容易觸犯禁條，招徠橫禍的境況之下，這些地方鄉紳便將參與官府修志視為最安全的一條「著書立說」的途徑了。「由於當時私人不能隨便撰史，因此，許多學者便把自己的聰明才智用到了編修方志上，因為這是政府所提倡的。這一點，也是清代，特別是乾嘉時期編修方志十分流行的重要因素之一。」（倉修良、魏得良：《中國史學史簡編》，哈爾濱：黑龍江人民出版社，1983 年，第 593 頁）

　　明朝萬曆年間，乳源縣令潘紹忠主持纂修的《乳源縣志》，從搜集資料到布局謀篇，再到審閱刻印，參與其中者除縣令外，還有縣學博士、縣學生員以及其他社會鄉紳。潘紹忠在序言中介紹道：「余釋政逾月，晨夕焦勞，謬為訂正，且諭之（縣）學博士韋君主聰、周君至德、弟子員吳生文衢等，楊生、王休搜羅詳覈，參互簡閱，凡三易稿乃獲成書，然後走幣於僚友、司訓秦君嘉穀為之釐正以董厥成。」（《同治韶州府志》卷三十九《藝文略》，第 829 頁）

　　明末崇禎年間，英德縣令吳永澄主持修纂的《英德縣志》，參與者有從粵西任職致仕還鄉的孫璧聯；縣學博士馬某、何某，鄉紳鄧某、劉某以及多位從縣學優秀生員中挑選而來的莘莘學士。正是這一群縣中的「文化精英」的

共同協力之下，才能使「數十年廢墜之典聿成雅觀」。(《同治韶州府志》卷三十九《藝文略》，第 829 頁）

明朝末年曲江縣令潘復敏纂修的《韶州府曲江縣志》，也是依靠本縣一群文人墨客的齊力襄助。在申請上級獲得批准之後，「遂周諮於薦紳（地方鄉紳），旁質於父老，慎核於廣文（儒學教官），而孝廉彭君述麟、蕭君遠、子衿（縣學生員）譚煒然、鄭之穎、陳懋德、曾萬宣輩共相商榷而折衷焉。」(《同治韶州府志》卷三十九《藝文志》，第 826 頁）

清朝同治年間（1862～1874），樂昌縣令徐寶符主持修纂《樂昌縣志》十二卷，亦是「諭集諸紳，倡議續修」，「閱（經歷）四載而告竣」的。

《同治連州志》篇首於各志序之後附錄了一份《重修連州志職名》，從中可以看到，一志之修是眾多有志之士同心協力之結果。從分工協作而言，有「督修」、「協修」、「總纂」、「分纂」、「校刊」、「編輯考訂」、「採訪」、「繪圖」、「督梓」(監印)、「謄錄（抄寫）」等名目；從參與其事者之身份而言，有署連州直隸州事、候補知府、知府銜署連州直隸州事補用同知、府學教授、致仕知府、致仕州同、致仕州判、揀選知縣、候選儒學訓導、候選直隸州州判、即選儒學教諭、即選儒學訓導、試用儒學訓導、優廩生、廩生、增生、優增生、武生、候補把總、即補把總、附生、監生、文童等等。文人武夫皆有，人數達三十餘人。

（三）追求實事求是的纂志原則

忠實地據事直書既是史學追求的一種精神，亦是明清時期粵北地區方志修纂者們遵循的一項基本原則。司馬遷著《史記》，其地位之所以崇高，是因為「其文直，其事核，不虛美；不隱惡，故謂之實錄。」(班固：《漢書·司馬遷傳》）正如唐代著名史學理論家劉知幾所說的：「愛而知其醜，憎而知其善，善惡必書，斯謂實錄。」(劉知幾：《史通·惑經》）即史家應用實事求是的科學態度編寫歷史。章學誠也批評某些方志「挾私誣罔，賄賂行文。」因為如不能求真求實，那麼，「史官采風自下，州縣志乘如是，將憑何者為筆削資也！」(章學誠：《文史通義校注》卷六《外篇一·州縣請立志科議》，第 588 頁，中華書局，1985 年）實事求是的原則亦可歸結為一個「信」字。元至正四年（1344），楊維楨在為《至正崑山志》所作的序中說：「余謂金匱之編，一國之史也；圖經（按，即方志），一郡之史也。士不出門，而知天下山川疆里，君臣政治，要荒蠻貊之外，類由國史之信也。不入提封，而知其人民、城社、土貢、風俗異

同、戶口多寡之差，由郡史之信也。」我國傳統史學的這種「善惡必書、求真求實」亦即求「信」的實錄精神原則，為其後出現的方志的纂修者們樹立了光輝的範例。

　　明清時期主持編纂地方志的官員、學者、文人們，在修志過程中，無不追求求真求實的撰志原則，而堅決反對華而不實，譁眾取寵。明代曾任乳源縣知縣的潘紹忠在為新編成的《乳源縣志》作序時說：「若夫（假如）浮誇其詞，遊蔓其說，具飾其文，如楚人鬻珠，秦伯嫁女，得其糟粕以寄空文於天下，則余豈敢『知我罪我』，自有具眼（獨具慧眼）者折衷在！」（《同治韶州府志》卷三十九《藝文志》，第 829 頁）在潘紹忠知縣看來，如果在編修方志之時只注重文詞的優美，誇誇其談，華而不實，這就像古代傳說楚人賣珠一樣，買珠的鄭國人只要盛裝珍珠的華麗的盒子而不要盒子裏閃閃發亮的珍珠；又像是秦國君主嫁女於晉公子，晉公子只要陪嫁的姜氏卻不要公主。這些都是本末倒置了。得到的只是糟粕，丟失的卻是精華。如今我本著實事求是的原則組織編寫完成了《乳源縣志》，是非由人評說，就像春秋時期孔子編成了《春秋》後所說的那樣：「知我者《春秋》，罪我者《春秋》。」

　　清朝編纂《樂昌縣志》的李成棟在序的最後亦說：「蓋志固一邑（縣）書也，亦不致以不信之筆遺采風者之非笑焉耳。」（《同治韶州府志》卷三十九《藝文略》，第 827 頁）民國十五年（1926），始興縣長譚柄鑒在為《民國始興縣志》作序中亦云：「秉筆者能本公正，祛（除）虛浮，則所載不必盡詳而亦庶乎（接近於）其實焉。斯則作志之大要也。」（《民國始興縣志》卷首《序》，第 2 頁）

　　清順治年間（1644～1661），陽山縣令熊兆師纂修的《順治陽山縣志》也很注重求真求實。他「取原志而更訂焉，採之通志（省志），稽之州志（《連州志》），父老有傳，輿瞽（輿：車夫；瞽：盲人，喻凡俗之人）有記。舉凡往行遺跡罔不探奇禹穴，躬歷而目擊之，使無疑事疑言，不啻紫陽（宋代理學家、著名學者朱熹）注《詩》（《詩經》），親行草間，振羽鳴股之屬（此指瞭解各種昆蟲之習性），必為紀實傳信而後快。」（《順治陽山縣志》卷首《陽山縣志後序》，第 4 頁）

（四）力求記述內容之詳盡豐富

　　我國地方志的編纂，魏晉南北朝時期已啟其端，並且出現了不少有價值的著作。宋以後獲得較大的發展，其中以《咸淳臨安志》影響最大。清人朱彝尊評價說：宋人地志（方志）幸存者，惟潛氏（潛說友）此志最詳。現代學者

也說：「其書內容非常豐富，杭州的碑刻幾乎全被搜集進去。……內容有圖、疆域、山川、詔令、風土、人物、祠祀、寺觀、園亭、紀遺等門。……特別是由於它內容豐富，因而竟成為今天研究有關南宋歷史必不可少的資料之一。」（倉修良、魏得良：《中國古代史學史簡編》，黑龍江人民出版社，1983 年，第 362頁）

　　章學誠在《文史通義》卷六外篇一《州縣請立志科議》中說：「惟分者極其詳，然後合者能擇善而無憾也。」（章學誠：《文史通義校注》卷六《外篇一．州縣請立志科議》，第 588 頁）這裡所說的「分者」即地方志；「合者」即「一統志」或國史。又說：「志之為體，當詳於史，而今之志乘所載，百不及一。此無他，搜羅採輯，一時之耳目難周，掌故備藏，平日之專司無主也。」（章學誠：《文史通義校注》卷八《外篇三．答甄秀才論修志第一書》，第 821 頁）「方志為國史所取裁（材），則列人物而為傳，宜較國史加詳。」（章學誠：《文史通義校注》卷七《外篇二．亳州志人物表例議下》，第 808 頁）沒有詳盡的方志以為憑據，國史也便成了無源之水，無本之木了。因此，為了寫好方志，章學誠認為應當「詳今而略遠」，「詳後而略前」，總之應比國史「加詳」。康海的《武功志》三卷被某些人奉為「文簡事核，訓辭爾雅」，「後人至欲奉為修志楷模」。章學誠卻批評說：「夫康氏以二萬許言，成書三卷，作一縣志，自以為高簡矣。今觀其書，蕪雜特甚。蓋緣不知史家法度，文章體裁，而惟以約省卷篇，謂之高簡，則誰不能為高簡邪？」（《文史通義校注》卷八《外篇三．書武功志後》，第 905頁）以「簡」著稱而受後人好評的韓邦靖的《朝邑志》同樣也受到了章學誠的批評。現代學者同樣認為：「志書以資料取勝，當地社會和各種事物的發展規律，都是通過事實去體現。因此，志書的內容特別（是）現代部分，要求寫得全面、具體、詳細，凡有意義的，不分大事小事，都要記載。正是從這個意義上，我們說地方志『鉅細皆收』『無所不載』。」（王復興：《方志學基礎》，濟南：山東大學出版社，1987 年，第 307 頁）

　　為了使方志記述內容全面而詳盡，粵北各府縣志在目錄設置上講求全面而完善。明朝萬曆年間任仁化縣令的司馬暐主持纂修的《仁化縣志》八卷，從篇目來說，「發凡舉例，為繪以象形者一：曰《圖位》；為記以載事者六：曰《輿地》，曰《賦役》，曰《秩官》，曰《政治》，曰《禮教》，曰《人才》；為外以備考者一：曰《雜掮》，而總之則為上下八卷。」從時間及內容而言，則「上溯禹貢之分（土），下逮近古之勝（跡），究因革之所明，採民風而剿說，屬事

陳詞，衡□具在，義以地裁體，仍連例有先得我心者。又其編詳於今而略於古，遺（略）於遠而侈（詳）於近」。儘管如此詳盡、全面，司馬暐縣令仍「有缺疑之思焉。雖其起自獨創，前無承籍（無前人之本可參照），風土之記載或有未悉，一人之睹聞容（或許）有未周。」期盼以後方志可以修纂得更加「詳」，更加「備」：「然今日以昔（日）為昨，來日又以今為昨，古今之相昨（視為「昨天」）一也。草創於今，令後來繼今者有所憑藉而嗣輯（續修）之，致詳於略，紀備於遺，斯其大都矣（這就是方志修纂的大體要求）。」（《同治韶州府志》卷三十九卷《藝文略》，第 828 頁）

明朝萬曆年間曾任乳源知縣的潘紹忠在為新纂的《乳源縣志》所寫的序中也曾指出過正史與方志的區別是「史約而嚴，志詳而悉」。因此，在編纂《乳源縣志》時，潘紹忠知縣為縣志設立了眾多的類目以便盡可能全面地記錄方方面面的情況。如設《圖經》、《疆域》以記地理形勢；設《節序》、《氣候》以反映天文方面的情況；又設《公署》、《學校》、《理義》、《賦役》、《秩官》、《選舉》、《兵防》、《名宦》、《人物》、《貞烈》、《藝文》等篇目以囊括各方面的信息，真正是「雖一草一□亦著厝焉」，「天施地化，人事之紀其具是哉！」（《同治韶州府志》卷三十九《藝文略》，第 829 頁）

同為萬曆年間任陽山知縣的鄭梓在為新編的《陽山縣志》作序時，開篇即云：「夫地必有志，非以侈觀（開眼界，壯觀瞻）也。志記疆域，將以明廣狹；志山川，將以知險平；志星野，將以察妖祥；與夫（志）人才以觀盛衰；（志）宮室以見興廢；（志）土產以示生育；（志）善惡以昭勸誡……皆有為而書，不虛談也。」（《順治陽山縣志》卷之七《縣志序·鄭梓縣志序》，第 121 頁）

明朝末年，江曲縣令潘復敏修《曲江縣志》，就定下了修志的宗旨之一是記錄的內容應具有廣泛性，致少亦應包括十個方面。他在序中說：

> ……因念今曩（古）異時，彼此殊局，則有不得不輯者十焉。如南韶道向署清遠（過去設治於清遠縣），今何以坐鎮虞城？如遇仙橋向不徵商，今何以權關？資餉如鹽埠之設，鹺課（鹽稅）所關，向何以缺焉不講？如雜待之需，公費所出，今何以盡括解京？如韶營、練營、標營，雖轄於上，應（如何）籍其數於可稽？如新營、岸營、水營，雖創於今，應（如何）綜其實於可久？又如通天塔、城隍廟，以占形勝而庇生靈，應（否）與先賢、先宦（名宦）之碣

（碑記）同勒於不磨？又如元（玄）妙觀、周公祠以祈景（洪）福
而薦明禋，應（否）與各祠之租同清於無盡？其他（如）遼餉之加
一（增加十分之一），驛傳之扣三（扣減十分之三），切於國計；縣
學之遷移，郡城之開闢，應乎人文，悉宜增補以俟後人之參考；至
於官師之迭任，科貢之聯飛；或宏才絕德，須錄示來茲（將來）；或
澗碩閨芳（名士列女），須闡厲末俗（樹立榜樣以改變落後風俗），
何者所當置？何者所當忽（革）？……蓋（可見）志之不容泯泯（缺
失）而縣之不容不自為一書也。」（《同治韶州府志》卷三十九《藝文
略》，第 826 頁）

清代康熙年間韶州知府唐宗堯主持修纂《韶州府志》，他在序言中開篇亦
云：「郡邑之有志，猶國之有史也。政事之得失，人才之盛衰，吏治之污隆，
戶口之繁耗，輿圖之廣狹，山川之險易，財賦之盈虛，物產之良惡，氣候時變
之災祥，名蹟（名勝、古蹟）、建制之沿革，武備、城郭之堅瑕（牢固或鬆懈），
鬼神、祀典之崇替與夫（以及）一人一物之微，一事一言之末，凡（有）裨國
計民生者例皆得書。一則備軺軒（朝廷使者）之採，上慰九重清問之意，一則
集文獻之盛，下垂百代徵考之模，此志之所由來也。」（《同治韶州府志》卷三
十九《藝文略》，第 825 頁）說明了方志的特點之一是內容廣博，舉凡與地方政
治、經濟、民生、社會相關的方方面面的內容都應包囊於其中，為的是讓朝
廷及後人全面瞭解地方情況，以作為施政或學術研究之依據，同時也說明了
韶州歷史文化悠久，值得記述傳世的內容很豐富。

（五）注重深入鄉村，實地調查訪問

方志的修纂與其他著述活動不同。許多學科的學術研究或文學創作，或
許深居書齋，憑藉文獻資料或浮想聯翩即可完成（本文寫作即屬「足不出戶」
之類），而方志的修纂，諸如文字資料（如碑刻、墓誌等）的收集、人事的瞭
解，風俗的考察等等，常常得深入鄉村才能有所收穫。縱觀明清時期參與方
志編修的官員、文人、學士，無不重視深入社會瞭解情況以獲取實用資料。
例如明代萬曆年間曾任乳源知縣的潘紹忠，在為《乳源縣志》修成所寫的序
中，開篇就如是說：「不佞（作者謙稱）無善狀，謬承乏茲土（受朝廷委任來
此任縣令），入境之初，殫精延訪，備詢險要厄塞、建置沿革、達人哲士、民
風吏治、新故之宜蘄（新舊政策、制度的適宜或不適宜），或審於異同，察於

順逆，因其教不易其俗，循其性不拂其能，以張馳宜民。顧（考慮到）故老凋謝，簡帙不留，簿書空言，徒為風影（不足為據），譬之（好比）攬轡（騎馬）周行，躊躇紆左，索途於人，靡知所騁。豈能排閭闔（傳說中的天門），叩天閣（天門守門者），後先於王良（春秋時期晉國人，善御車馬）、造父（西周穆王時善於駕馭車馬者）也。」（《同治韶州府志》卷三十九《藝文略》，第 828 頁）潘紹忠作為一縣之令長，日理萬機，為了編纂《乳源縣志》，也不得不深入鄉間去瞭解山川形勢，歷史沿革，哲士賢人，民風吏治等等情況。不僅如此，由於許多瞭解地方情況的耆老已經去世，由於「簡帙不留」，文件遺失，因此，即使深入鄉村去調查訪問，要想能搜集到足夠的有用的資料以編纂出一部優質的方志來，還是像要登天入門一樣深感困難的，更何況足不出戶如何能撰寫出有價值的方志呢！

（六）經歷艱難曲折

　　方志之編纂在古代社會可以說屬於一項既「勞人」又「耗財」的繁難工程。不僅需要動員眾多（常需數十人）文化精英參與其事，而且雕版刊印亦常令許多負責官員傷透腦筋，深感籌措乏力。這就是明清時期粵北方志編纂過程中呈現的特點之一：歷經艱難曲折。一些府志或縣志，歷經幾任官員「接力」，亦未最終完成；一些熱心文化事業的官員到任已歷多時，竟然不知道幾年之前曾經編纂過方志，又欲組織力量重修；或者欲覓幾年前編纂的方志翻閱，竟費了九牛二虎之力而難尋蹤影。這種情況的存在由多方面的原因所導致：一是主持修纂的行政官員多是來去匆匆，幾年即遷轉，甚至一年半載即調任（多為署任官員）；二是方志從組織發動，到調查採訪，布局謀篇，以至付諸刻印，是一項不僅耗時而且耗財的艱難工程。不少方志刻印至半即告停廢，就是因為經費供應不上；三是時局動盪，戎馬倥傯（如明末農民起義、明清易代戰爭、清初平定「三藩之亂」，近代更是戰爭連綿），粵北諸縣又多為貧窮且人口稀少之地區，經費籌集尤顯艱難。這對方志的編纂刻印也造成了莫大的衝擊。這一點從前面敘述粵北各府、州、縣志的編纂曆程中已可概見。

　　前述《連州志》的修纂，從乾隆辛卯（1771）楊楚枝在任修志時算起，至同治戊辰（1868），期間經歷了近百年，才最終修成《同治連州志》。這是由於行政官員的頻繁遷調及經費籌措艱難所致。

三、明清時期粵北地區方志修纂的歷史意義

（一）方志是統治者瞭解地方情況以決定施政方針策略的一個重要途徑

章學誠曾說：「修志者，非示觀美，將求其實用也。時殊勢異，舊志不能兼該，是以遠或百年，近或三數十年，須更修也。」（《文史通義校注》卷八外篇三《記與戴東原論修志》，第 870 頁）又說：「（方）志不特表章（彰）文獻，亦以輔政也。」「方志為一方政要，非徒以風流文采，為長吏飾儒雅之名也。」（《文史通義校注》卷八外篇三《為畢秋帆制府撰《石首縣志序》，第 889 頁，第 903 頁）

方志為什麼能成為「一方政要」？就因為，在封建時代，「朝廷對地方官有一套嚴格的考核制度，考績的優劣，直接關係到地方官的升降榮辱。要取得優秀的政績，必須全方位地瞭解本地區土地、人口、賦稅、物產、民風、強宗豪族、耆舊節士等諸方面情況，以便制定對策。方志恰恰能承擔此任。有了它，地方官可以對上詳細述職，對地方能起『輔治之書』的作用。因此，地方官都十分重視方志的編纂。」（衛家雄：《方志史話》，北京：中國大百科全書出版社，2000 年，第 29 頁）

元朝統一之時，曾向各地方徵集方志上呈。韶州府無府志可以交差。清朝康熙年間任韶州知府的馬元在《韶州府志·序》中說：「……韶為廣東壯郡。元下車（元朝統治之初），首索郡志，缺佚而不修者。閱（經過）八十年，兵火之餘，典章耆老略無可考。顧（但是）四境之流移未復，習俗未變，守土小臣撫循噢咻（籠絡爭取）之不暇，僅於退食（之餘）辯證是非，別加朱墨（修改），蓋日月一至焉（十天八天即過問一次府志修纂進度），猶未就理……」雖然統治者重視方志，下詔索取方志上呈，無奈韶州府原有舊志早已佚失不存，加之元朝為蒙古族入主中原建立的封建政權，推行等級制度，實行民族歧視政策，使國內階級矛盾、民族矛盾都較尖銳，封建統治秩序不穩，故元朝統治近百年中，地方官未暇顧及方志的修纂。

清初，統治者同樣很重視方志的編纂與徵集。馬元在序中接著說：「適奉省符下郡，取各屬乘（縣志）刪定而獻諸京師，備《一統志》採擇（選材）。」統治者徵集全國方志以備編修《一統志》，目的「豈欲誇耀百代，蓋將晰（瞭解）險易，察貞淫（考察民風），一道德，同風俗，不出九重之內而四目四聰（目明耳聰。兩目當四目用，兩耳當四耳用），明達無不遍伏。」（《同治韶州府

志》卷三十九《藝文略》，第 825 頁）即通過地方志以瞭解各地情況，以便制定合適的方針政策以治國安邦。

統治者治理國家首先需要瞭解國家的地理形勢以及風俗人情。據說，原始社會末期，「有虞氏之撫天下也，五年一巡狩，遍考其地之山川以為政治之本，命禹作司空，平水土，定貢賦，九州之內咸奠其居（安居樂業）。」（《民國仁化縣志》卷首《重修仁化縣志序》，第 450 頁）有虞氏（舜）被「天下」推舉為部落聯盟首領，每隔五年即「巡狩」地方一次，表面看來是「狩」（打獵練武），其實是藉此瞭解各地山川形勢，根據山川形勢而制定貢賦數額並布置防守力量，這是國家機器得以正常運轉的前提條件。貢賦制度合理，「九州之內」才能「咸奠厥居」，國家才能長治久安。瞭解國內各地形勢以便制定合理方針政策，這是明清時期最高統治者重視方志修纂，一再下詔令敦促地方修志上呈的一個重要原因。

清朝順治十二年（1655），陽山縣知縣郭升已主持重修了《陽山縣志》。僅是時過三年，順治十五年（1658），新任知縣熊兆師又作重修。他在序言中就明確說明了修志之意義，認為地方官施政一方，方志是不可或缺的一個重要「助手」。他說：

> 或問曰：邑之有志何也？曰：將以志（記錄）一邑山川之險易，風俗之美惡，田賦甲兵之盈縮，禮樂人材之盛衰與夫（以及）長吏賢否，政治得失，悉詳而載焉，使官斯地者按志而求，如鑒鬚眉，如燭幽隱，如倉公之診病，洞見五臟而後知治療之方也；如紀昌之學射，視蝨如車輪而矢無虛發也。若邑而無志，如適千里之程而莫識其分歧泊宿之處，行何以不迷也？如操萬金之賈而莫辨其布帛長短，貨貝價值之數，何以權子母（權衡本利）而獲利三倍也？此志之不可已（無）也！（《民國陽山縣志》卷之首《舊志考》，第 133～134 頁）

康熙年間亦曾多次下詔要求地方官要修志上呈。地方官聞令奉行。這是康熙一朝各地志書湧現的一個重要原因。康熙二十六年（1687），粵北連州知州安達里主持了《連州志》的重纂。他在序中敘述了編纂州志的緣起時說：

> 國朝定鼎，（連）州志已修於康熙十二年（1673），第（但是因為）自十五年（1676）變亂（三藩之亂）至今，又越十年餘。其間運會（世事）變遷，有足（值得）採錄者自宜登載志內；況今嶺南濱海，屹然帶礪之封（作為背山面海之封疆），百粵巖疆仍復天朝之

度，聖天子廑懷繫念（念念不忘）。顧謂殄逆殲暴（考慮到平定三藩之亂）以來，粵省山川城郭豈無侈然（大為，顯然）改觀者乎？井里戶口無復增減，徭役賦稅無有盈縮者乎？其閭閻里巷當必有節烈士女，操義秉貞……凡此俱關世運，不忍淹沒於草莽也。爰（於是）下詔諮諏博採，備錄以登秘苑（秘書省，主管圖書秘籍）。余叨守是邦（奉命來任連州知州），憲檄（上級文件）至日即延紳士謂曰……」

（《同治連州志》卷之一《舊志序》，第 555 頁）

從安達里知州所寫這段文字可以看出，他組織編纂《連州志》是奉「憲檄」之命，而「憲檄」又是奉朝廷之令。否則，距上次方志修纂僅是相隔十餘年，如無上級指令，知州安達里大約是不會組織力量重修州志的。畢竟，方志之修纂及刻印是頗為耗費時間、人力及錢財之事，否則就不至於常常要相隔數十年甚至百餘年才重修一次了。

方志之所以能輔助地方政治，是因為它記錄了地方的利弊，對於地方官的施政有所借鑒，有所幫助。道光二十三年（1843）參與重修《英德縣志》的陸殿邦在「序」中說：「地志（方志）志（記）地方利病……英德踞省會上游，其利病所繫尤重。」黃培燦來任英德縣縣令，之所以要主持重修《英德縣志》，也是為了瞭解地方的「利病」：「邑侯（縣令）會稽（人）黃桂圃（黃培燦）先生以邑志自康熙間重修，迄今（已）百五十六年，久未增輯，所有利病慮（大概）無以周知，屬（囑，託付）為纂修。」那麼，英德縣從歷史上來看，到底存在著哪些「利病」呢？陸殿邦作為本土人，對此有較深入的瞭解。他在序中說：

竊嘗惟（我認為）英邑（英德縣）大勢，其病苦有三：曰差徭，曰盜賊，曰水災；其利謀有四：曰廣建置，曰守厄塞，曰聯堡約，曰備積儲。其可振作有一：曰風俗人心。（英德縣）地當水陸交衢，自漢以來民咸以役為病（因為沉重的賦役而痛苦煩惱）。方今重熙累洽（天下太平），莫（暮）夜無驚，然談及向時（過去）差徭苦累，父老猶為變色（還是心有餘悸），其病一也。山區最易藏疾，周峒（四周山間）曾經嘯聚，羅山每患震鄰（山區曾發生過多次「叛亂」，影響及於鄰縣），其病二也；北江之水下□尋陋，每逢霖潦（大雨），汛濫為憂，尤天時地利之無如何者，其病三也。欲革其病，非興其利不可。江城斗大，緩急難恃，利在增築外郭、附城、廟剎；避水潦，利在邐建高埠；廣衍如走馬坪，利在開設集場；幽僻如觀音山，

利在關為蘭若（寺廟）；騷擾如大小江，厄要如大源峒，利在添置卡房（哨所），以其民守其地；莫利於聯堡約而設隘夫（守關人員），以其食養其民，莫利於備積儲而防災歉。果爾（如果能做到以上各項），則霖災有備，盜賊無憂，而且無事鼓腹（飽食）忘其苦，有事同袍（協力）覺其樂。四利興而三弊革矣。是在賢司牧（有作為的地方官）所以振作其風俗人心者何如耳。」

序言最後，作者說：「若於邑（縣）之興利革病，則固將以是為嚆矢也。」——地方官若要在政治上有所作為，興利除弊，可以從這部方志中找到施政的立足點和起始點。（《道光英德縣志》卷這首《序》，第 125～126 頁）

由上述序言可見，《英德縣》的編纂者很注重對於地方利與弊的記錄與揭示，旨在為當政者提供施政的借鑒與啟示。

道光三十年（1850）秋，夏承煜奉檄權任佛岡廳事。「時巨盜周亞華等聚眾滋擾，勢甚（囂）張。余（夏承煜）欲周知（佛岡廳）山川險隘為堵剿計，逼索（急尋）廳志，不可得。嗣（後來）黃生澄溪、宋生章錫出示前任龔韞山（龔耿光）刺史所輯稿本，披閱一過，縷析條分，燦然大備，誠善本也！」（《道光佛岡縣直隸軍民廳志》序，第 3 頁）夏承煜初到佛岡廳，正遇上地方局勢動盪不寧，要平定地方動亂，穩定社會秩序，首先要瞭解地方的山川形勢，以便作出正確的軍事部署。這就不得不求助於地方志了。

光緒八年（1882）來任仁化縣令的鄧倬堂在《重修邑志序》中，開篇即云：「邑志之修，山川土物，風俗人情於是乎在，俾守土者得以相（瞭解）其地宜，起其頹俗，因利乘便，著為政令：此其關係為甚巨也。」（《民國仁化縣志》卷首《重修邑志序》，第 451 頁）也說明了方志是「守土者」「起其頹俗，因利乘便，著為政令」的重要手段。

（二）方志肩負著為朝廷編修國史或「一統志」提供資料的使命

清代方志理論家章學誠在談到方志的地位與意義時說：「國史於是（按：「是」指方志）取裁（材），方將如《春秋》之藉資於百國寶書，又何可忽歟！」（《文史通義校注》卷六《外篇一·方志立三書議》，第 573 頁）又說：「朝廷修史，必將於方志取其裁（材）。而方志之中，則統部取於諸府，諸府取於州縣，亦自下而上之道也。」「州縣志書……上為部府徵信，實朝史之要刪也。」「今天下大計，既始於州縣，則史實責成，亦當始於州縣之志。」（《文史通義校注》卷六《外篇一·州縣請立志科議，第 588～589 頁）

　　方志這方面的作用，正是明清時期統治者一再促使地方修志上呈的重要原因之一。有學者指出：「清代是我國方志發展的鼎盛時期，全國現存的七千多種地方志中，幾乎一半成書於清代。其原因自然是多方面的，而其中重要的一條在於清政府對修志工作非常重視。康熙十一年就曾詔諭各州縣分輯志書。雍正七年，因編修《大清一統志》，需要地方志作資料，於是對各地嚴諭促修，限期蕆事。」「因此，清代方志的編修，與前代相比，更為普及盛行。」「無論是數量之多，範圍之廣，都開了前所未有的記錄。」（倉修良、魏得良：《中國古代史學史簡編》，黑龍江人民出版社，1983 年，第 592 頁）

　　方志與國史具有密切之關係。可以說，史如家庭，志則如家庭成員；無成員，家庭從何而來？故有識之士云：「志與史名異而實同。史者一國之志，志者一屬（地方）之史，皆所以志（記錄）忠孝節義之事，有關於綱常名教，可以為訓者。故觀乎史而知一國之政教治化，觀乎志而知一屬之風俗習尚，靡不畢具，為其不事鋪排，去偽存真，刪繁就簡，信者書焉，疑者缺焉，法古史之遺意，不阿時俗之所好，始是傳後而無遺議……」（《民國連山縣志》卷一彭統見撰《新序》，第 370 頁）指出了史與志僅是記述範圍之廣狹有所區別而已，其他方面的要求及其特點則是共通的。換言之，史為一國之「志」，志為一方之「史」。

　　明代末年崇禎年間（1628～1644）編纂《曲江縣志》的曲江縣令潘復敏在序中說：「今天下車書大同，其藏在中秘（中央秘書省）者則有《一統志》焉。凡寓內（國內）之高山大川，民情士俗與世代之消長，政治之污隆（清濁），靡不包裹而縷析之，洋洋乎詳於《禹貢》，備於《周官》，俾聖天子不越堂皇（朝廷）而得以洞覽畢照者，端藉於此（方志）。」（《同治韶州府志》卷三十九《藝文略》，第 826 頁）

　　康熙年間《韶州府志》的纂修，就是韶州府奉朝廷修志上呈之命，先檄所屬六縣修志，然後再匯總編纂成《韶州府志》上呈中央以備《大一統志》的編修取材所用的。郡守唐宗堯在序中說：

　　　茲奉院（命）行纂修省志，先檄郡縣互相參補。於是，韶（州）屬六邑（縣）奉令唯謹，各具成書以報，有遺必錄，無徵不彰（無證據者不記錄），紀綱政策，文物山川，兵農錢穀，草木昆蟲，條分縷晰，燦若列眉。郡綜其成，復加讎校。六邑之書（志）遂成一郡之大觀矣。他日者上之執事，達之九重（向有關部門進呈，向皇帝

進獻），亦不失為『陳詩納賈』之意……（《同治韶州府志》卷三十九
《藝文略》，第 825 頁）

　　同治年間（1862～1874）來任韶州知府的額哲克對於方志修纂所具有的
重要意義亦有深刻的認識。他說：

> 古先王命太師陳詩（獻上從各地搜集到的民間流傳的詩歌）以
> 觀民風，命市納賈（讓管理市場的市令招納商賈到市場來交易）以
> 觀民之所好惡，將以齊民之不齊而政教之也（引導民眾以符合政治
> 和教化的要求）。三代（夏、商、周）而降，能師古遺意，集事書簡
> 冊（搜集事實書寫記錄於簡策之中）以備輶軒（朝廷使節）之採者，
> 其惟志也乎（這大約只有方志能承擔這一使命了）。志以質（樸實）
> 不以文（辭藻華麗），道紹旁搜，鉅細靡（無）遺，有美必彰，無微
> 不錄。非侈（誇耀）也，示勸（旨在激勵）也；非陋也，微實也（不
> 求簡略，只求真實）。通志（國志、省志）約而賅，郡志邑志詳而備，
> 合天下之成而為大一統（志），是烏可以方隅限（這怎麼能認為方志
> 只是記錄一個地方的情況而不予重視呢）！」（《同治韶州府志》卷三
> 十九《藝文略》，第 827 頁）

　　額哲克這段文字清楚地表明：方志雖然是記錄一個地方的情況，但國家
是由各個地方組成的；要瞭解一個國家的歷史文化，就首先要瞭解各個地方
的歷史文化。因此，如果沒有方志的話，人們想要瞭解國家的情況，便成了
無源之水，無本之木了；國家要編寫《大一統志》也是不可能的。

（三）能對社會起教化作用

　　許多志家都認為，方志要具有「經世」的作用，即能對社會（包括官員
及民眾）起教化作用。我國方志學鼻祖章學誠曾說：「史志之書，有裨風教者，
原因（是因為）傳述忠孝節義，懍懍烈烈，有聲有色，使百世而下，怯者勇
生，貪者廉立。《史記》好俠，多寫刺客畸流，猶足令人輕生增氣；況天地間
大節大義，綱常賴以扶持，世教賴以撐柱者乎！」又說：「竊謂邑志搜羅不過
數十年，採訪不過百十里，聞見自有真據，宜加意採輯，廣為傳述，使觀者有
所興起。」（《文史通義校注》卷八《外篇三·答甄秀才論修志第一書》，第 821 頁）
現代學者同樣認為：「方志的性質既屬史體，當然它的作用也就無異於國史。
因此它的任務，首先就要具有「經世」之史的作用，能對社會起教育作用。」
（倉修良、魏得良：《中國古代史學史簡編》，黑龍江人民出版社，1983 年，第 570 頁）

道光三十年（1850），奉檄權（代任）佛岡廳事的夏承煜初來乍到就急於尋找地方志以瞭解當地的社會及民情，沒有找到刻印本，只找到手抄本。他擔心這手抄本日久為蟲蟻所食，「後之君子將何所考據乎」？於是，他與當地諸縉紳商議，「謀醵金付梓以永（長久）其傳」。夏承煜之所以重視方志的刻印，是因為他對於方志的功能有著深刻清楚的認識。他認為方志能讓讀者生「仁德」之心，生「稽古」之心，生「經世」之心，生「砥節礪名」之心。他說：閱讀方志可使「都（地方）人士覽其提封（區域）之廣袤，戶口之豐盈，知我國家厚澤深仁，休養生息，則群然（人人）生詠仁蹈德心；見夫耆儒碩彥，博學多才，則皇（惶）然生稽古心；（見夫）名公巨卿，豐功偉烈，則奮然生經世心；（見夫）孝子忠臣，義夫節婦，重於泰山喬嶽，潔於昆玉秋霖，則毅然生砥節礪名心……是斯志也豈惟（哪裏只是）備文獻，資考證云爾（而已）哉，異日人才蔚起，俗茂風淳，其所以光國史而昭來茲（將來）者，皆斯志為之嚆矢（響箭，喻開端）也。」夏承煜認為一部方志可以令「人才蔚起，俗茂風淳」，並且可以起到「光（助益，裨益）國史而昭來茲」的多方面的作用，真可謂意義極其深遠了！（《道光佛岡縣直隸軍民廳志·刊佛岡廳志序》，第3頁）

康熙二十六年（1687），連州知州安達里主持重修《連州志》。他把連州的紳士請來，對他們交代了編纂方志的幾條基本原則。他說：「茲典甚巨，所關非眇（這次奉朝廷之命編纂《連州志》，關係非同小可）。余一人之心志有限，眾人之耳目無窮。自變亂（按，指三藩之亂）至今，災眚變異，節孝貞烈，有裨地方盛衰，人民風教，可堪抑揚（值得後人學習或引以為戒）並足以警世垂戒者，不妨鉅細隱微，悉據見聞以便上之。」一言以蔽之，只要是對民眾教育有積極意義的事情或人物，正面的或反面的，都應加以記載。（《同治連州志》卷之一《舊志序》，第555～556頁）

同治十年（1871），韶州知府額哲克為《樂昌縣志》作序，最後如是云：「余喜其書之成也，異日者（將來）達諸天子，可以驗（瞭解）風俗；貽諸後賢，足以成教化，聞者興起，不重有賴於今日耶？尤冀（樂）昌之士民食舊德（沿續繼承原有美德），服先疇（向先賢學習），勤詩書而蓄道德，安耕鑿（安居樂業）而知禮讓，追臻隆古，繼美敦龐，際（適逢）休明之盛世，以共樂於光天化日中也，豈不懿（美好）歟！」（《同治韶州府志》卷三十七《藝文略》，第827頁）指出了方志的重要功能之一是「貽諸後賢，足以成教化」，令「聞者興起」，令樂昌縣之「士民食舊德，安耕鑿而知禮讓」。

　　光緒元年（1875），仁化縣令葆春在《重修仁化縣志序》中說：「余維（我認為）邑（縣）之有乘（志），猶國之有史。國史所以示褒貶，立千秋名教之防；邑乘所以寓勸懲，昭九夏（顯示國家）同文之治，源流各具，體例皆同。我國家定鼎燕京（北京），幅員極廣，久洽寰區，凡日月所照，咸梯航（爬山涉水）而畢至，收圖籍而藏諸天府（朝廷），採歌謠而列於樂官，固已萬邦欽聲教之隆，四海仰車書之盛已……」認為縣志與國史的功能是相同的，都是「示褒貶」，「寓勸懲」；「收圖籍」、「採歌謠」，編纂地方志都是為了讓官員們，讓民眾們瞭解地方情況，為鞏固統一服務。序文又說：「仁化雖蕞爾小邑，物產不豐，然其間傑出之才亦非無可表見（記錄、表彰）者。使（假如仁化人士）能爭自濯磨，又何難與張文獻（張九齡）、余忠襄（余靖）諸公後先相輝映？特患其安於僻陋，不能奮發有為耳！」（《民國仁化縣志》卷首《重修仁化縣志序》，第 450 頁）認為仁化縣雖然是個小縣，但仁化縣歷史上也有值得記錄的人與事；借助於方志的啟迪教化，激濁揚清，仁化縣同樣可以湧現著名人物，「又何難與張文獻、余忠襄諸公後先相輝映」乎！

　　在談到方志的意義所在時，有學者指出：「在封建社會，方志有『輔助政治』、『國史取材』、『弘宣風教』等功能。後人概括為『資治、存史、教化』三種作用。也就是說，方志有助於統治者對地方乃至全國的治理；保存了大量『國史文闕』的地方史料；有利於封建倫理道德的宣揚。因此，方志一直受到歷代政府的重視。」（衛家雄：《方志史話》，北京：中國大百科全書出版社，2000 年，第 2～3 頁）在這方面，筆者以上論述可謂「英雄所見略同」。當然，筆者認為，方志的意義並不限於以上幾個方面。例如，方志還可以起到讓地方統治者們見賢思齊的作用：方志中所記錄的眾多「名宦」的事蹟正是他們學習仿傚的榜樣；方志保存了多方面的地方歷史信息，又為後人研究地方歷史文化提供了珍貴的資料；方志中的《藝文志（略）》保留了許多歷史時期的文人或官員的優秀文章，揣摸其中的遣詞造句、寫作技巧，還可以提高我們的寫作能力，使我們寫起文章來更加駕輕就熟，得心應手，等等。有學者還指出：「方志的編修，對地方官來說，還可以起到『交接班』的作用，新上任的官吏，看了本地的方志後，不僅可以瞭解到這裡的風土民情以及物產、賦稅徵收等情況，而且還可以瞭解到前任官吏做了那（哪）些興利除弊的『德政』，還有那（哪）些問題應當解決。」（倉修良著：《方志學通論》，濟南：齊魯書社，1990 年版，第 91 頁）也有學者認為，方志還能促進地方旅遊業的發展：「初看

起來，地方志和旅遊很難聯繫起來。但只要讀一下唐代大詩人韓愈路過韶州，觀賞當地風光時所作的膾炙人口的詩：『曲江山水聞來久，恐不知名訪倍難；願借圖經將入界，亦逢佳處便開看』，便可明白古人很早就利用地方志（圖經）作為旅遊觀光的工具。」「正由於方志內容的廣泛性，決定著地方志與旅遊有著密切的聯繫，方志具有很強的旅遊價值。」（巴兆祥：《方志學新論》，上海：學林出版社，2004 年，第 47 頁）本文前已述及，清順治十五年（1658），嶺南道左參政姚延著到粵北考察政治，知陽山縣事熊兆師派人給他送去新修成的《陽山縣志》，讓他寫個序。姚延著在序中說：「余參知左省，例得采風行部，於求瘼問政之暇，尋所為（謂）『松石』、『林岩』、『龍湫』、『鳳灘』諸境，搜奇抉奧，臨風弔古，以廣見聞，應籍侯（熊兆師知縣）是書為嚆矢也。」（《順治陽山縣志·陽山縣志序》，2～3 頁），說的其實就是這個意思——方志有助於旅遊觀光！王復興著《方志學基礎》，第十五章在探討「整理研究舊方志的意義」時，概括為以下幾個方面：一是「瞭解各地的歷史」；二是「為經濟建設服務」；三是「為科學研究服務」；四是「提供鄉土教材」；五是「促進方志學的研究和新方志的編纂」；六是「有利於舊志的保存和流傳」；七是「促進文化事業的繁榮」，（王復興：《方志學基礎》，濟南：山東大學出版社，1987 年，第 337～339 頁）也是深有見地的。正因為方志具有廣泛的社會功能及意義，才促使從中央到地方的大小統治者們對方志的修纂極其重視，一再重修，綿延不絕，形成為我國歷史文化中的一項優良的傳統。

禪宗六祖惠能及其禪學

　　唐代，廣東歷史上出現了一位佛教界著名人物——惠能。

　　據 2002 年 8 月 26 日《人民日報》15 版《六世惠能與珠江文化》一文報導，惠能的禪學，在國外被公認為與孔子的儒學、老子的道學並列。在英國倫敦大不列顛國家圖書館廣場上，矗立著世界十大思想家的塑像，其中就有代表東方思想的先哲——孔子、老子和惠能。這三人被稱為「東方文化三聖人」。加拿大華人會館尊奉這三位哲聖的坐像，以尊崇他們在三教（儒教、道教、禪宗）和三學（儒學、道學、禪學）上的至尊地位。1956 年，毛澤東到廣東視察，對中共廣東省委陶鑄等領導人的談話時說：「你們廣東省有個惠能，你們知道嗎？惠能在哲學上有很大貢獻，他把主觀主義的理論推到最高峰，要比英國的貝克萊早一千年。你們應好好看看《壇經》。一個不識字的農民能夠提出高深的理論，創造出具有中國特色的佛教。」有人說，孔子是黃河文化的代表，老子是長江文化的代表，而惠能則是珠江文化的代表。

　　惠能也作「慧能」，生活於唐初，原姓盧，先世是河北范陽（治所在今北京城西南）人。其父在唐高祖時被貶官，流落到廣東新州（今廣東雲浮市新興縣），因而落籍廣東，為新州人。據《欽定全唐文法海六祖大師法寶壇經略序》所述：惠能（638～713），俗姓盧，父盧行瑫，母李氏。惠能生於唐貞觀十二年戊戌（638）二月八日子時。次日，有二僧造訪，對惠能的父親說：「夜來生兒，專來安（起）名，可上『惠』下『能』也。」惠能的父親問「惠能」此名有何含義？僧曰：「『惠』者以法惠施眾生；『能』者，能作佛事。」言畢而去，不知所之。傳說惠能幼時，母無乳，夜遇神人灌以甘露。既長，年二十四，聞經悟道，往湖北黃梅東山寺拜師學法，受到東山寺住持、禪宗五祖宏

忍的賞識器重，把祖傳袈裟傳給惠能。這一年是唐朝龍翔元年辛酉歲（661）。於是，父親便給兒子起了個僧（法）名，叫「惠能」，含義是「惠眾生，能佛事」；後人因其智慧超人，又稱之為「慧能」。

惠能少年時期以打柴為生，生活艱苦，目不識丁。傳說，惠能一日偶然聽別人誦讀佛教《金剛經》，居然心有所悟。於是，其父送他北上蘄州黃梅縣（今屬湖北）東山（禪）寺拜師學法，受到該寺禪宗五祖宏忍的賞識，得授《金剛經》及禪宗初祖達摩所傳木棉袈裟。學成後惠能回到嶺南，為了躲避神秀（欲爭奪禪宗六祖地位）及其親信的追蹤加害，惠能回到嶺南後，隱姓埋名躲藏了十六年。儀鳳元年（676）正月八日，惠能到了廣州法性寺（今廣州光孝寺），謁見印宗禪師。惠能見寺上風吹小幡搖動，發表了一通透徹的唯心論見解，認為「非風幡動，心自動耳。」（宋·志磐：《佛祖統紀》第二十九，上海古籍出版社，1996 年）得到主持印宗的器重，立即為惠能削髮授戒。待惠能出示法衣，印宗反以師事之，並承認惠能為禪宗正統。一個目不識丁的樵夫就這樣成了佛教一個宗派的領袖。志載：

> 是月十五日，（印宗）普會四眾，為師（惠能）剃髮。二月八日，集諸名德授其（具）足戒。西京智光律師為授戒師，蘇州慧靜律師為羯磨（舉凡授戒的說誡、懺悔乃至各種僧團公共事務的處理所應遵行的一定程序），荊州通應律師為授中天，耆多羅律師為說戒，西國密多三藏為證其戒壇，乃宋朝（南朝劉宋）求那跋陀羅三藏創建，立碑曰：後當有肉身菩薩於此收（受）戒。又梁（南朝蕭梁）天監元年（502），智藥三藏自西（天）竺國（今印度）航海而來，將彼土菩提一株植此壇畔，亦豫（預）志曰：「後一百七十年，有肉身菩薩於此樹下開演上乘，度無量眾真，傳佛心印之法王也。」師（惠能）至是祝髮受戒。及與四眾（四方信徒）開示單傳之法旨，一如昔讖（過去的讖言遂成真實）。次年春，師辭眾歸寶林，印宗與緇白（僧侶及信眾）送者千餘人，直至曹溪。時荊州通應律師學眾數百人依師而往，至曹溪寶林，睹堂宇湫隘，不足容眾，欲廣之，遂謁里人陳亞仙，曰：「老僧欲就檀越（信眾）求坐具地，得不？」（陳亞）仙曰：「和尚坐地具幾許闊（要多寬）？」祖（六祖惠能）出坐具示之，亞仙唯唯。祖以坐具一展，盡罩曹溪四境。四天王現身，坐鎮四方。今寺境有天王嶺，因茲而名。（亞）仙曰：「知和尚法力

廣大，但吾高祖墳墓並在此地，他日造塔，幸望存留。余願盡捨（其餘地方願意全部捐獻），永為寶坊（永為寺院用地）。然此地乃生龍白像來脈，只可平天，不可平地。」寺後營建一依其言。師（惠）能遊境內，山水勝處輒憩（休息），近（短時間內）遂成蘭若（寺院）一十三所，今曰花果院，隸籍寺門，茲（此即）寶林道場也。（額克哲等修，單興詩纂：《同治韶州府志》卷 39《藝文略》，第 837 頁）

　　這段文字記錄了惠能初至韶州曹溪寶林，開闢佛教道場，建寺傳教的歷程，雖然夾雜著神化惠能的成分，但亦反映了惠能在粵北造寺布教方面有著重要的貢獻。

　　關於此寶林寺，當地流傳著這樣一個傳說：「先是，西國智藥三藏自南海（廣州）經曹溪口，掬水而飲，香美，異之，謂其徒曰：『此水與西天之水無別，溪源上必有勝地，堪為蘭若（寺院）。』隨流至源上，四顧山水迴環，峰巒奇秀，歎曰：『宛如西天寶林寺也。』乃謂曹溪村居民曰：『可於此建一梵剎（寺院），一百七十年後當有無上法寶於此演化，得道者如林，宜號「寶林」。』時韶州牧（郡守）侯敬中以其言具表奏聞，上（皇帝）可其請，賜『寶林』為額，遂成梵宮（寺院），落成於梁天監三年（504）。」（額哲克等修，單興詩纂：《同治韶州府志》卷 39《藝文略》，第 837 頁）

　　惠能在廣東曲江曹溪寶林寺（今韶關南華寺）傳教整 36 年。他大談「不生不滅」、「不斷不常」、「不來不去」的空無之道，大倡「道由心悟」、「自心是佛」、「本心生萬種法」的頓悟之旨（元·念常：《佛祖歷代通載》，第十五、第十六，中州古籍出版社，2015 年）。從哲學上說，頓悟說是主觀唯心論。

　　據記載，惠能曾為許多僧侶解答過種種疑難問題，使他們由原來迷惑不解而徹悟禪教真諦。例如：「法海，字文允，俗姓張氏，曲江人，出家鶴林寺，為六祖弟子。天寶（742～756）中預揚州法慎律師講席。初參六祖，問『即心即佛』，其義何居？（六）祖曰：『前念不生即心，後念不滅即佛。成一切相即心，離一切相即佛。若吾具說，窮劫不盡。』法海大悟。」（《同治韶州府志》卷 38《列傳·釋》第 810 頁）一些僧侶對佛學有疑難問題，在北宗祖師神秀那裡得不到解答，南下請益於惠能，便得「契悟」。如，「志誠，泰和（今江西泰和縣）人，初參神秀，（神）秀令往曹溪質疑。（志誠）乃隨眾（南下）參請。（六）祖曰：『今有盜法之人潛在此會！』（志）誠即禮拜，具陳其事。（六）祖曰：『汝師若為示眾（對人如何解說）？』（志誠）曰：『長誨大眾，住心觀

靜，長坐不臥。」（六祖）曰：『住心觀靜，是病非禪。長坐拘身，於理何益？
眾聽吾偈，曰：生來坐不臥，死去臥不坐。元（原）是臭骨頭，何為立功過！』
志誠再拜曰：『弟子在（神）秀大師處學道九年，不得契悟，今聞和尚一說，
便契本心（徹底明白），願為執持（拜師），朝夕不懈。』」

另據《嶺海名勝記》所載：「法達，豐城（今江西豐城縣）人，念《法華
經》三千部，未知宗趣。（六）祖令念至《方便品》，曰：『止此經以因緣出世
為宗。何者「因緣」？唯一大事。一大事即佛知見，汝無錯聽吾偈，曰：心迷
法華轉，心悟轉法華。誦經久不明，與家為仇家。無念念成邪。有無俱不計，
長御白牛車。』（法）達聞偈領悟。」又有記載：智通，安豐（治今江西泰和
縣）人，看《楞嚴經》，遇「三身」、「四智」之說，不能領悟，禮謁惠能六祖
求解。六祖解釋說：「『三身』者，清淨法身，汝之性也；圓滿報身，汝之智
也；千百億化身，汝之行也。若離本性，別說『三身』即名，有身無智；若悟
『三身』，無有自性，即名『四智菩提』。」聽罷惠能六祖的解說，智通「遂頓
悟」（《同治韶州府志》卷38《列傳·釋》第810頁）。惠能身邊有一名信徒，法名
「智徹」，原來是北宗神秀派遣南來要刺殺惠能的，但惠能經刺殺而不死，智
徹才明白惠能果然是法力無邊，於是棄惡從善，出家為僧，拜惠能為師學佛。
詳情大致如下：志徹，江西人，原姓張，名行昌，自少任俠。自佛教禪宗分化
為以惠能為代表的南宗及以神秀為代表的北宗之後，二宗徒侶競起愛憎，勢
如水火，大有「一山不容二虎」之勢。當時，北宗門人擁立神秀為禪宗「六
祖」，而忌諱惠能傳襲了五祖宏忍的衣缽，聲名早已廣為流傳。神秀心有不甘，
秘密派遣張行昌來刺殺惠能。惠能心有靈犀，已預知將要發生的事變，置金
十兩於座間。其夜，張行昌潛入惠能之室，將欲加害。惠能伸頸授之。張行昌
連砍三刀，惠能卻毫髮無損。惠能說：「負汝金，不負汝命（你真正需要的是
金錢，而不是我的性命）。」行昌大驚，仆倒在地，求罪悔過，當即表示願意
出家，拜惠能為師，投身門下。惠能將十兩金子遞給張行昌說：「汝且去，恐
（吾）徒眾害汝，他日易形而來，吾當攝授（你趕快離開這裡，否則讓我的徒
弟們知情，恐怕對你不利。日後換了裝束再來，我當接受你的請求）。」張行
昌依照惠能的囑咐，乘著夜色逃離。若干年後，張行昌出家為僧，南來拜謁
惠能。惠能為他講解《涅槃經》，忽然大悟。惠能說：「汝徹世（你領悟了人生
真諦），宜名『志徹』。」張行昌接受了惠能的建議，從此以「志徹」為法名。
（《同治韶州府志》卷38《列傳·釋》第810頁）。

　　惠能的代表作是《壇經》（又名《六祖壇經》）。這是唯一以「經」冠名的中國佛學著作，後被譯成日文、英文等多種外文版本，流傳到世界各地。《壇經》革除了傳統佛教經典名目繁多，內容龐雜，含義難解等弊病，創立了簡明易懂、通俗化、口語化、大眾化的經文。《壇經》不過 1.2 萬字，除去後人增加的部分，僅有萬字。

　　惠能圓寂之後，其弟子流播至四方，同時將南宗學說傳播至全國各地，影響日漸擴大。

　　例如，據《輿地紀勝》所載，有定慧大師，六祖惠能弟子，唐時始開翁源靈池山。景龍（唐中宗年號，707～710 年）初置寺，額為「翁山寺」，在翁源縣東北一百里。寺中有一碑，記載道：「昔開山和尚靈震真身，偽漢（五代時期割據嶺南的南漢國）封『普勳定慧大師』。」這則記載說明，惠能弟子定慧大師將禪宗的學說傳播到了翁源縣。

　　又有一僧，法名「石頭和尚」，高要人，俗姓陳氏，名希仙，亦惠能弟子。曾雲遊至清源山參拜思和尚。唐天寶年間（742～756），又雲遊至衡山南嶽寺。寺東有一石，狀如臺，和尚乃結庵於其上，取法號「石頭和尚」，招徒傳教。曾有門人「問曹溪音旨」，即南宗學說的本旨是什麼。唐元和年間（806～820）化去，壽九十有一，建塔於東嶺。長慶中（821～824）謚「無際大師。石頭和尚將南宗傳播到了清源山和衡山。

　　又有法名「崛多三藏」者將惠能禪宗傳播到了遙遠北方的五臺山。志載：崛多三藏，天竺（今印度）人，東遊至粵北韶陽（今韶關），拜見六祖惠能，於言下契悟。後來，崛多三藏雲遊到山西五臺山，至定襄縣（今山西大同市），見一僧結庵而坐，崛多三藏問此僧曰：「汝孤坐奚為（你獨自在此靜坐為了什麼）？」僧曰：「靜觀三藏（我要在寂靜之中領悟「三藏」的真諦）。」崛多三藏說：「觀者何人？靜者何物？汝何不自觀自靜？」此僧茫然不知所對。三藏說：我是西域異道（教）中根性最下者，亦斷不會墮於如此荒謬之見，兀然空坐，於得道何益？僧問三藏是拜誰為師的？三藏說，「我是拜六祖惠能為師，你何不速往曹溪，決其真要？」此僧聞言，立即動身南下廣東，參拜六祖惠能，求問佛法（《同治韶州府志》卷 38《列傳·釋》第 811）。

　　眾所周知，南宗（禪宗後分為南宗和北宗，以惠能學說為代表的稱南宗）以孟子的性善論改造佛教，提倡心性本善，佛性本有，覺悟不假外求，強調以「無念為宗」、「即心是佛」、「見性成佛」、「頓悟成佛」；認為「心」不僅是

成佛的基礎，而且是世界存在的依據。這些思想，主要是惠能提出的。在傳教中，惠能宣揚「道由心悟」、「自心是佛」、「本心生萬種法」等空無之道。惠能說：「我心自有佛，自佛是真佛。自若無佛心，何處去求佛」。他還比喻說：「世人性本清靜……如天常清，日月常明，為浮雲蓋覆，上明下暗。忽遇風吹雲散，上下俱明，萬象皆現。」在惠能看來，是否能理解佛教經典，與人的文化水平高低甚至識字與否並無關係（他本人原不識字，卻能理解佛經）；佛性之理亦與文字無關，換言之，一個佛教修行者，如果只是機械地照字念經，依文解義，就不可能真正獲得佛教真理，就難以覺悟成佛。因此，他否定了天竺原始佛教所宣揚的存在於西天淨土的佛，強調心外無佛，我即是佛；同時拋棄了天竺佛教某些繁瑣的戒律，主張不持戒，不坐禪，認為做到自由自在，無拘無束，無憂無慮，就是成佛了。

原始佛教的「西天說」讓人覺得太遙遠太渺茫，失去追求之信心，不利於佛教的傳播；惠能提出的「即心成佛」，使民眾覺得佛就在身邊，只要潛心修煉體悟；得道成佛的希望是很大的。歷史學家范文瀾指出，惠能的貢獻「是戰勝佛教各宗派，變天竺式的佛教為中國式的佛教。」郭沫若也形象地評價說：「惠能傑出處，不願升西天。」

有學者指出：「惠能一切皆空的思想和淨心、頓悟的教旨，拋棄了六朝以來弄得繁瑣不堪的天竺佛法，創立了含有玄學特色的、適合中國士大夫口味的佛教教派，並對宋代的心學產生過影響，具有積極的一面。」（蔣祖緣、方志欽主編《簡明廣東史》，廣東人民出版社，1993年，第134頁）也有學者指出：「慧能創立的禪宗，從某種意義上講，就是對傳統佛教的一種懷疑的否定。佛教發展到唐代，已經建立了龐大的僧團隊伍，翻譯了浩如煙海的經籍體系，制定了多如牛毛的戒律和儀軌。這種過分繁瑣化的傾向，使佛教越來越脫離廣大人民群眾，成為少數貴族的專利。出身於平民的慧能對佛教日益貴族化的傾向不滿，用一種『直證本心』的簡單法門，橫掃一切繁瑣佛教哲學和冗長的修習儀式，開創了典型中國化的佛教宗派——禪宗。」（張踐著：《中國宗教與中國文化（卷四）·宗教·政治·民族》，中國社會科學出版社，2005年版，第118頁）

惠能創立的禪學之所以影響深遠，是因為它跟我國傳統的儒家學說有著許多共通之處。

惠能在嶺南弘化，引起了中原皇室的尊重，受到了皇室禮請及供養。長壽元年（692），武則天派遣「天冠郎中」張昌期，前往韶州曹溪禮請惠能禪師

入京師長安拜見皇帝，惠能託病不去；到萬歲通天元年，「再請能禪師」，惠能還是不去，於是便請袈裟入內道場供養。武則天晚年又再次派薛簡迎請惠能；到唐中宗景龍元年（707）十一月，此時武則天早已去世，皇帝又派薛簡再請。可見惠能的名聲遠揚，已令朝廷大臣以致高高在上的皇帝都不可小覷了。惠能得到了中原皇室的尊重和供養，皇室屢次迎請惠能進宮，並為其建寺造塔。在滑臺大雲寺的「無遮大會」之後，通過對佛教南北宗是非的辯論，奠定了曹溪禪在禪宗的地位。

明代成化年間（1465～1487），憲宗在《御製檀（壇）經法寶序》中說：「朕聞佛西方聖人也，為善不倦，博濟無窮」；又說：「佛，弼（輔佐）也，其能弼世教而隆大行者也。」指出了佛教有兩大特色：一是從修身者自身來說「為善不倦」；二是從為社會服務或貢獻來說是「博濟無窮」，故「其能弼世教而隆大行者也」。「大行」即封建統治階級所鼓吹的各種政治及倫理道德規範。明憲宗指出：人性「有善有惡，有邪有正。得其正則性善而言順，得其邪則性惡而言乖……苟能於心性上究其真宗（本真，天性），辯其善惡，則聖賢地位何患乎不至耶！故佛樂於為善，心無邪見，性體圓明，虛靈淡泊，於空而不著空，於相而離諸相，所以成佛果而弼隆（對封建統治有重要幫助）。」如若人們都能像佛那樣「究其真宗，辯其善惡」，「樂於為善，心無邪見」，達於「聖賢地位」，則天下太平就可以預期了。憲宗還說：「越（古代嶺南稱「越」）嶺南有禪師盧能（惠能俗姓盧），乃新州人也，師於黃梅（東山寺），得衣缽之傳，究性宗之學，隱於曹溪，沒（歿）後，其徒會其言傳為《壇經法寶》，其言正，其性善，大概欲人修諸善道，離諸惡趣，與吾儒窮理盡性，自誠入聖之理而無殊矣！因萬機之暇制為序，敕廷臣趙玉芝重加編錄，鋟梓（雕版）以傳，為見性入善之指南。」（《同治韶州府志》卷39《藝文略》，第837頁）可見，在明朝統治者看來，禪宗「其言正，其性善，大概欲人修諸善道，離諸惡趣，與吾儒窮理盡性，自誠入聖之理而無殊矣！」既然如此，儒學與佛教便可並駕齊驅，如車之兩輪，鳥之雙翼，互相配合，共同為封建統治服務。

正如南宋學者孫時敏所撰《光運寺證誓大師碑記》所云：「儒佛之道相為表裏，如來（佛）以心印相授，不立文字，非通儒啟其關鍵，學者莫知所從入。曹溪老盧（惠能）親授衣缽於黃梅，必得柳宗元、劉禹錫潤飾之，然後其道益尊。」作者在文後作偈云：「佛法從西來，暗與儒道合。吾儒惻隱端，即是佛慈悲。慈悲與惻隱，同實而異目……」（《同治韶州府志》卷38《列傳·釋》，

第 811～812 頁）說明了儒學與佛教之間具有密切之關係，同時也說明了文人學士在推動佛教（尤其是以惠能為代表的禪宗學說）在社會上廣泛傳播方面，起著重要的作用。唐代著名詩人王維曾撰寫了一篇《六祖能禪師碑銘並序》，據此文所述，惠能的德化，不但百越氏族（浙東、閩、粤、越南等），連印度、南洋群島，都有遠來禮敬請益的。惠能弘化於嶺南，對邊區文化的啟迪，海國遠人的嚮慕，都有所貢獻。所以王維稱譽為「實助皇王之化」。著名文人柳宗元也撰寫了《大鑒禪師（惠能）碑銘》、劉禹錫撰有《大鑒禪師第二碑銘》等長篇文字，對於惠能及其禪學有較詳盡的解說及頌揚，無疑有助於禪宗學說的傳播及惠能名聲的遠揚。

另外，惠能創立的禪宗之所以具有重要意義，是因為佛教自兩漢之際傳入中國，發展到唐代，不僅形成了龐大的僧侶隊伍，制定了繁多的戒律，使佛教越來越脫離了廣大民眾，成了僧侶階層的「專利」。僧侶成了「貴族」。這顯然違背了佛教的宗旨。佛教的宗旨是「普渡眾生」——幫助所有人脫離「苦海」，到達「極樂世界」，而非造成社會上一個寄生階層。惠能所創立的禪宗，反對繁瑣的佛教哲學和嚴格的修習儀式，使佛教更加接近中國的民眾，實現了佛教的中國化，使佛教能更有效地為維護封建統治服務。可以說，自惠能之後，才有了真正的中國佛教。故惠能又被稱為中國佛教的開創者。

惠能之所以能在佛教界提出新思想，除了其本人非凡的稟賦外，也與嶺南文化的薰陶有關。西江是佛教在廣東傳播的重要地區。早期曾出現過一位佛學大師牟融。牟融是東漢末三國時人，有記載說他曾任蒼梧太守。牟融先學儒學，後轉奉佛學，著有《牟子理惑篇》二卷，現存《牟子》一卷本。《牟子》宣揚佛、道、儒一致的觀點，引《老子》的話去講解佛教；又認為佛、儒思想雖有許多不同，但從根本上說，兩家的思想還是一致的。牟融的學說雖不符合印度佛教原義，但佛教正是通過這樣的改造，才得以成為中國化的佛教。同為西江人的惠能敢於大膽地改造佛教，促使佛教理論更加儒學化、中國化，顯然受到牟融學說的影響。另外，唐代的嶺南，流動人口匯聚，商業較發達，又遠離政治中心，處於主流文化的邊緣。這種狀況，造成了社會上政治意識、傳統觀念相對淡薄，人們的思想比較務實、重利。惠能的禪學思想正是在這種文化土壤中生根、發芽、繁茂起來的。

惠能之後，禪宗「頓悟成佛」說影響迅速擴大，僧侶趨之若鶩。「自六祖大師登正果之後，所謂學者如林，天下高僧無不臻湊矣。」（《陳守中撰雲門

宏明禪師碑銘》，《同治韶州府志》卷38《列傳‧釋》第814頁）。唐武宗滅佛以後，
佛教各派日趨沒落，唯獨禪宗盛行不衰。禪宗分南、北二派後，北派數傳即
衰，南宗卻廣為流傳，成為禪宗正宗。宋元時，禪宗傳入朝鮮、日本。

　　志載：唐代「泰祥禪師，峽山（寺）僧也。當六祖開演禪學於南華（寺），
門徒滿天下，而清原行思、南嶽懷讓與泰祥等五十四高足遍布寰中（天下，
國內），為佛教之最盛。厥後傳至五宗，而泰祥禪師亦戒行高潔，能傳心印。」
甚至直到明代，惠能的影響仍然依稀可見。如方志記載：明代僧侶「慧顯，姓
霍，南海人，性度慈和，少夢六祖受（授）偈語，得明心性，歸住峽山（寺），
大振宗風。」再如「德清，號憨山，全椒人，俗姓蔡，年十二出家南京報恩
寺，尋（不久）入五臺棲牢山，坐劾逮繫（因犯錯誤被逮捕），戍雷陽（雷州），
粵大吏檄為南華（寺）住持，中興曹溪（佛法），嘗駐錫峽山（寺）……其出
塵之態活現行間，故卒能繼六祖而為肉身菩薩也……是乃依六祖例漆金奉之，
世稱『曹溪七祖』云。」（《民國清遠縣志》卷8《人物‧釋》第276～278頁）

古代粵北地區佛教發展述略

　　古代，粵北地區佛教得到大發展，寺廟叢林如雨後之筍紛紛湧現，出家為僧者眾多，信眾無以計數，耗費了巨額的資財。佛教發展是研究粵北歷史文化不可忽略的一個課題。有學者指出：「從歷史上看，中國既是一個文明悠久的古國，又是一個多宗教多信仰的大國。宗教對於中華文明的發展有著廣泛的滲透和持續的影響，宗教文化成為中國傳統文化的重要組成部分，在社會生活各個領域都有直接或間接的表現。因此，離開對宗教的考察而欲全面透徹地瞭解中國傳統文化的內涵是不可能的。」（呂大吉、牟鍾鑒著：《中國宗教與文化‧ 概說中國宗教與傳統文化》，中國社會科學出版社，2005 年，第 109 頁）

一、古代粵北地區佛教寺院建置概況

　　粵北地區與嶺北近鄰，得「風氣」之先，自東晉南朝以來，隨著封建統治重心向我國南方轉移，佛教也隨之傳入廣東；加之粵北地屬山區，人民生活貧困，又是「四戰之地」，戰亂頻仍，為佛教的發展創造了合適的條件。因而，要研究中國古代嶺南或者廣東地區佛教的發展，粵北地區是一個合適的「切入點」。

　　佛教發展以寺、庵、院、閣等建築設施為依託。粵北地區佛教建築的興建，從方志記載來看，最早開始於東晉（傳說者除外），歷經南朝隋唐以迄明清，代有續建，以至名山秀水多為寺庵佔據。清代額哲克等修、單興詩纂的《同治韶州府志》卷二十六有《古蹟略》一篇，其中「寺觀」部分對於古代粵北地區佛教及道教的發展狀況有概要的記述。雖極為簡略，但其中保留了一些時人有關粵北地區歷代寺觀建置及官員與僧道交往的詩文，為我們藉以概見古代粵北宗教（尤其是佛教）創造了有利條件。

以下先對古代粵北地區六屬之區（縣）佛教寺庵的建置狀況作一簡述，藉以管窺古代粵北地區佛教發展之概略。

（一）曲江縣

曲江縣早於西漢時已設置，治所在今廣東韶關市東南蓮花嶺下，東晉時移治今韶關市南武水西岸。自東晉迄至清朝同治年間，見於方志記載的曲江縣寺 30 餘座，庵 20 餘座，是古代韶州六屬（縣）之中佛教最發達之區。

據《漢語大字典》（袖珍本，湖北人民出版社，四川辭書出版，1999 年版），庵指僧尼奉佛的小寺廟。雖然道士修真之所亦常稱「庵」，如古代韶州曲江縣有「芙蓉庵，在芙蓉山，漢（道士）康容修煉於此。」晉代道士葛洪有云「結草為庵」，俗語亦常有「道庵」之說；但從粵北方志所記來看，所記述之「庵」則大多為佛教徒修煉之所。如曲江縣芙蓉山的芙蓉庵，「明僧行俊修」。此庵原為道教場所，後被改造成了佛教寺廟，因而仍保留了一些道觀的痕跡。《何天龍游芙蓉庵詩》云：「策杖來蘭若（寺院），芙蓉有此山。禪房春草碧，丹灶古苔斑，衣為登虯攬，蹤疑控鶴還。欲參坐外味，冷翠鎖松關。」（《同治韶州府志》卷 26《古蹟略·寺觀·曲江》，第 533 頁）庵的主持人稱「監寺」，另設有「樓賢典客」等職。如明代「今佛，字千一，新會人，李姓，……禮華首老和尚，剃度受具，充芥庵監寺；後事天老人為樓賢典客。」（《同治韶州府志》卷 38《列傳·釋》，第 818 頁）聖果庵，在河西，清朝廖燕《遊聖果庵詩》云：「梵剎隔林木，松聲通一徑……」；吳中龍詩亦云：「春光正明媚，郭外漫提攜。寺古松鱗赭，溪回竹徑迷。禪安皆自足，靜極有黃鸝。愛此清涼界，時來一托棲。」樂昌縣的「焦坑庵，在縣東三十里，祀伽藍佛，靈應如響。」庵一般而言，規模比寺小，但亦有規模較大者，如英德縣的「西來庵，在縣西十里，明萬曆十三年建，老樹叢翳，新篁交翠，舊為禪林，能容千眾。」（《同治韶州府志》卷 26《古蹟略·寺觀·英德》，第 546 頁）因而有些「庵」又稱「寺」，如曲江縣的芙蓉庵又稱「西蓉山寺」。宋代出自曲江縣的名流余靖曾作《過伯殿丞遊西蓉山寺詩》；英德縣的丫山寺在下隅鄉山半，兩峰並峙，後改稱翠華庵。可見有時候寺與庵又是同一概念。

此外還有若干以「院」、「閣」稱名者數處。如風田都有「禪定院」；長桂都有「長樂院」；鳳沖都有「九子院」；長桂都有「善化院」（後改名為「善化寺」）；地藏閣，「舊在（曲江縣）東門外河滸，以曹源庵舊址改建」。

寺、庵之中，創建於東晉南朝時期的計有四所，即：

　　1. 靈鷲山寺。在縣北六里，東晉義熙（405～418）中有天竺（今印度）僧居之。據《始興記》記載：「靈鷲山臺殿宏麗，面（佛）象巧妙，嶺海佛寺此為最（早）也。」

　　2. 南華寺。南朝梁朝天監元年（502），智藥三藏自西竺（今印度）來，過曹溪口，飲水香美，乃溯流而上，見峰巒奇秀，歎曰：「宛如西天寶林山，一百六十年後當有天上法寶於此演法！」時韶州牧（郡守）侯敬中奏請朝廷允准建寺，賜額「寶林」。

　　3. 月華寺。在城南一百里，附近岑水銅場，南朝梁朝時期天竺僧智藥禪師創建。

　　4. 仁壽光運寺。在曲江縣西河，是在原始興內史王導故宅基礎上改建而成，原名「五祖寺」（非黃梅五祖弘忍），隋時取名「仁壽臺」；唐天寶二年（743）有僧道廣居之，因建廣界寺；南漢改稱「仁壽寺」。

　　建於隋唐五代時期的有：

　　1. 報恩光孝寺。在河西，唐開元二年（714）僧宗錫建，以建置年代取名「開元寺」；後又更名「大梵寺」。廣州刺史韋宙曾聘請禪宗六祖惠能在此向信眾演說《壇經》。

　　2. 正覺寺。在韶州東平山，唐咸通（860～874）釋慧寂建。

　　3. 善化院。在長桂都，唐天寶年間（742～756）創建。

　　4. 靈樹寺。在韶社都，五代知聖禪師道場。

　　5．花界寺。在月華山，五代南漢君主為僧清裔建。

　　建於宋代（北宋、南宋）的寺、庵有：

　　1. 新興寺，在綿普都，宋元祐六年（1091）建；2. 山泉寺，在濛瀧對江，宋崇寧三年（1104）建；3. 西峰寺，在瀧夏都，宋大觀三年（1109）建；4. 九峰寺、石門寺，俱在賢相都，宋乾道五年（1169）建；5. 資福寺，在九成坊，宋嘉泰年間（1201～1204）創建；6. 南善寺，在上車都，宋嘉定四年（1211）建；7. 雲石寺，在龍塘都，宋嘉定六年（1213）建；8. 佛陀寺，在玉田都，宋黃龍禪師演法之地；9. 福壽堂，在布恩下都，宋乾道四年（1168）建。

　　建於明清時期的有：

　　1. 芙蓉庵，在芙蓉山，原為漢代道士康容修煉於此，明僧行俊築庵行修；2. 紫薇岩庵，明末崇禎九年（1636）南韶道蕭丁泰重建；3. 準提庵，在東嶽廟右，康熙年間（1662～1722）推官李伸營建；4. 淨土庵，在關帝廟右，康

熙十一年（1672）建；5. 西華庵，在城東二十里灣頭，道光二十六年（1846）
修。

還有若干寺、庵因志書記載簡略而不明建置時（年）代者。

在古代韶州六屬之中，寺院數量眾多，佛教得到最大發展的是州治所在
的曲江縣。宋代余靖在《曲江縣善化院記》中說：「……六祖（惠能）開化曹
溪而塔廟之興布於曲江……韶州生齒登皇籍者三萬一千戶，削髮隸祠曹（朝
廷管理佛教、道教之機構）者三千七百名，建剎為精舍（寺庵）者四百餘區，
豈非祖（禪宗六祖惠能）風宏扇，人心傴順而欽崇者多乎？」（《同治韶州府志》
卷 26《古蹟略·寺觀·曲江》，第 532 頁），平均 10 戶之中就有一人出家，寺宇
數量之多亦令人刮目。唐代詩人杜牧詩句云「南朝四百八十寺，多少樓臺煙
雨中」，說明了南朝時期佛教之興盛。「四百八十寺」或許是誇大之數，而且
所指為江南大地；而粵北區區一隅在古代竟然也有「四百餘區（座）」，可見
古代粵北佛教之鼎盛！

（二）樂昌縣

古代樂昌縣有寺、庵十餘所（包括所謂「禪林」「彌陀禪林」等）。

樂昌縣之寺庵主要興建於宋代及明朝兩代。建於宋代以前者罕見，如臨
瀧寺，在縣北羅家渡。唐代著名學者韓愈曾到粵東來任官職，他在途經粵北
時所作的《臨瀧寺詩》中云：「不覺離家已五千，仍將衰病入瀧船。潮陽未到
吾能說，海氛昏昏水拍天。」

興建於宋代的有：

1. 寶林寺，在辛田都，宋嘉祐三年（1058）僧圓祐建；
2. 眾善寺，在城北，宋紹聖四年（1097）鄭敬贇等因臨瀧寺故寺建；
3. 鳳林寺，在河南都，宋元符三年（1100）僧紹銘建；
4. 興寧寺，在安口都，宋隆興（1163～1164）間建；
5. 興門寺，在縣北上叢鄉，宋嘉定三年（1210）僧如林建；
6. 崇福寺，在榮村都，宋紹興間（1131～1162）建；
7. 黃蓮寺，在縣西七里，舊為寶林禪院，宋龔卜重建。

建於明代的有：香爐庵，在城西五里，明萬曆年間（1573～1620）李延
大建，內築小齋，讀書其中；彌陀禪林，在瓯下沙坪對河前，明在相公山後遷
建此地。

（三）仁化縣

自南朝至明清，仁化縣共建有寺 15 所，庵不下 10 所。其中，建置最早的是縣北八十里的臨江寺，創建於南朝梁朝大通年間（527～529），原稱「遊仙寺」。建於唐朝咸通年間（860～874）的是大雲寺，在縣西五十里，惠懿禪師駐錫始建。建置於宋代的有西峰寺，在城南二十里；西蔭寺，在城東，宋紹聖年間（1094～1098）建；厚山寺，在縣北七十里，宋淳祐年間（1241～1252）建。建置於明代的有金鳳寺，在城東隅，明洪武年間（1368～1398）在舊寺廢墟上重建；皈依寺，在縣西二十里，亦明洪武初建；丹霞別傳寺在縣南十七里，明虔州巡撫李永茂（鄧州人）隱居於此，其在祠部任官之弟李充林以施武林僧。

仁化縣十餘座庵中，志書中簡略記載所處位置，而忽略未記建置年代。略可窺知年代的只有黃竹庵及仙人庵。志載：「黃竹庵在萬山中，未立縣之先（已）有之。」據《中國歷史地名詞典》（江西教育出版社，1983 年版），仁化縣，南朝齊置，治所在今廣東仁化縣北城口。可見此庵建於南朝時期（包括宋、齊、梁、陳四代，年代自 420 年至 589 年）或更早。另有仙人庵，位於縣東五十里，接南雄州界，志書記載為「明嘉靖（1522～1566）間創。」之所以取名「仙人庵」，據說是因為「有仙人足跡」。此外還有一些名之為「閣」的場所，如「總持閣，在北關外」；「準提閣，在南關外」。雖然說道教場所亦有稱「閣」者，如乳源縣洲頭街下有「真武閣」，僅從名目來看可知為道教場所；但仁化縣這兩所「閣」與「寺」、「庵」並列在一起，可知大約亦屬佛教場所。明人凌雲曾作《總持閣碑記》，其文云：「吾邑（仁化縣）自東門緣河壩（同「壖」，水邊的空地或田地）迤邐而上不（足）五里許為鼇魚角，其地不山（沒有山）而高，而一覽眾山悉若環衛然。踞鼇魚（角）而棟之宇之（在鼇魚角上建了一座樓閣），曰『總持閣』。按閣址，縱橫僅可百武（按，古代以六尺為步，半步為武，即三尺為一武），架木而樓者二，前奉三元大帝，後則韋馱（即韋馱菩薩，又稱韋馱天，原是印度婆羅門教的天神，後來被佛教吸收為護法諸天神之一。寺廟供奉韋馱意在護寺安僧，人們稱之為護法菩薩）泊（及）諸天菩薩環侍一大士也。由大門而廳，兩耳房翼之；其正廳祀梓橦帝君，是文章所司命者；左右僧房各三之（間）……」（《同治韶州府志》卷 26《古蹟略·寺觀·仁化》，第 537 頁）由此可見，總持閣雖然夾雜著道教或傳統宗教的元素，但該閣由僧侶主持，可視為佛教場所。

（四）乳源縣

乳源縣寺院建置最早者大約在唐宋之際的五代時期。

五代十國是中國古代一個持續了半個多世紀的分裂割據、混戰不休的悲劇時代。割據統治於嶺南的南漢（據有兩廣之地）統治者極力提倡佛教以輔助其封建統治，期求天下太平，長治久安。乳源縣境內的雲門寺及雙峰寺即興建於此時。志載：「雲門寺在縣北雲門山，五代時文偃禪師（得寵於南漢君主）建。南漢賜名大覺寺。」「雙峰寺（一名興福寺）在雙峰山，五代時竟欽禪師建，宋賜額曰雙峰寺。」（《同治韶州府志》卷26《古蹟略·寺觀·乳源》，第538頁）

建於宋代的有合龍寺，在縣西三十里。

建於明代的有觀音堂，在縣西半里，明萬曆十一年（1583）知縣趙右卿建；青蓮庵，在出水岩天門峰絕頂，明總督、南贛李秉中建。

其餘寺庵則不明建置年代。

（五）翁源縣

翁源縣迄至清代大約建有寺宇 20 餘所，以「庵」、「堂」、「院」、「禪室」稱名者共計有 10 餘所。

建置最早者大約在唐代。志載：「耽石院在（翁源）縣北三十里九曲嶺絕頂，巨石倚空，飛泉瀉落，唐大中三年（849）僧法光耽玩（在此欣賞奇石風光而留連忘返）焉，眾為築室，因名『耽石院』。宋（人）余靖嘗讀書於此。」

共次則建置（或重修重建）於宋代，大約有三所。如，寶慶寺，在翁源縣八里長安鄉，唐寶曆間（825～827）永禪師創，寶慶（1225～1227）間修，因名焉。秀峰寺，在縣北三十里，宋創。書堂院，在三合渡，原為唐代翁源鄉賢邵謁讀書處，宋遷建於落鍾潭。

建於元代的有兩所：太平寺，在縣西二十里新塘鋪，岩口嵯峨，宮宇華煥，元朝元統年間（1333～1335）創建；水月寺，在縣北三十里，元創。

創建於明代的有：九仙寺，距縣八十里，明朝天順年間（1457～1464）僧惠善建；翁山寺，明洪武初遷入城北；觀音堂，有兩座，其中一座在翁山寺城西社學舊址，明隆慶年間（1567～1572）建；楓林禪室，在龍頭鋪，明隆慶四年（1570）僧如寶建；東華院，距縣一百一十里，山石嵯峨，石下有泉湧出，源流不絕，明朝天順（1457～1464）年間建；寶豐寺，明朝正德（1506～1521）年間建；九龍寺，距縣城百里，有九曲水，明宏治年間（1488～1505）

建，龍林寺在翁源縣有二所，其一在江鎮鋪，明成化（1465～1487）年間僧真員修建；龍興庵，在江鎮鋪，明宣德年間（1426～1435）何汝政建。餘則建置年代不明。

（六）英德縣

英德縣有寺 20 餘所，另有「堂」、「院」、「庵」等數所。

寺院之中，最早建置者見於南朝時期，有兩座：一為金龍巖寺，梁朝天監（502～519）年間興建；二是聖壽寺（又名「果業寺」、「南山寺」），在縣南山，亦南朝梁朝中大通五年（533）建。

建於唐代者亦有兩所或三所：「一是西華寺，在中隅鄉，唐雲門嗣大容湮禪師建；二是含光寺，在湞光縣東三里，朝議郎行（代）湞洭縣縣令聶庚修造。」據《中國歷史地名辭典》，唐改含洭縣為湞洭縣，治所即今廣東英德縣西北湞洸鎮。可知此寺亦修造於唐代。英州（即英德縣）之北三十里有一座金山寺，具體建造之年志無記載，但至遲在唐代已建立則無疑問。志載：「金山寺……舊經云：唐長壽三年（694）雷雨震開寺前石壁，得阿彌陀佛像，高丈餘，蓮華乘座，石上有六字，云：『此是丈六佛跡』。又寺記云：『昔有二士遊山中，忽睹道人（悟道之人，即高僧）儀形甚偉，自云西土（西竺、天竺）人。』二士退居閭里（回鄉傳說）。及眾往觀，但見金色光耀遍山及（見）石上字。」（《同治韶州府志》卷 26《古蹟略·寺觀·英德》，第 543 頁）

建於元代的有雪山寺，在縣南十里竹徑都，元朝至元二年（1265）僧繼嵩建。

英德縣寺院大多肇建於明代。計有：

明化寺，在縣西寶賢坊，明初洪武年間（1368～1398）僧會（僧官名。明清時期各級政府機構設置有管理佛教事務之官員，省直曰「僧官」；府曰「僧綱」，州曰「僧正」，縣曰「僧會」）袁嗣淵建三寶殿為祝聖道場；正統間（1436～1449）建觀音六祖殿。

清風寺，明萬曆年間（1573～1620）有高僧紹真習靜於此。此寺早已有之，為「英（德）之古寺」，不知最早建置於何時，大約明代僧人紹真到來之時業已破敗，紹真重新修葺一新，作為「習靜」修真之所。

觀音堂，在縣後帽子峰，明萬曆年間（1573～1620）僧鏡空建藥師靜室，募鑄藥師燈一擎，銅像七十二尊。

西來庵，在縣西十里，萬曆十三年（1585）建，老樹叢翳，新篁交翠，能容千眾。

文會寺，在下隅鄉，明萬曆間建。

雙林寺，在中隅鄉，明朝天啟元年（1621）建。

太華寺，在赤硃圖，明洪武六年（1373）建。

雪山寺，在縣南十里竹徑都，元至元二年（1265）僧繼嵩建，元末毀於兵燹。明洪武（1368～1398）、成化（1465～1487）間相繼重修；明萬曆辛未（按，查萬曆無辛未年，或為隆慶辛未，即1571年）邑人莫目智等改建。

建置於清代的有金雞寺，在中隅鄉，順治二年（1645）建，邑令金渾扁曰「鷲嶺真宗」。蓬萊寺，在縣西淦洸鄉，康熙年間（1662～1722）建。

餘則不明建置年代。

二、古代粵北寺院的建置緣由及其特點

自東晉始，至於明清，粵北地區興建了眾多的寺、庵，出家人數眾多，佛教因而得到較大的發展。從寺庵的建置緣起來看，大約有以下數端。

（一）由神話傳說而興建寺院

如英德縣的金山寺，「在英州之北三十里，舊經云：唐長壽三年（694）雷雨震開寺前石壁，得阿彌陀佛像，高丈餘，蓮華乘座，石上有六字，云：『此是丈六佛跡』；又寺記云：『昔有二士遊山中，忽睹道人儀形甚偉，自云西土人。二士退告閭里（鄉人）。及往觀，但見金色光耀遍山及（見）石上字。』」（《同治韶州府志》卷26《古蹟略·寺觀·英德》，第543頁）仁化縣「仙人庵，在縣東五十里，接南雄界，有仙人足跡，明嘉靖間（1522～1566）創。」（《同治韶州府志》卷26《古蹟略·寺觀·仁化》，第537頁）這些記錄都說明了粵北地區的一些寺院的興建是始於傳說，眾人深信不疑，而後集資造寺。

（二）由地方信眾集體或個人籌資興建

如曲江縣「耽石院，在縣北三十里九曲嶺絕頂，巨石倚空，飛泉瀉落。唐大中三年（849）僧法光耽玩焉。眾為築室，因名耽石院。」（《同治韶州府志》卷26《古蹟略·寺觀·曲江》，第541頁）仁化縣的「巢鶴庵，在縣南十五里朝陽岩右，董師吉、汪渭倡建」（《同治韶州府志》卷26《古蹟略·寺觀·仁化》，第548頁）。翁源縣的「龍興庵，在江鎮鋪，明宣德間（1426～1435）何汝政建。」（《同治韶州府志》卷26《古蹟略·寺觀·英德》，第542頁）

（三）原為名士隱居之所，後闢為寺院

歷代隱士喜歡以偏僻幽深，人跡罕至之地作為遁世之首選，而寺庵亦多選擇這樣的環境以居僧行修。志載：「丹霞別傳寺，在（仁化縣）南十七里，明虔撫（明代虔州巡撫）鄧州李永茂隱居於此，其弟祠部（李）充茂以施武林僧」。李永茂曾任虔州（今江西贛州）巡撫，官職不可謂不高；然而俗語云官高者身危。或者因為責任重大而個人能力有限，工作未能完全令高層統治者滿意而遭到責罰排斥；又或者因為一言不慎，一事失誤而觸怒高度自尊的君主，被貶黜為民……李永茂最終選擇粵北丹霞山為隱居遁世之地。其弟李充茂曾在祠部任職，亦一度追隨其兄隱居於丹霞山；再後來或者耐不住深山的冷清寂寞，再度出山，投身熱鬧的利祿官場，便將其原來隱居之地施捨給僧侶，建起了別傳寺。

清人趙霖吉在《別傳寺記》中敘述說：

> 韶（州）之北有丹霞山，其右折則錦石岩，見郡邑志。而丹霞之名不著，蓋錦石（岩）臨江，遊覽易及；丹霞插漢（高聳入雲，直插雲霄），攀躋無從也。向者（從前）虔撫（虔州巡撫）孝源李公（李永茂）與其弟鑒湖（李充茂）君卜築（卜居築室）於此。山徑峻絕，欲藉以作桃源（按，晉人陶潛曾作《桃花源記》，視作與世隔絕的隱居生活之理想境界）。深處地既荒僻，簪綬之流（達官貴人）未能謝名卻實（拋棄榮名利祿）者往往難於久居，輒復徙去。豈非茲山之靈蘊奇蓄邃，因將有所待耶？後鑒湖（李充茂）至穗城（廣州），施其地於瞻歸禪師，師遂身任之，剪茅鑿徑，重開眉目，建立寶坊，曰「別傳寺」。緇徒（僧侶）雲集，共效菩薩莊嚴之行……（《同治韶州府志》卷26《古蹟略·寺觀·仁化》，第536頁）

此外，再如翁源縣「書堂院，在三合渡，唐（詩人）邵謁讀書處。宋遷於落鍾。明萬曆間（1573～1620）遷今處建剎。」（《同治韶州府志》卷26《古蹟略·寺觀·翁源》，第541頁）曲江縣「芙蓉庵，在芙蓉山，漢康容修煉於此。明僧行俊修。」（《同治韶州府志》卷26《古蹟略·寺觀·曲江》，第532頁）這些院、庵最初都是在名人（達官、學者、名道）遺跡基礎上建造的。

此外亦有一些寺院早已有之，因故需要遷移重建時，會選擇歷史文化（名人舊居）遺址作為新寺之址。如曲江縣有一座「延祥寺，初在湖江門內。宋時廨宇壯麗，經樓有五百羅漢像，極精巧，朱翌舍人常寓（臨時居住）此。後以

寺基增建王府，遷寺（於）縣治西，即（朱翌）舍人園亭故址。」之所以要以歷史名人故居或遺址為寺院基址，大約是出於風水觀念的考量，名流所居，風水必良；或借助所謂「名人效應」以吸引民眾。

（四）由僧侶首先建造

包括外方來僧、本地僧。如曲江縣「仁壽光運寺，在縣西河，相傳為紹興內史王導故宅，俗又稱五祖寺，然非黃梅五祖（弘忍）也。隋時名仁壽臺。唐天寶二年（743），有僧道廣居之，因建廣界寺。」（《同治韶州府志》卷 26《古蹟略·寺觀·曲江》，第 524 頁）「月華寺，在城南一百里，附近岑水銅場，梁天竺僧智藥創，唐招提朗法師演法之地。」（《同治韶州府志》卷 26《古蹟略·寺觀·曲江》，第 528 頁）

英德縣「西華寺，在中隅鄉，唐雲門（法）嗣大容諲禪師建。明崇正（禎）甲戌（1634），雪山僧通碧同法弟雪坡來自南嶽（湖南衡山），大創梵剎（寺院），開壇說法，弟子雲集，大展宗風。」關於此寺之建置，《劉澤大記》有詳盡的敘述，云：西華寺：

> 其去縣治西五十里許，始於大唐雲門嗣大容諲禪師開闢。其寺金碧瓦礫，變遷靡常，綿延一區，闒茸（卑賤，簡陋）陋室……有禪師雪山偕其法弟雪坡同出天童門庭，誅茅南嶽之巔（在南嶽衡山山頂之上開闢建造寺院），淬勵功深，道風遠播寰宇。韶（州）、英（州）之薦紳緇素（士大夫、僧侶及平民）仰之若泰山北斗。行禪、行道（地方二僧）等移書踵楚（持聘書至湖南衡山），迎（禪師雪山及其法弟雪坡）來西華（寺）……法幢一豎，四方雲燕。癸酉（1633）初建大雄殿、善法堂；甲戌（戌）（1634）建禪堂、方丈（即禪寺中住持之居室或客殿，亦稱函丈、正堂、堂頭）；至乙亥（1635）、丙子（1636）再建韋馱殿、官客堂、兩廡，則護法堂、傳燈堂、庫房、客房、左右相為輔翼；其後豎千佛藏閣以壯主山。其前建中峰塔院、佛祖大殿、天王殿以隆報本。乃（然後）立大山門、二山門。鐘鼓有樓，香積有廚，仕客參（觀）遊（覽）有廣舍，雕甍（屋脊、屋簷）璿題（美玉鑲嵌門額），彤扉曲砌（深紅色的門扉，曲折的臺階），犁然煥然。梵唄（念經之聲）互聞，鐘磬互答，彬彬鬱鬱，儀文大千。榛楛化為寶林，蓬茨轉為巨剎，觀者駭異而敬竦生……（《同治韶州府志》卷 26《古蹟略·寺觀·英德》，第 543 頁、544 頁）

再如，宋僧「惠林，鄧氏，曲江人，少學儒，喜談王伯（霸），既而誦梵經，披剃遊方，以詩鳴江淮間，博覽廣記，推為文章僧。參洞山，自寶密受心印，南還結白蓮庵。」（《同治韶州府志》卷 38《列傳·釋》，第 816 頁）

（五）地方官（包括僧官）肇建

佛教的傳播對於民心民風具有重要的改善作用，有助於社會秩序的穩定，故得到歷代地方官的重視，不惜耗費資財興建寺院，傳道布教。

如「南華寺，在城南六十里曹溪，為嶺外禪林之冠，梁天監元年（502）智藥三藏自西竺（今印度半島）來，過曹溪口，飲水香美，乃溯流而上，見峰巒奇秀，歎曰：『宛如西天（古印度）寶林山，一百六十年後當有無上法寶（高僧）於此演法。』時韶州牧侯敬中奏請建寺，賜額『寶林』……」（《同治韶州府志》卷 26《古蹟略·寺觀·曲江》，第 525 頁）

英德縣「明化寺，在縣西賓賢坊，明洪武間僧會（縣政府所設管理一縣佛教事務之官員）袁嗣淵建三寶殿為祝聖道場（「祝聖」是漢傳佛教由來已久的一項佛事活動，是對祝禱對象的讚美。在古時，「祝聖」有兩類，一種是適逢諸佛菩薩聖誕、出家、成道等紀念日舉行的祝聖儀式，這是佛教徒為表達對佛菩薩的讚美和感激之情而舉行的佛教法事；另一種是在封建帝王統治的年代，舉行的為國君祝禱「聖壽無疆」的祈福儀式，也簡稱為「祝聖」，即為君主祝壽祝福）。正統間（1436～1449）建觀音六祖殿。天順七年（1463），知縣杜宥修。嘉靖癸卯（1543），僧會何紹謹重修。乙卯（1555），知縣諶廷詔於東廊建公館一所……國朝（清朝）康熙間知縣楊柱臣重修大殿及六祖殿……」（《同治韶州府志》卷 26《古蹟略·寺觀·英德》，第 543 頁）可見明化寺的興建、擴建及一再修葺都是在官府官員的主持之下進行的，經費自然亦由官方籌措。

朝廷也不時詔令地方官興建寺院以弘揚佛法，以化導萬民。如「宋崇寧三年（1104），詔諸州建崇寧寺。」（《同治韶州府志》卷 26《古蹟略·寺觀·曲江》，第 528 頁）這是朝廷因為採用新年號而令地方建寺福祐民眾以顯示隆重其事。

曲江縣「花界寺，在月華山，五代南漢（朝廷）為僧清裔建。宋咸平元年（998）賜額曰花界（寺）」；「大鑒寺，在府治南興賢坊。宋紹定間（1228～1233）運使石不矜建」；「元妙觀，在城南隅，宋郡守王為寶建於府治東，額曰『天慶』」；「準提庵，在東嶽廟右，康熙間推官李伸建」；「祇園林，在北門外，郎中阿錫泰建。」（《同治韶州府志》卷 26《古蹟略·寺觀·曲江》，第 529 頁、第 530 頁、第 533 頁、第 534 頁）

　　不僅僅是韶州府治所在的曲江縣，寺廟多有由地方官興建者，韶州府其他所屬各縣，此類情況也屢見不鮮。如，仁化縣「雲臺庵，在縣東北九十里，主簿劉濬建」(《同治韶州府志》卷 26《古蹟略·寺觀·仁化》，第 537 頁)；乳源縣「觀音堂，在縣西半里，明萬曆十一年（1583）知縣趙祐卿建」；「青蓮庵，在出水岩天門峰絕頂，明總督、南贛李秉中建」。(《同治韶州府志》卷 26《古蹟略·寺觀·乳源》，第 539 頁)

　　縱觀古代粵北地區佛教寺院的興建及維持，可以看出有以下幾個顯著特點：

（一）從地方民眾與佛教的關係看，地方官紳士民努力為寺院之發展、僧侶之生活排憂解難

　　例如，北宋熙寧二年（1068）五月仲夏，天災流行，洪水為害，漲入外城，沖蕩民居，浩蕩橫流，勢不可禦。曲江縣開元寺亦未能幸免。開元寺地處河西，唐開元二年（714）僧宗錫創建，後更名為「大梵寺」，廣州刺史韋宙曾邀請六祖惠能在此為信眾演說《壇經》。這場水災對開元寺亦造成了嚴重的毀壞：「鴟殿之內化作泥坑，金仙之尊，土木流潰」。寺僧景璉目睹寺院被毀壞之狀，疾首痛心。一日，聚眾議曰：「我曹荷佛庇庥，恩逾父母，盍（何不）各同懷戮力，博求信向之家重塑大覺金身（釋迦牟尼大佛像），朝夕得以瞻仰，不亦善乎？」得到眾人的積極響應。於是，僧景璉「乃頓言誘化」，開展募捐，籌集修葺寺院的資金。郡城拔萃坊譚寬同其妻室徐氏謀曰：「我等生逢盛旦，歲計幸充（因為連年豐收，家境充裕），若不作因，云何得果（如果不發慈善之心協助修葺破敗的寺院，怎麼會得到好報之果）？」於是慷慨解囊，「傾胠篋（囊橐）之資，購匠工之巧，再造釋迦住世晬容，一鋪金碧莊嚴，增倍前制。工訖，盛集緇徒（眾僧），開陳法會，營齋飯眾，以讚（佛教徒歌頌教主釋迦牟尼以及其他一切佛陀的文辭）其成，一（共）費泉布（錢）二十萬。」(《同治韶州府志》卷 26《古蹟略·寺觀·曲江》，第 529 頁) 這是信徒的慷慨解囊。

　　再如翁源縣有一寺院名「耽石院」，在縣北三十里九曲嶺絕頂之處，巨石倚空，飛泉瀉落，唐大中三年（849），僧法光在此「耽玩奇石」，流連忘返。眾人為之築室，因名「耽石院」。傳說宋代出自粵北的名人余靖曾在此潛心讀書，後取得顯赫功名，成為北宋著名大臣。余靖在《韶州翁源淨源山耽石院記》中，曾敘述了耽石院破損之後，在地方信眾的合力之下修葺一新之事。

其文云：

> 耽石院者，翁山之別刹也。山川蔥鬱，杳絕紛囂，泉石幽奇，
> 足以耽玩。唐大中三年（849），有僧法光愛此剪茅（除去樹木雜草），
> 眾為築室，去華攄實，遂以「耽石」為名。……（北宋）開寶初，
> 因其故號遷於上潭，香火僅在，風幡無托。不有廢也，其何以興？
> 天聖（1023～1032）中，今住持慧周同檀越（信眾）巢君迪相與謀
> 曰：「佛之示權也大矣（佛教對社會民生的影響極大啊）！人之起信
> （信仰）也久矣。察榮悴者知其果，觀禍福者存乎應（從繁榮和衰
> 落之中可以探知其因果，從人們的禍福之中可以明白什麼是報應）；
> 崇善者有精進以篤其修，畏罪者有懺悔以寡其過（嚮往美善的人因
> 為虔心修行而不斷精進，畏懼罪孽者因為經常向佛懺悔而得以少犯
> 過錯）；多藏者有布施以破其惑，念往者有追奉以廣其孝（富有者因
> 為相信佛教廣為施捨救助貧困之人而不致於財迷心竅誤入歧途；多
> 想想昔日父母對自己的養育之恩而可以使孝思更加濃烈）：是知民
> 之閭井（鄉村，居所）不可一日而違塔廟（無寺廟）也。」既而（其
> 後）同焉者募，異焉者勸（信教者應募出資，不信教者也鼎力相助），
> 富焉者資，巧焉者力（富有者捐資，能工巧匠者出力）。其相土也則
> 累岫賓抱，澄溪帶附（其地理位置的選擇則是既有崇山峻嶺，又有
> 溪流淙淙）；其度材也則百堵雲構，四阿翬飛（構建寺院選材精良，
> 美侖美奐）；其設像也則金碧晬容，天龍善衛（神佛之像金碧輝煌，
> 飛龍盤繞）……（《同治韶州府志》卷26《古蹟略·寺觀·翁源》，第541
> 頁）

總之，在眾人的鼎力支持之下，殘破的耽石院得以修葺一新。

清初，平南王尚可喜來鎮廣東，對破損嚴重的南華寺也作了一番修葺。

南華寺在國內「寶山巨刹」中佔有極為重要的地位。《國朝平藩（平南王）
重修南華寺記》開篇即云：

> 自像教（佛教）東來，應化震旦（影響中華），寓以內寶山鉅刹，
> 古德振錫者，更僕不能數也（國內寺廟林立，高僧大德為數眾多），
> 而選佛名區，輒以南華（寺）屈第一指，以其為世尊衣缽而五宗之
> 派之所由衍耳。餘生長三韓（東北，尚可喜，今遼寧遼陽人），飫聞
> 已久，天南萬里，引睇無從……

順治己丑（1649），平南王尚可喜與靖南王耿繼茂奉清朝之命克復東粵，曾經過回龍峽，「指象嶺之峰，為低徊者久之」。因為初來乍到，戎務方殷，未遂瞻禮。至康熙六年（1167），局勢漸趨穩定，「境內安堵，烽燧不驚，軍府多暇」，平南王尚可喜才得以親臨南華寺拜謁。南華寺自明朝成化年間（1465～1487）修復以來，歲久不葺，堂殿周廊半就傾圮，目睹之下令人深感不安。尚可喜於是決定「不揣綿力，僭為倡首」，獲得眾人響應支持。「宦粵諸君子皆踴躍獎奮，捐助有差」。這次修葺，不僅僅是將敗壞了的建築照原樣更新，而且作了更大的改造擴建。尚可喜在記文中說：

> ……但念祖（六祖惠能）殿居佛（釋迦牟尼）殿東，道紆地隘，厥制弗稱；又祖之立教以無念無住，號不二法門，而佛殿、祖殿歧出兩途，厥義亦弗稱。竊欲移祖殿於佛殿後，移藏經樓於祖殿之址，以見正印真傳，頓教「直入」之意。適（正好，恰好）青烏家（風水先生）相度形勢，審曲繪圖，不謀而符，遂決意更（改造）之。庀材鳩工，即卜吉矣（備好建築材料，徵集工匠，擇取吉日開始動工）。而卓錫泉枯涸多年，忽爾溶發。眾翕然以為得未曾有（眾人皆嘆為神奇）。下至工役，無不生歡喜心……啟工於丁未（1667）之秋初，落成於戊申（1668）之春杪（末），計費銀若干兩，食米若干石，木石陶瓦購之本山者外，基石、街石則購自廣（州）、韶（州）二郡，鐵力木則購自粵西。水逆灘高，山深路遠，運致艱難。功力繁浩，冥冥中實陰翊之（改造工程得到了神佛的鼎力支持）。今自二殿（佛殿、六祖殿）至諸樓，至前後門廡，規制宏敞，煥然改觀矣！一時之盛事，亦千秋之善果也。（《同治韶州府志》卷26《古蹟略‧寺觀‧曲江》，第526頁）

破敗的寺院需要得到及時的修葺，寺院僧侶生活中遇到的難題也需要解決。粵北寺院多建於偏僻山區，水資源的匱乏成為制約其存在發展的一個重要因素。例如，英德縣的南山寺，肇建於南朝梁大通五年（此為方志記載之時間。按，梁朝「大通」只有三年，即527～529年；接著是「中大通」，共六年，即529～534年，此「大通」似應為「中大通」）。北宋元豐七年（1084）奉勅重修，改名「聖壽寺」。「時因泉涸，（當地民眾）為造水車以活僧眾」，使寺院得以維持不衰。宋人石汝礪曾作《聖壽寺水車記》以記其事。據此記可知，南山寺（聖壽寺）因為「其地多礐（大石），大磐石也，而又阻險焉。石戴土也（石頭與泥土混雜在一起），不可以泉其下（無法鑿井取水）；復玲瓏

泉出輒泄，不能停泓（山上雖有一眼山泉，名曰『玲瓏泉』，無奈泉水湧出之後又滲漏而盡，無法儲蓄為用），水用多闕。」這既成為寺院僧侶煩惱之事，亦令當地士紳民眾不能視若無睹。於是：

> ……適承議（官職名）廖君引水為謀，秋官陳君出俸為助，謫官鄭君亦同其志，碧落子石汝礪率眾抄財（率領眾人募集捐款，慷慨解囊），而幹成之。水工梁德相（考察、勘查）其崖岸而造輭車（水車），以人運水，橫樑架空，掛石誅木（鑿石伐木），承輪以樓，覆輪以屋，長繩下垂，修筒抗波，徐徐滿引，連連而上，如龍卷空，首舉而尾隨，灌注堂廚（將水引導輸送至寺院堂屋、廚房），水事以濟（寺院僧侶的用水問題終於得以解決）。（《同治韶州府志》卷26《古蹟略‧寺觀‧英德》，第542頁）

地方民眾群策群力，將遠處泉水引導至寺院，解決了僧侶、民眾的用水問題。

力爭為寺院田產免差免糧，減輕負擔，是地方士紳為促進粵北地區寺院的發展而努力的另一方面。

英德縣西賓賢坊有一寺，名曰「明化寺」。明洪武（1368～1398）年間僧會（管理一縣佛教寺院事務的僧官）袁嗣淵建三寶殿為祝聖道場。正統年間（1436～1449）建觀音、六祖（禪宗六祖惠能）殿；天順七年（1463），英德知縣杜宥修葺；嘉靖癸卯（1543）僧會何紹謹重修；乙卯（1555），知縣諶廷詔於東廊建公館一所。丙辰（1556），六祖殿圮於洪水。崇正（禎）七年（1634），邑人李裕拓基修建。清朝康熙年間（1662～1722），知縣楊柱臣重修大殿及六祖殿。……

由此可見，明化寺從明代初年建立以迄清朝前期，三百餘年間，屢廢屢興，是頗受地方官員及「邑人」重視的。這是一方面；另一方面，官府（員）對於粵北佛教事業的重視又體現在力爭使寺院免差免糧方面。

古代社會，封建統治者對於佛教寺院大都採取優惠政策，不僅給寺院賜田，還免其租糧，免僧侶服役，以此換取寺院僧侶積極向民眾弘傳佛法，使民眾安分守己，知足常樂。這對於封建統治長治久安無疑是有意義的。然而，當國家遭遇財政困難之時，寺院恐怕亦難免要與民眾一視同仁，要承擔租賦。清前期，值改朝換代之際，社會殘破，經濟凋敝，民生艱難，民眾對國家的租賦負擔沉重，寺院也未能獲得免租優惠。

據《國朝丘有濬明代寺田免差碑記》所載：

> 英（德）之有明化寺，乃闢疆建置（清朝建立）以來，祝聖延
> 祥（為君主祝福壽，為民眾求平安）……寺之前為釋迦（牟尼）、如
> 來佛大殿；寺之後有南宋六祖寶殿，又有韋馱接引諸佛相（像）。舊
> 設有香燈田米四石三斗。又眾信（徒）施百子燈田米三斗二升。向
> 來承平無事，僧俗皆相望於含餔鼓腹之餘。自明末四方多事，徭役
> 繁興，民間因糧派差（根據田糧多少而分派徭役），歲無停息；惟僧
> 以出家緇流，無家室生聚蓄養之業，清修苦行，不與民間一例當差，
> 幸而得免。我朝鼎興，承平既久，當事各上臺請除繁役，調糧均差
> （務使稅收及服役盡可能合理），此正去宿弊，省民力之大經（善
> 政）也。明化（寺）僧田原在城廂十甲謝乾斑下，闔邑諸鄉紳、文
> 學、裏排慮僧糧之雜於民戶，概行均差也（擔心寺田與民田一起被
> 統一按畝徵糧），為之呈明當事（有關官員），乃從例免（請求按照
> 過去慣例，免徵寺田之糧）。當事概允所請，給以印照，納正供不加
> 雜派……（《同治韶州府志》卷 26《古蹟略·寺觀·英德》，第 543 頁）

官員申請官府批准蠲免寺院「正供」之外的各項「雜派」，減輕了寺院的
經濟負擔，使寺院的維持及發展獲得了必要的物力財力的支持。

乳源縣的興福寺（又名雙峰寺）也存在類似的情況。《國朝李師錫興福寺
蠲免差務記》謂：

> ……故叢林弗替（寺院不致衰落廢止）恃乎寺田……夫寺田一
> 穗一粒皆屬檀那（信眾）護念所積，供養十方衲子（來自四面八方
> 的僧侶）。鐘鳴敷席，老幼同餐。群羽下翔，游鱗仰集（寺田所入，
> 既要供寺中僧人及信眾飲食，又要供寺院養鳥飼魚，慈悲為懷），
> 濟物資冥（接濟貧困者，為亡靈祭祀祈福），功德難量。況春米運
> 柴，勤行超悟，祖法具在，即使初學禪和（佛法），自力耘耔，完
> 課急公，猶可免惰民遊食之譏也。今查本寺僧侶燈火，燈田載糧八
> 石有奇，施出眾信（由眾信徒施捨給寺院），瘠多腴少，糧（田賦）
> 重租（地租）輕。若如民糧稱納（如果要求寺院田地如同民田一樣
> 向國家繳納租賦），正供之外有「大差」，有「均差」，有公務，即
> （使）罄所收猶不能支（承擔，完成任務），眾僧何所資（生活）
> 乎？向之現宰官（過去及當今的地方官）身而為護持者，歷任以來

皆盡蠲免差務，屢給印照。予與多士同在佛光中天（我與眾人都沐
浴佛恩），願為久遠計（請求官府蠲免寺院田糧，以便寺院得以長
久維持發展）。今邑侯舒公（現任乳源縣舒縣令）夙根善諦，樂有
同心。因勒諸石以垂永久。（《同治韶州府志》卷26《古蹟略·寺觀·
乳源》，第538～539頁）

這一請求獲得了時任乳源縣知縣舒某的批准，減輕了寺院的負擔。

除此之外，地方信眾給寺院的捐田資助，也是粵北地區寺院發展歷久不
衰的原因之一。

如翁源縣寶豐寺，創建於明朝正德年間（1506～1521），隆慶間（1567～
1572），地方信眾楊元豐曾「輸田重修」。（《同治韶州府志》卷26《古蹟略·寺觀·
翁源》，第541頁）乳源縣有雙峰寺（又名興福寺），在雙峰山，五代時期竟欽
禪師創建。宋時賜額曰「雙峰寺」。經過元末的戰亂之後，雙峰寺師徒星散，
寺宇傾頹，叢林鞠為茂草。邑人王迪篤信佛教，目睹寺院荒廢，慨然有復興
之意。於是集邑中耆彥商議，取得一致意見，迎接南華寺二僧祖峴、守戒以
主其事。在雙峰寺稍東三區，其地中建大雄寶殿，後構祖師殿，前立山門（寺
院大門）、上架鍾鼓樓。王迪又與幕友周理正、鄉民劉清雕刻三寶（佛、法、
僧）於其中以供之。續募十方善信塑羅漢於傍以配之。經過這一番改造更新，
令「觀音有堂，伽藍（佛寺）有室，法堂、方丈、僧房、客舍之所無不畢具。」
此次修葺「經始於明景泰乙亥（1455），落成於成化丁未（1487）。金碧輝煌，
照耀前後。度其規模，策其莊嚴，殆（幾乎）與師昔之所建者蓋不甚相遠也。」
（《同治韶州府志》卷26《古蹟略·寺觀·乳源》，第538頁）

（二）從寺院本身的發展及布局來看，粵北寺院大多歷史悠久，地處偏僻，風光旖旎，景色優雅迷人

如樂昌縣別傳寺，在縣南十七里，始建於明代，原為明代虔州巡撫李永
茂隱居之所；後其弟李充茂以施武林僧，建為別傳寺。清朝康熙元年（1662）
闢為叢林（寺院），有長老峰、海螺岩、龍王閣、紫玉臺、雪岩、舵盤岩、片
鱗岩、龍尾石諸勝境。清人趙霖吉在《別傳寺記》中描述其景色云：

……其泉潺湲，其峰巀嶪（山勢高峻的樣子），竹樹深秀，禽鳥
嚶鳴……山阿（山坡、山下）林麓，曲礀（玉石）平橋，修竹長松，
水簾雪岫（瀑布飛流），具諸勝概……當風和景明，臨眺其上，遠峰
拱翠，近嶺獻奇，一江如帶，列巇（險峻的山峰）若屏，誠為山水奧

區，法王（佛教）勝地……（《同治韶州府志》卷 26《古蹟略·寺觀·樂昌》，第 536～537 頁）

又，樂昌縣的「金雞庵，在金雞嶺，四圍峭壁，境極幽邃。」（《同治韶州府志》卷 26《古蹟略·寺觀·樂昌》，第 536 頁）

翁源縣北面三十里九曲嶺絕頂之上有一寺院名「耽石院」，「巨石倚空，飛泉瀉落」。宋代粵北籍名人余靖曾讀書於此，他在《韶州翁源淨源山耽石院記》中描述耽石院的美麗景色云：「耽石院者，翁山之別剎也。山川蔥鬱，杳絕紛囂，泉石幽奇，足以耽玩」；「其據境也則珍木彌望，佳氣襲人，真崇福之秘宇，絕塵之幽致也……巨石如屏，泉淙於下，可以爽性靈，可以滌塵慮（去除煩惱）。」（《同治韶州府志》卷 26《古蹟略·寺觀·翁源》，第 541）

英德縣的金龍巖寺，南朝梁天監年間（502～519）建成。清人楊士鈞在《重建金龍巖寺詩》中描述其景色云：

> 我邑金龍巖（寺），由來仰奇絕。嵌空本天成，石門如滿月。松崖露嶒峻，蘿蹬多曲折。登臨苦攀援，攝衣上仙關。老納（年老和尚）無所棲，苔痕長斷碣。佛座雲霧生，蓮花猶皎潔。清景豁（開通，敞亮）吾目，積誠相對越。更欲閱幽峭，火鈴驚撲滅。疑與魑魅逢，若入龍蛇窟。舉頭觸鍾乳，頓足捫積鐵（頭上是鍾乳石，腳下是鐵礦石）。滾滾靈泉源，經冬仍不竭。法雨同淵澄，石髓滴寒列。陡聽清淺聲，遊人聳毛髮……禪燈射鶴巢，鐘聲聞猿穴。佛臍鼠銜書，空中盤龍鵠。……似登青雲梯，不與泰華（泰山、華山）別……

（《同治韶州府志》卷 26《古蹟略·寺觀·英德》，第 542 頁）

英德縣的「萬福寺，在上隅鄉，峒內有田數畝，山水亦極清幽」；「寶積古寺，在縣西寶積岩畔，平岡環抱，別成一洞，有泉從寺旁岩竅流出，終冬不竭。」（《同治韶州府志》卷 26《古蹟略·寺觀·英德》，第 546 頁）

翁源縣「楓林禪室，在龍頭鋪，明隆慶四年（1570）僧如寶建。環寺皆山，後嶺高聳，溪流前繞，隔絕人境。」「湧泉庵，距縣（城）三里，泉出山下，清澈映人。」翁源縣龍林寺有兩座，一在江鎮鋪，一在岩前鋪。何天龍《遊龍林寺詩》云：「陟嶺迴環屐齒輕，閒遊恰趁雨初晴。寺從斷峽林間見，人在荒崖石上行。密箐滿山聞斧聲，流泉隔間和鐘聲。禪關（寺院大門）憩坐開清矚（滿眼蒼翠蔥蘢景色），遙指煙村一帶橫。」（《同治韶州府志》卷 26《古蹟略·寺觀·英德》，第 541 頁、542 頁）

（三）高僧大德輩出，治學而兼濟世

古代粵北地區佛教發展過程中，湧現出一批較著名的高僧大德。他們或以自己綿薄之力修葺破敗的寺院，或為民眾排憂解難，或熱心致力於公益事業，受到當時粵北民眾的敬仰，在方志中留下了他們的足跡。輒舉數例以見之。

1. 月華寺琳禪師

月華寺在曲江縣城南一百里，附近岑水銅場。此寺創建於南朝梁朝期間（502～557），創建者是天竺僧智藥禪師。唐招提朗法師曾在此演法。北宋紹聖（1094～1098）初年重建。蘇軾（字子瞻）被貶官至嶺南，北歸時經過月華寺，為題梁曰：「上祝天子萬年永作神主，斂時五福，敷錫庶民；地獄天宮同歸淨土，有性無性齊成佛道」，是一座較著名的寺院。琳禪師即北宋時曾居住於月華寺的一位高僧。《宋余靖月華禪師壽塔記》云：

> 月華山西堂琳禪師，曲江都渚人，姓鄧氏。初學儒，能談王霸大略；已而（後來）學佛，以（於是）誦經披剃，乃遊方往來江淮間，博覽廣記，推為文章僧。參洞山寺寶禪師，寶（禪師）於江南為禪宗（禪教宗師），叢林（佛教界）無出其右者，見（琳）禪師以大乘器之，遂以心印付焉。（琳禪師）息機（息滅機心，得道成佛。《楞嚴經》卷六：「息機歸寂然，諸幻成無性」）南還，結庵於舊山之北，曰「白蓮」。學者聞其名，自遠至者無算。州以眾狀（眾人請求）請出世。師遁於大洞累月。眾叩（請求）不已。罷勉從之。師既膺鄉邦之望，遠邇信向（信徒眾多）。廩有餘糧，人有餘力，棟宇時構，樹藝時廣，江南清曠甲於州域。由是搢紳緇素（僧侶信眾）途經江滸者無不艤舟造室耳。高論日嘉，致人人自得而還。四方衲子（僧侶）奔走於路，達心要去為人師（成為著名宗師）者數十人。晚年避喧，退居（月華寺）西堂。眾思其道（學問），郡以疏請，復恢禪旨者三焉（又多次為眾人講說佛學）。寶林山者，六祖（惠能）古道場也。詔擇名德，錫（賜）殊名，命服以居之（朝廷要求選擇大德名僧，由天子賞賜名號及法服以居寺布教）。漕臺（管理宗教的有關部門）以師（琳禪師）為舉。（師）堅辭不行。乃即庵自覽壽藏（自建靈室），曰：「吾當歸骨於此！」既而曰：「生平交遊之厚者安道子元而已。」遂以書來云，願以銘之志諉吾執（委託我為禪師寫

一篇墓誌銘）。僕（余靖自稱）以從官鞅掌（因為出仕任官，政務繁忙），學殖荒落（既無學問，又無建樹），常評古人之言曰：「志意修則驕富貴，道義重則輕三公（有志氣者不嚮往富貴，重道義者不羨慕達官）」，謂道義內充，志意不屈，則王公之尊，富貴之勢不能動其心也。此理誠高，猶是介（正直）者談耳。學於大雄氏（佛教）者道以性通，志非外徇，止觀無著，空有俱忘（注：「止觀」、「空有」俱為佛教用語。「觀」指觀察迷惘迷惑的智力，與「止」相對，是佛教修行的法門。《摩訶止觀》云：「觀如燈，止如密室」。另外，佛教認為一切事物的現象都有其各自的因和緣，而沒有實在的自體，此即為「空」；與「空」相對則為「有」），生死不能汩（淹沒，攪亂）其真，況富貴乎；鬼神不能窺其跡，況王公乎！師之行誼（品行作風）卓哉不可跂（企及）已。（《同治韶州府志》卷26《古蹟略·寺觀·曲江》，第528頁）

2. 光運寺寂通大師

清朝康熙十一年（1672），韶州知府馬元在《重修光運寺疏》中簡略敘述了寂通大師的事蹟。謂：

> 韶之曹溪禪門稱為洙泗（韶州曹溪寶林寺惠能的禪學，與傳統儒學地位同等重要）。繼盧祖（惠能，俗姓盧）而起者有寂通大師，嘗卓錫（暫時留居）於郡西光運寺。寺即隋之仁壽臺也。壬子（1672）夏，寺圮，紳士環予庭而請謀所以新之。予曰：「太守奉天子命來治茲土，要以教養吾民耳（主要的工作是治理民眾），予蒞事兩載，膠庠（學校）有課，里塾（鄉村學校）未修，備荒之行予捐千石為倡，而義倉缺焉未舉，即忠襄祠宇（即使是修葺余靖祠廟這樣重要的事情），下其事於邑令，年餘無所應。時詘舉贏（百廢待興，而資金缺乏），盍（何不）姑待之乎？」（紳士們）則又曰：「公之守吾韶，都（地方）人士將趨事恐後矣。」予因是披（覽）邑志而考之，見寂通大師行事契予心者有二：其一則乞食以食人（自己生活艱苦，卻熱心輔助貧困）；其二則禱雨以雨人（多次舉行儀式為地方祈求降雨以化解旱情）也。予複重有感焉：「山川嶮巇，酒醴戈矛，苟無利於吾身輒秦越視之（假如對於民生、社會沒有意義的事情則無須關心）；若飄然出世，渺焉寡儔（假如目空一切，特立獨行），謬欲持一盂飯彼群丐，且曰：『吾食於人，宜與同病（我靠別人供養而生活，

對於乞丏應有同情之心）』；乃久而不倦，感而遂通，頓使饘粥化為
醍醐，炎燼變為清淑，是固得吾儒立人達人，己饑己溺（期望自己
有所成就，也期望別人同樣有成就；別人遭遇困難，就像自己遇到
困難一樣）之意，當不止建大法幢（寺院）而已。古人（雲）『有功
德於民者祀之』。寂（通）大師之為人可以傳（立傳），則其寺不可
廢；寺不可廢，吾烏能已於一言（我怎能不為寂通禪師寫一篇文章
以紀念他）！他日者尤望邦人成吾教養斯民之志，彌縫而匡救之，
則予之言仍儒者之言而非佞佛之言也。」諸紳士曰：「諾！」……（《同
治韶州府志》卷 26《古蹟略‧寺觀‧曲江》，第 524～525 頁）

在韶州知府馬元看來，寂通大師的地位與禪宗六祖惠能不相上下，是對
粵北地區佛教發展有重要貢獻的高僧。大師雖然只是暫時「卓錫」於郡西光
運寺，但卻對粵北地方頗有貢獻：一是通過乞食以救濟貧窮之民，富有扶貧
濟困之仁慈心；二是屢屢為地方民眾祈雨，並屢顯奇效，為地方民眾農事生
產排憂解難。一言以蔽之，寂通大師雖然為出家之人，卻並沒有真的「遁入
空門」，對社會民生漠然視之，反之卻是息息關心，盡力奉獻，令人感懷。馬
元知府由此而認識到，佛教並非完全對社會對民生毫無意義的，相反卻是意
義重大。雖然他本人在任期間，限於經濟財力，暫時沒有能力滿足地方民眾
請求修復破敗寺院的願望，但他寄希望於其後的地方官，在條件具備之時，
能滿足人們修復寺院的請願。

3. 萬壽寺僧智印

僧智印在清朝初年，於戰亂之後募捐修葺破敗的萬壽寺，使寺院面貌煥
然一新。潘必昌在《重建萬壽寺記》云：

……萬壽（寺）始於唐，千餘年間興廢不一，碑文漫滅，不可得
而詳。明丙申（1596）一摧於風雨，僧性聰募（懇請、規勸）郡太守
謝君臺卿修之；丙辰（1616）再蕩於洪水，僧海祥募郡司馬黃君守正
修之。然猶有可因之績，可為之時，乘物力之豐裕補葺殘缺，易為功
也。迨戊子（清順治五年，1648 年）而罹兵火，門堂殿廡悉付灰燼
無餘矣！又變亂相仍，飢饉薦臻，土木之費徒蓰（加倍）往時，欲舉
而復之，可易言哉！僧智印獨慨然以興復為己任。適姑孰（今安徽當
塗縣）楊君世吉以戎事至，過其地，惻然興感，議與（智）印合，遂
出疏授（智）印募（捐）十方檀越（信眾）。肇工於庚寅（清順治七

年，1650 年）七月，至壬辰（1652）臘月（農曆十二月），前後殿、
門廡浸（逐漸）以告成。

潘必昌為此事而頗生感慨，說：

> 余自雷（州）歸，適止韶（州），（智）印以碑文請。余思頻年
> 荒亂，厥費為艱，且煨燼之餘，百無一籍，而智印獨能以赤手建大
> 工，亦可謂勤苦堅毅而有成者矣！（《同治韶州府志》卷 26《古蹟略·
> 寺觀·曲江》，第 531 頁）

在潘必昌看來，萬壽寺雖然自唐朝建立以來，興廢不一，其間對於修葺
萬壽寺有功勞有奉獻者有官員、僧人多人，但相比而言，則智印的主持修葺
顯得尤為不易。這是因為，當天下太平，物力充裕之時，募捐修葺寺院尚不
算艱難，而智印是在歷經明末清初長久戰亂之後，社會困敝，人口減少，民
生維艱的特殊時刻，能夠「以赤手建大工」，通過募捐而將萬壽寺舊貌換新，
使「六祖之教」得以傳遞不衰，這就很值得大書一筆了！

4. 樂昌縣寶林寺僧圓祐

樂昌縣辛田都有一座寶林寺，志載乃是北宋嘉祐三年（1058）僧圓祐創
建。這一記載似乎是錯誤的，因為從宋人余靖所作《樂昌縣寶林禪院記》來
看，樂昌縣寶林寺早已有之，不知建置於何年。北宋景祐三年（1036），地方
官因為寶林寺管理不善。「屢易師長」，於是到虔州（今江西贛州市）慈雲寺
請來僧圓祐，以為寶林寺住持。僧圓祐主持擴建了寶林寺，使之面貌煥然一
新。余靖在文中記述道：

> ……郡之屬邑曰樂昌，去縣郭四十里有院（寺）曰寶林，地靈
> 境勝，一邑之冠，遠郊近落率來瞻仰。故常登延開士主其薰（焚）
> 修。……今長者圓祐師，福州懷德人，姓陳氏，學頓（頓悟之說）
> 放（拜訪，拜師）於黃梅山顯宗禪師，服勤（求學）二十年，晝問
> 夕參，遂探幽鍵（學問高深），乃曰：「未脫自縛，安能度人！」即
> 謀南歸以卜終焉之計。惟茲寶林之眾屢易師長而莫能興葺以延四
> 方，於是計使（理財官員）鄒公覃越遠聽博採，得師於虔（州）之
> 慈雲（寺），遂迎以來，俾尸（率領，主持）其眾。時景祐三年（1036）。
> 先是，院（寶林禪）制度狹小，不克稱其名，殿陛卑下，堂奧淺仄，
> 居（佔地）才數畝，面臨回（河流）照影，過亭午（正午）則暑氣
> 鬱勃，坐者揮汗，至於末光（傍晚）。師以日廩（節衣縮食）之餘悉

付營造，易其堂殿，負陰向陽，增築厥基，殆逾百堵（古代量詞，多用於牆，也用於其他物體），伐山陶土，剖（剞）厥圬墁（刀鋸粉刷）之工百役自具，不假外徇（不依靠信眾資助）。居者（寺院常住僧侶）執畚而同力，來者（暫住遊方僧侶）掛錫而如歸。夏開南榮，冬塞埋戶（夏天開啟朝南門窗以納涼，冬天關閉北向門窗以避寒），無復往時之陋也……（《同治韶州府志》卷26《古蹟略‧寺觀‧樂昌》，第535頁）

（四）統治者重視寺院主持人的選拔

寺院主持人的賢否能否關係到寺院的興衰，因而受到粵北地方官員的重視。北宋名臣余靖（粵北曲江人）在《曹溪南華山寶林禪寺重修法堂記》中，就曾述及關於寶林禪寺（今南華寺）的主持人選決定情況，云：

天禧四年（1020），前轉運使、起居舍人陳絳上言（向朝廷提出建議）：曹溪（乃）演法之地，四方瞻仰，歲入至豐，僧徒至眾，主者（主持人）不能均濟，率多侵牟。乞於名山僉選宿德，俾其舉揚宗旨，招來學徒。制詔曰：可。於是，南陽賜紫僧普遂首膺是命。莊獻皇太后、今皇帝親遣中貴人（朝廷官員）詣山迎致信衣（主持人），禁闈瞻禮。（普）遂師得於便座召對移刻。陛辭之日，賜號「智度禪師」，錫（賜）以藏經、供器、金帛等，當時恩顧莫與為比，（普遂禪師）歸作衣樓、藏殿以示光寵。余亦未遑開緝也。遂師即示中旨（朝廷旨令），付荊湖南路（官員）博訪高僧，今長老緣師自南岳雲台山再當是選……緣師，興元南鄭（今陝西漢中市東）人，本府（韶州府）出家受具（足戒），得大乘之要於（南）漢東祚師，遂振錫（傳播佛學）至於南嶽（湖南衡山）。郡將邦伯（地方軍政大員）悉欽其名……六祖之道（惠能創立的禪宗）由是中興矣……（《同治韶州府志》卷26《古蹟略‧寺觀‧曲江》，第525～526頁）

由上述文字可見，當官府未重視寺院主持人選之時，某些主持人品德不良，「不能均濟，率多侵牟」，即對待寺僧不能一視同仁，厚此薄彼，又以權謀私，中飽私囊。地方官員發現此問題之後，請示朝廷，要求慎重選拔寺院主持人。於是先後選拔了普遂和緣師為粵北南華寺的主持人，終於使南華寺（當時稱寶林禪寺）的發展走上了正軌。

此外，古代粵北地區還有不少佛學高深或事蹟感人，對社會對民生有所奉獻的僧侶。他們或者潛心學術，著書立說；或者行醫施藥，救助疾病；或者視死如歸，化解危機，因而為時人所懷念，在志書中留下了事蹟。

如，道廣，郴州人，俗姓朱氏，生活於唐代，駐錫於韶州仁壽臺（後更名光運寺）。據說，道廣禪師祈雨很靈驗：「天寶元年（742），韶（州）大旱，（道廣）徑往湞（水）、武（水）合流處，浮坐具沿流至官灘，溯洄而上，謂人曰：『雨將至矣！』須臾，陰雲滿空，霖雨沛下。」「神僧」既可求雨，亦可求晴。宋人孫時敏撰《光運寺證誓大師碑銘》記載：「春二月望（十五），先君捐館（父親去世），卜（擇取入殮吉日）三月五日。定期將及，淫雨不止。余窘甚，奉香哀告於（證誓）師。又明日，陰雨剗散，霽色舒麗，遂克襄事。」可見證誓大師頗能「呼風喚雨」。因此，孫時敏在碑銘之後的偈中寫道：「雨陽或愆期，應禱如桴鼓。願終惠此方，淨洗千劫坐。歲歲是豐年，在在（處處）成樂土。」「清一叟，新安人，住海光寺。後參學（參拜求學）吳越徑山端禪師。師具通內外典（儒學、佛學典籍），留掌書記。未幾，宣政院（元代管理宗教事務的中央機關）舉充韶（州）之南華寺住持。」可見清一叟因為學識豐富，人品高尚，故得到官方的器重。法廣，真陽（今廣東英德縣）人，「儒釋兼通，住金山（金山寺，在英德縣北三十里）哀諸僧記（搜集高僧事蹟），摘其要為一集，始自『生滅』，暨（及）於『盛衰』、『報應』，曰《會要錄》。」明代僧祖祈，明化寺（在英德之北三十里）僧，德智兼全。明嘉靖年間（1522～1566），「群黎樟廟賊反」，以山為巢穴，官軍征討不易。於是，僧祖祈「奉委（受地方官委託）入（賊）巢，以『輪迴』之旨為賊說法，撫黃、陳等三千餘人，並獲土官失印。院道獎賚。所得以建靈濟祠。年九十有八，合掌而逝。鄉人塑像奉之，稱『勸善禪師』。」憨山大師，江南全椒（今安徽全椒縣）人，年十二出家於江蘇金陵報恩寺。及長，入山西五臺山拜師問道。後至曲江「曹溪演法（傳道布教），（使）六祖之道勃然中興」，並修《曹溪通志》。明朝末年，統治者生活奢靡，派遣宦官、親信到各地採珠及開礦，對地方及民眾造成了極大的摧殘和騷擾。憨山大師對於勸止「採珠」和「開礦」還頗有貢獻。志載：「先是，有採珠、開礦使入粵，殊驛騷（造成極大騷擾）。適（正好遇上）使（者）過曹溪，清（憨山大師姓蔡，名德清）徐與言開採利害，由是珠罷採，礦額令有司（相關部門）歲解，粵人頌其德。……有《大學決疑》、《莊子影響》等書傳於世。」可見，憨山大師不僅精通佛學，還關心國事民瘼，富有學

術。此外，學問精深，有著述傳世的高僧還有今毬，「生長名閥」，自幼出家，學有所成，高僧「澹歸和尚期許特至」。晚年遊歷至粵北丹霞（位於廣東省韶關市仁化縣境內），駐錫其中寺廟，著有「淨土詩」十六首。又有古義，新會人，「出世（出家）丹霞」，「性嗜茶」，著有《茶論》一篇，還「著有詩百餘首」。還有一些僧侶善於醫術，熱衷於治病救人者，功亦不菲。如明末僧楊齋姑，雖「齋居一室，足不出門」，卻精於醫術，「鄉人凡有兒病，抱往求摩，無不立應（愈）者」。這裡的「摩」，大約是按摩理療法。清代又有僧法清，「族姓李，精岐黃（醫）之術。康熙初結庵於寨下村之路旁，為人治病，隨手輒愈」。後來被當地民眾神化，「至今香火如積，有疾病者禱之無不立應。」以上諸僧事蹟據《同治韶州府志》卷38《列傳‧釋》。

三、古代粵北地區佛教發展之意義

古人耗費錢財及人力物力以修建寺庵，虔誠祈禱，慷慨施捨，是有著真切的現實目的的。這一目的，簡單而言，從統治階級方面說，是為了國家、社會的長治久安；從被統治階級方面說，是祈求身體健康，無災無病，以便安居樂業。宋人李駿在《開元寺重塑佛像記》中，敘述佛教傳入中國及其意義時說：「觀其發根芽於東漢，栽培於晉（東晉、西晉）、宋、齊、梁，枝葉（發展）於隋唐五季（代），迄今（宋）延蔓梗莽（普及），蔽蘙（遮蔽）千百年之間……大抵種裔繁昌，教法恢誕，有國（有）家者給（受騙）而佞之，其故何哉？大要牖（通「誘」，引導，啟發）愚冥而弭猰犴（牢獄）也。」（《同治韶州府志》卷26《古蹟略‧寺觀‧曲江》，第529頁）佛教自東漢始傳入中國，傳播很快，原因就在於佛教的一大功能是對「愚冥」的勞動人民進行引導，使他們放棄對於現實的不滿與抗爭，寄希望於來世的和平安寧。這樣，牢獄也不致於會人滿為患了！清同治年間（1862～1874），分巡南韶連兵備道的林述訓（安徽和州人，進士，同治五年任）也曾說：「古者神道設教，立之壇壝祠廟以為民祈報。自梁天監年（502～519）佛入中國，則又建寺塔以與民修福果，此其事殊而為教一也。」點明了統治階級之所以支持佛教傳播，「立之壇壝祠廟」，目的就在於「為民祈報」，「與民修福果」，而深層次的終極目的則在於維持封建統治的長治久安。

據說，古代粵北地區的一些寺廟，當天災流行，民生艱難之時，祈求禳災降福是很靈驗的。例如，清同治十年（1871），適遭旱魃，地方官員、百姓

到處祀神求雨無果，分巡南韶連兵備道的林述訓於是與曲江縣令張某親自到曹溪南華寺去禱雨。「頂禮畢，陰雲四合，一雨三日，苗以淳（興起，湧出）然。」民眾載歌載舞。有人唱道：「祖師（六祖惠能）來兮靈昭昭，至誠感兮蕭星軺，沛甘廚兮養我良苗！」隨後有和者唱道：「慈雲擁兮雨瀟瀟，慰農望兮不崇（通「終」）朝，雖樂歲兮殿宇漂搖（雖然風調雨順，天下太平，只可惜廟宇已經頹敗）！」人們一方面為祈雨靈驗而感謝神恩，另一方面又為南華寺的年久失修，寺廟破敗而感到內疚不安。南華寺歷經二百年來的風雨剝蝕，祖殿（六祖惠能殿）僅完，而大雄寶殿則已處於「荒煙蔓草」之中了！林述訓聽罷民眾的歌唱，細細品味其中的意蘊，領悟到了民眾唱此歌的目的是想借助官方的主持而修葺破敗的廟宇。於是與提督軍門鄭紹忠（廣東三水人，同治七年任南韶連鎮總兵）、韶州知府額哲克、其後來任的署知府張作彥、知曲江縣張希京等商議，並謀諸僚友，乃決定由官員捐廉首倡，並召來地方鄉紳發動民眾捐助，「一時四方響應，合三州（南雄州、韶州、連州）官紳士庶輸款萬金有奇，遂鳩工庀材，經始壬申（同治十一年，即1872年）八月，越癸酉（1873）冬，祖殿暨大雄殿以次工竣。」其後，同治十三年（1874），又集資對羅漢樓作了重修，「工巨費繁，多方集腋以期蕆事（竣工）」，亦是在官員的率領下募捐修葺的結果。此見《同治韶州府志》卷26《古蹟略·寺觀·曲江·林述訓記》。

遭遇旱災，莊稼枯蕉，民眾憂心如焚，官員也寢食難安，於是共同到曹溪南華寺祈禱禳災，果然應驗，「陰雲四舍，一雨三日，苗以淳然。」這事大約不會是子虛烏有的虛構之事，否則不敢公然記載於方志之中。祈雨靈驗之事屢有傳說，或是偶然巧合，亦或者真的是感動了神靈，呼風喚雨，滿足民眾的祈求。孰是孰非，自來難有統一結論。如果祈雨不靈，官員民眾對於修葺破敗寺院自然缺乏熱情，也就不會慷慨解囊了。

又如曲江縣城東二十里灣頭的西華庵，據說也很「靈感顯應」。《國朝巫宜禩遷建西華庵疏》云：「虞城東上二十里灣頭村有西華古庵，靈感異常，由來舊矣。父老流傳，明時有優婆夷（在家信眾）奉佛，諷經修齋，得道坐化於此，祀於大士（菩薩）龕之右，鄉人祈禱於大士者必連及之，並稱靈應，同為一方之保障……」（《同治韶州府志》卷26《古蹟略·寺觀·曲江》，第534頁）樂昌縣「蕉坑庵，在縣東三十里，祀伽藍佛（伽藍神，就狹義而言，指伽藍土

地的守護神；廣義而言，泛指所有擁護佛法的諸天善神），靈應如響。」（《同治韶州府志》卷26《古蹟略·寺觀·樂昌》，第536頁）

化導一方，助流德教，這是自古以來統治階級都認可的佛教的功能之一。

「德教」是我國封建時代統治者極為重視的社會教育的一個重要方面。在統治階級看來，只要封建統治者所宣揚的仁、義、禮、智、信及忠君愛人等道德觀念深入人心，人人遵紀守法，社會便會和平安寧，不致發生動亂，封建統治便可長治久安。而佛教所宣揚的整套學說，也正是勸導民眾忍受現實此生痛苦，尋求來世「幸福」，對維護封建統治秩序不無好處，與儒家宣揚的一套倫理道德具有異曲同工之效。明人劉應期在《重修報恩光孝寺記》中曾說：「孰謂佛自佛，儒自佛哉？聖賢（儒學）、神仙（佛教）只隔一關，天時人事流通無間，得則俱得，失則俱失……」（《同治韶州府志》卷26《古蹟略·寺觀·曲江》，第529頁）清朝康熙十一年（1672），韶州知府馬元在《重修光運寺疏》中，開篇卻云：「聖人以中庸立教，而索隱（玄虛）之說為儒者所不言。然自佛入中國以來，其傳終不可泯，豈非天不欲絕釋氏而令其與儒教相表裏歟！」（《同治韶州府志》卷26《古蹟略·寺觀·曲江》，第524頁）說明了佛教自傳入中國以後不僅沒有消沉失傳，反而日益發展興盛，就是因為它與中國傳統儒學有著異曲同工之效，儒學「以中庸立教」，與佛教的「索隱之說」對於維護封建統治都是有利的。故自古以來，中外統治者都大力支持佛教的發展。清初，來任英德知縣的楊柱臣在《重修西來庵記》中說：「己亥（順治十六年，1659年），余奉簡命宰英德。受事之始，披圖問俗，考勝尋幽，竊謂名山之麓，大江之濱，當不管仙靈窟宅，佛聖叢林，用以化導一方，助流德教……」

這也就是某些地方官何以對寺院僧侶的存在、狀況及生活多所關心，秉力相助的重要原因之一。楊柱臣初來英德縣任職，位於縣西十里，建於明朝萬曆十三年（1585）的西來庵僧憨愚，前來縣衙拜見縣令楊柱臣，「長跪而前，備述此寺始自明季乙酉年（1585），當日創始艱難，氣象宏麗。詎（不料，誰知）劫火洞然（「洞」通「恫」，恐懼，指烽火連天，形勢危急），至順治戊戌（戍）（1658）秋盡付煨燼（被一場大火完全焚毀），言罷嗚咽欲絕。」當時，限於戰亂之後，社會凋敝，民生維艱，一時還未能將修葺寺廟之事提上議事日程，楊柱臣只能好言相慰，先將僧憨愚遣返。他心想：「苟時和年豐，災厲不競，佛將有以度（教化，引導）吾民，則範土泥金（修葺寺院，塑造佛像），

美侖美奐。」立志一旦社會安寧，經濟有所發展，縣府財力稍有贏餘之時，便將修葺寺院（西來庵）。過了兩年，流移之民逐漸回復，放眼郊野，田地亦已陸續墾闢，楊柱臣縣令不禁心生喜悅。於是，他決定先捐獻自己的俸錢以作首倡，帶動民眾捐資相助，使破敗的西來庵得以修復。他「回顧囊中，節用僅存俸得捌拾金。於是，進憨愚之徒寂德而授之，而寂德亦以其師（憨愚）以是庵故抱憤而殂，遂發勇猛心，至誠懇切，出募鄉之士庶，量助（爭取民眾捐助）以匡不逮。乃鳩工庀材，就舊基而重建之。始於順治十八年（1661）秋七月，落成於次年春三月。殿宇佛像煥然一新，松月香風，依依如故。」（《同治韶州府志》卷26《古蹟略‧寺觀‧英德》，第546頁）

英德縣令楊柱臣在改朝換代，社會經濟尚未恢復的背景之下，捐出個人節省的俸錢，外加動員民眾的捐助，無須動用官帑，終於將殘破的西來庵修葺一新。這正是他對於寺院存在，佛教發展的社會意義有著清楚認識的體現。

有人認為，佛教的發展促進了粵北地區人文的興盛。在這些人看來，嶺南自古以來就是文教事業落後之區，人才之出前所罕聞；自唐代韋宙任廣州刺史，重視扶持佛教，招引名僧惠能來到粵北傳教，自此之後，嶺南就湧現出了張九齡（唐朝開元名相）、余靖（北宋名臣）等著名人物，可見佛教之發展是可以助興地方「文運」的。《劉應期重修報恩光孝寺記》云：

> 予嘗歷覽往故，（知）寺宇之興衰有數，而所關且巨。光孝古寺比郡（靠近郡城廣州）瞰河（面臨江河），肇（始建）於唐，為開元寺。儀鳳（676～679）間郡守韋公（宙）請六祖（惠能）說《壇經》於此，道場始開。歷數百年，沿革不一。宋紹興（1131～1162）中特賜額曰「報恩光孝寺」，其場再振。今距宋又數百年，短（矮）牆殘草，殊非舊觀。郡侯陳公命僧疏勸增修，恢復儀鳳、紹興之世界（舊貌）。由儀鳳至今，興隆者三，世次相去久近，如有期者。群僧承令歡呼，士民喁喁（熱烈響應），心計曰：俗謂修寺儲祉（積福），豈知其興衰有關於時哉！先是，南人未嘗以相業顯者（此前，嶺南之人未有任宰相者）。韋公（宙）尊信《壇經》，時張氏奕世（連續幾代）甲科，（張）九齡為開元賢相。紹興賜額（報恩光孝寺）表寺時，余靖以名臣開先。嗣是聯登十數輩……（《同治韶州府志》卷26《古蹟略‧寺觀‧曲江》，第529頁）

在某些人看來，唐宋兩代粵北地區開始出現人材輩出的繁盛局面，這不是因為別的，而正是因為粵北地區佛教興盛，冥冥之中得到神靈助祐的結果。這種佛教可以助興教育，使人才得以輩出的觀點是否符合歷史客觀實際，只能說是見仁見智了。

此外，古代粵北僧侶在傳道布教過程中，還參與了不少有益於社會穩定及有利於民生的各項活動。

文化活動。不少僧侶與歷代著名官員、文人有著密切的交往。如，余靖為宋代出自粵北的著名官員，他與粵北寺僧就多有聯繫。《同治韶州府志》卷三十八《列傳·釋》宋僧惠林傳云：惠林，姓鄧氏，曲江人，少學儒，喜談王霸之道。既而誦梵經，披剃遊方，以詩鳴（聞名）江淮間，推為文章僧。參洞山，自寶密受心印，南還於粵北結白蓮庵。余靖曾為他題寫了一詩，云：

掩室昔宴居，冥心遺萬化。菡萏（荷花）本無染，紛華共高謝。

夜禪衫月落，晨齋庭鳥下。棟間雲氣浮，地面秋香詫。演法辭故棲，

幽蹤貴寒野。蠟屐此同遊，願結宗雷社。

惠林後住月華寺。同邑有邵思和尚者，姓李氏，曾遊天台、衡嶽，後見洞山，得「悟入」之要。「二僧（惠林、邵思）皆與余靖為友，（余靖）且為銘（書寫墓誌）其塔。」二僧與余靖為摯友，必有詩文往來。（《同治韶州府志》卷38《列傳·釋》，第816頁）

重辯為北宋時期南華寺僧，蘇軾貶謫惠州時遊南華寺，與重辯結下深厚友誼，「（重）辯延館加厚，又請書柳碑。軾至惠（州），以桄榔杖寄之」。後來，蘇軾從海南貶所回歸時，重辯已然圓寂。代替重辯者為明公，「明公即師（重辯）冢嘗以四偈示軾」。軾答其一云：「宿業相纏四十年，常行八棒十三禪。今著衲衣歸玉局，可憐化作五通仙。」又有「有珪，首座（住持）者，受請（聘）為龍光（寺）山長。軾過（拜訪），求大竹作肩輿，留一偈云：『斫得龍光兩竹竿，持歸嶺北萬人看。竹中一滴曹溪水，漲起西江十八灘。』總之，蘇軾在貶謫嶺南過程中，雖為匆匆過客，但也與粵北許多寺僧建立了深厚的友誼。」故志書說：「軾喜禪學，故所至緇流（僧侶）皆樂與之遊。」（《同治韶州府志》卷38《列傳·釋》，第816頁）

著述活動。不少粵北僧侶在從事宗教活動之餘，還利用自己豐富的學識著書立說。如唐代神會，襄陽人，年十四為沙彌，曾拜師六祖惠能。「祖（六祖）滅（去世）後，曹溪頓旨（禪宗頓悟說）沈廢於荊（湖北）、吳（江蘇）、

嵩嶽，漸門（禪宗漸悟說）盛行於秦、洛（陝西、河南），天寶間方定兩宗（南宗、北宗）。（神會）乃著《顯宗記》。」又有石頭和尚，高要人，姓陳氏，名希遷，六祖惠能弟子，曾參清源山思和尚。唐天寶年間遊方至衡山南嶽，「所著有《參同契注》。」（《同治韶州府志》卷38《列傳·釋》，第811頁）宋代粵北地區也有學問僧，如「晞賜，真陽（今廣東英德市）人，禪學甚博，撰《禪宗蒙求》，又刊《捉虱軒記》流傳。」晞賜不僅有著述，還與宋代名臣洪适、洪邁有所交集，「洪丞相适、內翰邁與之遊。」又有「法廣，真陽人，儒釋兼通，住金山（寺），裒（聚，收集）諸僧記，摘其要為一集，始自生滅暨於盛衰報應，曰《會要錄》。」（《同治韶州府志》卷38《列傳·釋》，第817頁）前述明代憨山大師蔡德清也著有《大學決疑》及《莊子影響》等書傳世。

止息叛亂，維持和平。僧侶在社會動亂之中能起到平亂作用，這種現象較為罕見，但在古代粵北僧侶之中，也確實有例可尋。如志載：「師簡，涪光（曲江縣人），廣平元年（按，唐無『廣平』紀年，或為『廣明』，880年），黃巢破西衡州，至（粵北）開元寺，將焚佛殿，（黃）巢以劍擊柱問師曰：『惜命乎？惜殿乎（要保留性命還是要保留殿宇）！』師正色厲聲曰：『惜殿！』巢遂斬之。（師簡）遍體皆白乳（血流如乳），殿得不壞。今柱間劍跡猶存。」師簡這是以自己的性命換取殿宇的完善。五代時期，劉龑割據嶺南建立南漢國，與嶺北割據湖湘的馬殷爭戰不休。而劉氏統治者又極信佛，禮敬僧侶，祈求神佛保祐，每遇戰事，常常到寺院去問吉凶。一些富有仁慈憐民之心的僧侶便利用特殊的方式，婉轉規勸南漢統治者休兵養民。如僧如敏，福州人，住韶州靈樹山，南漢烈宗劉隱、高祖劉龑「累加欽重，署為知聖大師。」劉龑初繼位為南漢國主，「有事於師旅」，正忙於戰爭拓地。一次，劉龑又到靈樹山寺去向如敏問凶吉，此時，如敏已去世。逝去之前，僧如敏已預知南漢國主會來問戰事，「如敏已先知，恬然坐逝。及高祖（劉龑）至，驚問何時得疾？（寺僧）對曰：『師無疾。適受一緘（書信，信函），令呈大王。』（劉龑）開函得一帖子云：『人天眼目，堂中上座』。高祖悟其意，遂寢兵。」（《同治韶州府志》卷38《列傳·釋》，第813頁）又志載：「祖祈，號蘆江，明化寺僧，有智德。（明朝）嘉靖間群黎樟廟賊反，（祖祈）奉委入（賊）巢，以輪迴之旨為賊說法，撫（招撫）黃、陳等三千餘人，並獲土官失印。院道獎賚，所得以建靈濟祠。」祖祈以佛教宣揚的生死輪迴之說勸諭反叛者改過遷善，放下屠刀，立地成佛，竟能「化干戈為玉帛」！（《同治韶州府志》卷38《列傳·釋》，第817頁）

　　扶貧濟困。慈悲為懷是佛教主要宗旨之一。因此，僧侶救濟貧困者之事便常見於方志記載。如，僧聰公，新州（今廣東新興縣）人，姓譚氏，生於南漢，自幼嗜佛，往南華寺參禮高僧，遂為沙彌，持戒律甚肅。後止清遠東林寺，「日往寺之西採蘆葦造筏，凡數百，維於江滸。邑人怪之。逾旬，有寇暴起入境，邑人賴筏渡於南岸得免。寇退，人竟以金帛酬之，而聰（公）已於竹林中坐逝矣」。（《同治韶州府志》卷 38《列傳·釋》，第 815～816 頁）聰公生活於五代時期，動亂頻生。本著有備無患的思想，閑暇之時便採蘆葦編造了數百張蘆筏，一旦動亂發生，民眾終於得以渡過南岸，免於死難。聰公救人於厄難，功德無量。

　　干預政治。僧侶作為出家修道之人，本來是應該潛心修道，超脫現實，對政治漠不關心，不追求利益的；然而，事實上，古代粵北地區的許多僧侶仍然對於政治、民生息息關心，力圖為政治清明貢獻自己的智慧和力量。如明代憨山大師，年十二出家於金陵（今江蘇南京市）報恩寺；後入五臺山拜師。當時明神宗在位，年高而未有子嗣，太后憂之，建祈儲道場，請憨山大師主其事。事後不久，皇子降生，這就是後來的明光宗。明神宗及太后十分感激，要重重酬謝大師，大師卻「遠遁東海之牢山，後再徵不應。賜帑金三千，固辭。使者不敢覆命。（憨山大師）請曰：『古有矯詔賑饑者，以此廣聖慈於饑民，可乎？』使者持賑籍（賑災登記本）還報，（太）後感歎，為造寺，賜額曰『海印』。」憨山大師後來住持曹溪南華寺，使「六祖（惠能）之道勃然中興」，並修《曹溪通志》。明朝末年，政治敗壞，朝廷派出的礦監、稅使到處榨取錢財以滿足昏庸君主的無盡貪欲，對社會、民生造成極大危害。憨山大師對於規勸朝廷使者改善政治也頗有貢獻。志載：「先是，有採珠、開礦使入粵，殊驛騷（對驛站接待造成極大騷擾）。適使過曹溪，（憨山大師）請徐與言開採利害，由是珠罷採，礦額令有司歲解，粵人頌其德。」（《同治韶州府志》卷38《列傳·釋》，第 817 頁）

　　當然，凡事有利則有弊。有學者指出：「南宗的興起也造成嶺南新的社會問題。例如唐天寶年間，『韶州生齒登皇籍者三萬一千戶，削髮隸寺曹者三千七百名，建剎為精舍者四百餘區』，就是說不到 10 戶有僧職 1 名，不足百戶有僧舍 1 區；南漢時，韶州的寺院土地也多得驚人，其中興福寺僧竟欽就『數十里廣置田莊』。眾多的寺院和僧徒耗費了大量財富，同時也加重了人民的負擔，妨礙了物質生產的發展。」（蔣祖緣、方志欽主編：《簡明廣東史》，廣東人民出版社，1993 年，第 134 頁）